Franz Schneider

Sic transit gloria mundi
Papstgrabmäler in der Ewigen Stadt

D1677387

Franz Schneider

Sic transit gloria mundi

Papstgrabmäler in der Ewigen Stadt

Rediroma-Verlag

Bibliografische Information der Deutschen Nationalbibliothek:
Die Deutsche Nationalbibliothek verzeichnet diese Publikation
in der Deutschen Nationalbibliografie; detaillierte
bibliografische Daten sind im Internet über http://portal.dnb.de
abrufbar.

ISBN 978-3-98885-521-3

www.rediroma-verlag.de
28,95 Euro (D)

Selten stiegen Engel auf den Thron, seltner herunter.

Friedrich Schiller

Die Verschwörung des Fiesko zu Genua, 1782

INHALT

6

Einleitung

ROM – DU BIST EINE WELT – so steht es an der Seite des schlichten Grabsteins des Stuttgarter Journalisten Hans Barth, der im Jahre 1928 in Rom gestorben ist und der auf dem *Cimitero acattolico* ganz in der Nähe der Cestius-Pyramide begraben liegt. Rom ist eine Welt, das ist nun wirklich in keiner Weise übertrieben, trifft man doch dort auf Zeugnisse aus nahezu 3000 Jahren Geschichte, von denen die Stadt heute über und über voll ist. Ob es die Ruinen aus der römischen Kaiserzeit, Spuren der ersten Christen in den Katakomben oder mittelalterliche Türme und Basiliken sind – allenthalben begegnet man Zeugen aus der Vergangenheit. Ganz besonderen Glanz jedoch haben der Stadt die zahlreichen Kirchen und Paläste aus der Zeit der Renaissance und des Barock verliehen. Wenn man sich auf die Dachterrasse eines Hotels in der Nähe des Campo de' Fiori stellt, ist man umringt von einem regelrechten Meer von Giebeln und Kuppeln, die in den Himmel ragen. Man darf wohl ohne Übertreibung sagen, dass es vor allem die Päpste waren, die dieser Stadt ihren Stempel aufgedrückt und deren Charakter nachhaltig geprägt haben – im historischen Zentrum Roms gibt es keine Ecke, an der nicht eine Inschrift oder ein Wappen an Bautätigkeiten der Päpste vergangener Jahrhunderte erinnert: *Roma è camminare in un'opera d'arte vivente* – Rom bedeutet, durch ein lebendes Museum zu laufen.

Bereits als kleiner Junge war ich zum ersten Mal in Rom – damals bei der Internationalen Wallfahrt der *Pueri Cantores* im Jahre 1962. Sängerknaben aus der ganzen Welt waren damals für eine Woche am Tiber. Dies war der Auftakt unzähliger Romfahrten. Zunächst waren es Pilgerreisen mit meiner Pfarrgemeinde St. Maria, danach Studienaufenthalte, um Fragen der Stadtgeographie Roms näher zu erforschen und in Form einer wissenschaftlichen Arbeit vorzulegen, dann als Touristenführer und Pilgerbegleiter, später mit zahlreichen Schulklassen und nicht zuletzt immer wieder auch viele private Aufenthalte mit Freunden und Bekannten. Über 60 Jahre hinweg ist so ein detailliertes Bild der Stadt entstanden, deren intimer Kenner ich eigentlich bin, wo ich aber bei jedem Besuch wieder auf Neues stoße und Dinge sehe, von denen ich bislang keinerlei Ahnung hatte. Immer wieder staune ich bei diesen Neuentdeckungen und erinnere mich dabei an den alten Spruch aus dem Lateinunterricht: *Scio quod nescio* (ich weiß, dass ich nichts weiß).

Was lag da näher, als die eigenen Kenntnisse und Nachforschungen in Form eines Begleiters durch die Ewige Stadt niederzuschreiben und einer interessierten Öffentlichkeit zugänglich zu machen, zumal wir im Jahre 2025 wieder ein „Giubileo" feiern, wie die Römer gemeinhin die Heiligen Jahre zu bezeichnen pflegen. Nun gibt es freilich über Rom Reiseführer und Literatur im Übermaß. Einige Führer spezialisieren sich nur auf die Antike, andere nur auf das christliche Rom, wieder andere bieten Tipps, in welche Sehenswürdigkeiten man wo, wie und wann am günstigsten hineinkommt oder wo man die besten *tonnarelli cacio e pepe* oder die beste *saltimbocca alla romana* serviert bekommt.

Wenn man in den unzähligen römischen Basiliken verweilt, so stößt man immer wieder auf überaus pompöse, prächtige und häufig sehr aufwändig gestaltete Grabdenkmäler für frühere Päpste. Naturgemäß befinden sich die meisten dieser Denkmäler in der Petersbasilika, dient diese Kirche mit ihren unterirdischen Grotten doch bis zum heutigen Tag als traditionelle Grablege für die meisten Päpste. Natürlich gibt es davon auch Ausnahmen, um nur ein paar wenige Beispiele zu nennen: Der letzte Gegenpapst Felix V. (1439-1449) ist im Dom von Turin bestattet, das Grab von Papst Innozenz VI. (1352-1362) befindet sich in Villeneuve-lès-Avignon (er starb während des Exils der Päpste in Avignon). Die sterblichen Überreste von Papst Coelestin V. (1294), dem letzten Papst, der vor Papst Benedikt XVI. aus freien Stücken auf den Stuhl Petri verzichtet hat, liegen in der Kirche Santa Maria di Collemaggio in L'Aquila. Dante Alighieri hat ihn in seiner Commedia als den „großen Verweigerer und Feigling" bezeichnet (*che fece per viltade il gran rifiuto*). Schließlich finden wir im Bamberger Dom das einzige Papstgrab nördlich der Alpen – es ist die Ruhestätte von Papst Clemens II. (1046-1047).

Nicht wenige Rombesucher gehen zwar gerne in römische Kirchen, weil es dort im Sommer meist angenehm kühl ist, sie schlendern aber oftmals achtlos durch die Kirchenschiffe, machen hier und da ein Selfie, um es hernach auf TikTok oder Instagram zu posten, um so den Freunden und

11

Bekannten einen Nachweis zu erbringen, „wo man gerade ist" oder „was man gerade tut". Ein wirkliches Interesse an den Kirchen und den darin befindlichen Sehenswürdigkeiten kann man vielfach nicht erkennen. Bei meinem letzten Rombesuch im Mai 2024 kam mir die Idee, einen Rombegleiter zu auffälligen und beachtenswerten Papstgrabmälern zu schreiben, wobei es mir u.a. wichtig war, inzwischen längst vergessene Quellen wieder etwas mehr ins Bewusstsein zu rücken.

Ich habe dazu den Buchtitel *Sic transit gloria mundi* gewählt – so vergeht der Ruhm der Welt. Offensichtlich geht dieses Zitat auf den Mystiker Thomas von Kempen aus dem 15. Jahrhundert zurück, der sich vermutlich auf eine Stelle im 1. Johannesbrief (2,17) bezieht, in dem es heißt, *„die Welt und ihre Begierde vergeht; wer aber den Willen Gottes tut, bleibt in Ewigkeit".* Seit Beginn des 16. Jahrhunderts ist bezeugt, dass dieses Zitat eine Rolle bei der traditionellen feierlichen Krönung der Päpste gespielt hat: Der Papst sitzt auf der *Sedia gestatoria* und wird in langer Prozession zum Petersdom geleitet. Der Prozessionszug wird dabei dreimal angehalten und vor dem Papst wird ein Büschel Werg verbrannt (leicht brennbare Flachsfasern, die heute noch zum Abdichten von Fugen im Sanitärbereich Verwendung finden). Zu dem nur kurz auflodernden Feuer spricht der Zeremonienmeister die Worte *„Sancte Pater, sic transit gloria mundi"* – um den neugewählten Oberhirten auf die Vergänglichkeit allen menschlichen Lebens und Strebens hinzuweisen.

Zwei wesentliche Werke liegen meinen Ausführungen zugrunde. Da ist zunächst das dreibändige Opus von **Leopold von Ranke** (1795-1886) mit dem Titel „Die römischen Päpste in den letzten vier Jahrhunderten" (1834-1836). Der Protestant von Ranke war Historiker, Gymnasiallehrer und später ordentlicher Professor an der Humboldt-Universität Berlin. Er gilt mit seinem systematischen und quellenkritischen Ansatz als einer der Väter der modernen Geschichtswissenschaft, dessen Ziel es war, eine möglichst große Objektivität herzustellen und die zentrale Frage zu beantworten: „*Wie ist es eigentlich gewesen?*" Seine Papstgeschichte war dem Hl. Stuhl etwas zu kritisch, weshalb das Werk unter Papst Gregor XVI. im Jahre 1842 auf den Index der verbotenen Bücher gesetzt wurde. Für seine Verdienste wurde der Gelehrte im Jahre 1865 in Preußen geadelt und hieß fortan Leopold von Ranke. Er starb im Jahre 1886, seine Grabstätte befindet sich auf dem Sophienkirchhof in Berlin-Mitte.

Die zweite Quelle ist die 16-bändige „Geschichte der Päpste seit dem Ausgang des Mittelalters" von **Ludwig von Pastor** (1854-1928). Der gebürtige Aachener war später Ordinarius für Geschichte an der Universität Innsbruck und hat sein monumentales Werk als Reaktion auf die Arbeit Rankes geschrieben, dem er u.a. mangelnde Quellenkenntnis vorwarf, weil er das päpstliche Geheimarchiv noch nicht konsultieren konnte. Die Papstgeschichte Pastors nimmt ihren Anfang mit dem Avignonesischen Exil 1309 und endet mit Papst Pius VI. im Jahre 1799. Veröffentlicht wurden die Bände bei Herder Freiburg zwischen 1891 und 1933. Sie zeichnen sich durch eine enorme, fast schon erdrückende Detailfülle und dezidiert katholische Sichtweise aus. Im Vorwort zur ersten Auflage weist Pastor darauf hin, dass durch die *„hochherzige Wiedereröffnung des päpstlichen Geheim-Archivs durch Se. Heiligkeit Papst Leo XIII. eine ganz andere Sicht der Dinge möglich war"*. Während des Pontifikats von Pius X. (1903-1914) war er ein entschiedener Mitstreiter des Papstes gegen alle Formen des Modernismus und war sich auch als Denunziant nicht zu schade. Ludwig von Pastor starb im September 1928, sein Grab befindet sich auf dem Friedhof der Wiltener Basilika in Innsbruck. Seine Papstgeschichte wurde übrigens in zahlreiche Sprachen übersetzt, mehrere fremdsprachige Ausgaben kann man in einer Vitrine in den Vatikanischen Museen bis zum heutigen Tage bestaunen.

Wenn man bisweilen Führern von Reisegruppen vor einem der Papstdenkmäler zuhört, dann wird da oft viel Unsinn und Halbwissen erzählt und über die „eleganten Faltenwürfe" der Statuen oder die „gekonnte Farbgebung" einzelner Elemente schwadroniert. Was leider häufig nur selten zur Sprache kommt, ist die Person des Papstes, sein Charakter, seine wichtigsten Taten sowie die Zeit, in der er auf dem Stuhl Petri saß. Genau diesen Mangel wollte ich durch gründliches Studium der Quellen beheben. Ein Hauptproblem dabei war ob der enormen Fülle an Informationen die richtige Auswahl und vor allem das Weglassen eher unwichtiger Fakten. Beim Schreiben dieses Buches dachte ich oft an das Wort Gustave Flauberts, der während der Arbeiten an seiner Madame Bovary am Fenster stand und in seinen Garten blickte *„à la recherche du mot juste"* – bisweilen hat er sich selbst verdammt und seine Arbeit an diesem Roman als *„un vrai pensum"* (eine wahre Strafarbeit) bezeichnet.

Beim Quellenstudium stößt man nicht selten auf z.T. sehr widersprüchliche Informationen (so z.B. die Jahreszahl des Schneewunders in S. Maria Maggiore), was den jeweils zu Rate gezogenen Werken oder aber der Sichtweise des Autors geschuldet sein mag. Rom ist ja nun *DIE* Stadt, über die es unzählige Geschichten und Legenden zu erzählen gibt. Historiker sehen solche „populären, aber historisch nicht gesicherten Erzählungen" häufig sehr kritisch. Ich dagegen halte sie *„für das Salz in der Suppe"* und sehe für meinen Teil die Widersprüchlichkeiten und den Wahrheitsgehalt mancher Aussagen völlig entspannt nach dem herrlichen italienischen Motto: *Se non è vero, è ben trovato"* – wenn es nicht der Wahrheit entspricht, so ist es zumindest gut erfunden. Und wenn es um das Erzählen von Geschichten geht, so fällt mir ein Wort des großen Thomas Mann ein. Im „Vorsatz" zur ersten Ausgabe seines „Zauberbergs" aus dem Jahre 1924 schreibt er: *„Diese Geschichte ist sehr lange her, sie ist sozusagen schon ganz mit historischem Edelrost überzogen und unbedingt in der Zeitform der tiefsten Vergangenheit vorzutragen ... Geschichten müssen vergangen sein, und je vergangener, könnte man sagen, desto besser für sie in ihrer Eigenschaft als Geschichten und für den Erzähler, den raunenden Beschwörer des Imperfekts."*

In einem exzellenten Vortrag am Katholischen Forum St. Georg, Stift Hohenfurth (Böhmen), hat der Frankfurter Schriftsteller und Kleist-Preisträger Martin Mosebach im August 2024 dargelegt, in welcher Sinnkrise sich vor allem die westliche Welt heute befindet. Mit Fokus auf die Frage der Wahrnehmung von Schönheit zeigt er auf, wie Schönheit heute eher als etwas Begleitendes oder Dekoratives verstanden wird und alles „Pompöse" den Anschein des Verdächtigen bekommt. Die spezifisch bürgerliche Kategorie „geschmackvoll" lehnt jede Übertreibung, jede ostentative Zurschaustellung von Prunk und Luxus rundherum ab. Heutige Kirchen gleichen oft avantgardistischen Galerien, alles muss abstrakt, unverbindlich und kühl sein. In unserer Zivilisation des *„massenhaften vulgären Überflusses haben Pracht und Pomp eine geradezu lächerliche Seite bekommen",* so Mosebach. Genau das Gegenteil wird dem Leser dieses Buches präsentiert: Es geht um überaus prächtige, pompöse Erinnerungskunstwerke, die einerseits den jeweiligen Papst ehren sollten, auf der anderen Seite aber auch zur Verschönerung der Ausstattung der sakralen Räume gedacht waren.

Herausgekommen ist bei meinen Recherchen ein Werk, das 30 imposante Grabmäler in zwölf römischen Basiliken vorstellt. Waren es früher oft die reichen Adelsfamilien, die ihrem zum Stuhl Petri aufgestiegenen Sprössling ein künstlerisch wertvolles Grabmal errichten ließen, so war es im 19. und 20. Jahrhundert Tradition, dass das Grabmal für den verstorbenen Papst von den von ihm ernannten Kardinälen in Auftrag gegeben und bezahlt wurde (*S.R.E. cardinales ab eo creati*). In jedem Kapitel geht es zunächst um die Wahl des jeweiligen Papstes. Hier sei daran erinnert, dass die Papstwahl erst seit 1059 ausschließlich von den Kardinälen durchgeführt wird. Zuvor war der Oberhirte vom Klerus und vom Adel in Rom bestimmt und vom Kaiser bestätigt worden. Die Purpurträger waren ursprünglich Berater des römischen Bischofs und Assistenten bei päpstlichen Gottesdiensten. Erst seit dem 11. Jahrhundert wurden auch Nichtrömer zu Kardinälen berufen, um so die Bedeutung als Weltkirche zu unterstreichen. Seit 1241 ist es üblich, ein wirkliches Konklave (*cum clave* = mit dem Schlüssel) hinter verschlossenen Türen abzuhalten. Damals sperrte ein römischer Senator die zerstrittenen Kardinäle in eine Brunnenanlage am Fuße des Palatins ein, um sie so durch Freiheitsberaubung rascher zu einem Wahlergebnis zu zwingen.

Erst Papst Gregor X. schrieb das Konklave 1274 verbindlich vor. Es war im Prinzip eine Art *„Beugehaft für unbotmäßige Kardinäle",* denen mit zunehmender Dauer der Papstwahl zunächst die Einkünfte, dann die Nahrung und schließlich das Wasser entzogen wurden, um sie endlich zu einer Entscheidung zu bewegen.

Papst Sixtus V. setzte die Zahl der Kardinäle Ende des 16. Jahrhunderts auf 70 fest, Papst Johannes XXIII. überschritt diese Zahl 1959 deutlich und Papst Paul VI. verfügte, dass Kardinäle nach Vollendung des 80. Lebensjahres nicht mehr wahlberechtigt sind. Zudem ließ Papst Johannes Paul II. im Jahre 1978 die Domus Sanctae Marthae im Vatikan errichten, wo die Papstwähler zwischen den Wahlgängen in Einzelzimmern mit Dusche und WC untergebracht sind. Zuvor herrschten in den musealen Räumlichkeiten in der Umgebung der Sixtinischen Kapelle teilweise schreckliche hygienische Zustände, vor allem, wenn die Papstwahl mitten im Sommer stattfinden musste. Papst Johannes Paul II. ordnete schließlich im Jahr 1996 an, dass die Zahl der wahlberechtigten Kardinäle 120 nicht übersteigen soll.

Der Münsteraner Kirchenhistoriker Hubert Wolf beschreibt die Sedisvakanz, also die „papstlose Zeit" zwischen zwei Pontifikaten, aus seiner Sicht als Theologe recht eindrücklich als *Krise der Kirche wegen der Spannung zwischen der Ewigkeit der Institution und der Sterblichkeit der einzelnen Person.* Die katholische Kirche versteht es, diese Zeit zeremoniell und medial quasi als göttlichen Akt aufzuführen: *„Die Faszination dieser Inszenierung ist ungebrochen"* und sie gipfelt in den Worten des Kardinal-Protodiakons auf dem Petersplatz, wenn er die Welt über die erfolgreiche Wahl des neuen Papstes in Kenntnis setzt und sich dabei der Worte des Engels bedient, der den Hirten auf dem freien Feld bei Bethlehem die Geburt Jesu angezeigt hat: *Annuntio vobis gaudium magnum – ich verkünde euch eine große Freude* (vgl. Lk 2,9: *Da trat der Engel des Herrn zu ihnen und der Glanz des Herrn umstrahlte sie. Sie fürchteten sich sehr, der Engel aber sagte zu ihnen: Fürchtet euch nicht, denn ich verkünde euch eine große Freude, die dem ganzen Volk zuteil werden soll.*) Damit ist, so Wolf, ein ungeheurer Anspruch verbunden, der nichts weniger als die Verkündigung der Geburt des *alter Christus*, des neuen Christus in dieser Welt beinhaltet. Seit jeher haben sich die Päpste als *„Vicarius Jesu Christi"*, also als Stellvertreter Christi auf Erden gesehen.

Nach einem Blick auf die Wahl eines jeden Papstes nehme ich kurz seine Herkunft, seine äußere Gestalt und seinen Charakter in den Fokus. Zentraler Teil eines jeden Kapitels sind prägnante Entscheidungen und Taten des jeweiligen Pontifex, wobei es mir wichtig war, seine Regierungszeit in den historischen Kontext einzubetten. Den Abschluss bildet jeweils ein kurzer Bericht über den Tod und die Beisetzung des Papstes sowie die Beschreibung des Grabmonuments.

Ich habe bei meinen Untersuchungen bewusst die Frage außer Acht gelassen, ob Petrus jemals tatsächlich in Rom gewesen ist und die Päpste sich somit als wirkliche Nachfolger des Apostelfürsten bezeichnen können. Tatsache ist jedoch, dass Kaiser Konstantin beim Bau der ersten Petersbasilika im 4. Jahrhundert n. Chr. wohl enorme Erdbewegungen am *mons vaticanus* (einem ansteigenden Hügel jenseits des Tibers) durchführen ließ, um einen ebenen Baugrund für die Kirche genau an der Stelle zu ermöglichen, wo über lange Zeit offensichtlich ein bestimmtes Grab ganz besondere Verehrung erfuhr. Auch wenn die Grabungen unter St. Peter während der Zeit nach dem 2. Weltkrieg keinen endgültigen Beweis über die Authentizität des Petrusgrabes liefern konnten, so gab Margherita Guarducci, eine leitende Epigraphikerin und Archäologin, ihren Forschungsergebnissen dennoch den Titel: *Pietro ritrovato* – der wiedergefundene

Petrus. Wenige Knochenfunde eines Mannes im Alter von ca. 60 bis 70 Jahren, einige Fäden aus Gold und Purpur sowie passend gedeutete Kritzeleien an einer Mauer genügten der Wissenschaftlerin, Papst Paul VI. zu überzeugen, so dass dieser am 26. Juni 1968 die Funde für authentisch erklärte.

Bereits der 4. Nachfolger des hl. Petrus, Papst Clemens (92-99 n. Chr.) hat einen Mahnbrief an die Korinther gerichtet, in dem er als römischer Bischof die oberste Autorität der Kirche zum ersten Mal beansprucht. Im 4. Jahrhundert kommt es dann zum Toleranzedikt von Mailand und zur sog. „Konstantinischen Schenkung", womit den Päpsten erstmals Grund und Boden zuerkannt wurde. Schließlich wurden die Päpste nach dem Ende des weströmischen Reiches (476 n. Chr.) zunehmend bedeutender und entwickelten sich zu einflussreichen Persönlichkeiten in der Stadt. Zu Beginn des 7. Jahrhunderts begründet Papst Gregor der Große (590-604) das *„Patrimonium Petri",* einen Vorläufer des späteren Kirchenstaates. Im 8. Jahrhundert schließlich erreicht Papst Stephan II. (752-757) durch die Salbung Pippins (des Vaters Karls des Großen) ein enges Bündnis zwischen dem Papsttum und den aufstrebenden Karolingern, die die mächtigsten Herren des Abendlandes und „Verteidiger der Kirche" werden sollten. Papst Leo III. (795-816) schließlich festigt die Achse zum Reich Karls des Großen durch dessen Kaiserkrönung am Weihnachtstag des Jahres 800.

Der Weg zur wirklichen Weltherrschaft der Päpste konnte sich erst unter dem sendungsbewussten Papst Gregor VII.

(1073-1085) Bahn brechen, nachdem er den deutschen Salierkönig Heinrich IV. während des Investiturstreits 1077 in Canossa empfing. Durch seine Buße zwang Heinrich IV. den Papst, ihn vom Bann loszusprechen – und rettete damit sein Reich und seine Krone. Für den Papst war damit ein eindeutiger Zugewinn an Prestige verbunden. In seinem *„Dictatus Papae"* von 1075 werden die göttliche Stiftung der römischen Kirche, die Unfehlbarkeit ihrer Oberhirten und die Universalherrschaft der Päpste über jede weltliche und kirchliche Macht bereits festgeschrieben.

Kein Papst der Kirchengeschichte hat schließlich für die weltliche Herrschaft der Kirche wohl mehr getan als Innozenz III. (1198-1216), weil er unter Bezugnahme auf die Worte Jesus in Mt 16,19 *„tibi dabo claves regni caelorum"* den Primat des römischen Bischofs unterstrich und sich selber zwar *„geringer als Gott, aber größer als der Mensch"* betrachtete. Damit festigte er den Kirchenstaat und seine Autorität über Kaiser, Könige und Fürsten. Namentlich die Auseinandersetzung zwischen Papst Bonifatius VIII. (der im Jahre 1300 das erste Heilige Jahr ausrief) und dem französischen König Philipp IV. (dem Schönen) führten, so Horst Fuhrmann in seinem ausgezeichneten Buch „Die Päpste" (1998), zum Gegensatz zwischen Theokratie und modernem Staat, was letztlich zur sog. „babylonischen Gefangenschaft" der Päpste in Avignon führte. Das sich anschließende „große abendländische Schisma" mit mehreren konkurrierenden Päpsten und Gegenpäpsten konnte schließlich durch das Konzil von Konstanz (1414-1418) überwunden werden. So gelang es den Päpsten langsam aber sicher, sich wieder zu Herren über Kaiser, Könige und Fürsten aufzuschwingen – die Tiara, die dreifache Krone, ist davon ein eindrucksvolles Zeugnis.

Da es ja kein „Sakrament der Papstweihe" gibt, hat sich im Laufe der Zeit ein Ritual der Inthronisation der Päpste entwickelt, wobei immer mehr Riten aus dem Hofzeremoniell der byzantinischen Kaiser übernommen wurden. So war etwa das *Pallium* das Zeichen imperialer Würde, das ausschließlich dem Papst vorbehalten war – *„es war sein liturgisches Unterscheidungsmerkmal schlechthin",* wie Wolf es ausdrückt. Erst später wurde es auch den Erzbischöfen als Metropoliten einer Kirchenprovinz als Zeichen ihrer Vorrangstellung vor den anderen Suffraganbischöfen verliehen – ein Brauch, der bis zum heutigen Tag fortbesteht. Bei der Amtseinführung von Benedikt XVI. im April 2005 wurde ein überlanges Pallium verwendet, wie man es aus mittelalterlichen Darstellungen der Päpste kennt. Der Papst sei darüber mehrfach gestolpert, deshalb ist man wieder auf das kurze Band aus weißer Lammwolle mit schwarzen oder roten Kreuzen zurückgekommen. Aus dem sog. *Phrygium*, einer hohen kegelförmigen Kopfbedeckung mit Goldreif, entwickelte sich im Laufe der Zeit eine Art Diadem, das zunächst auf zwei und schließlich auf drei Kronen, die Tiara, erweitert wurde. Der neugewählte Papst erhielt diese Tiara bis zur Krönung Pauls VI. 1963 mit den Worten:

Empfange die mit drei Kronen geschmückte Tiara und wisse, dass du der Vater der Fürsten und Könige, der

Lenker der Welt, der Vicarius unseres Erlösers Jesu Christi auf Erden bist, dem Würde und Ehre ist in alle Ewigkeit.

So war die Amtseinführung eines neuen Pontifex letztlich eine *Imitatio Imperii*, wie Wolf dies bezeichnet. Inzwischen hat man diesen Prunk gründlich entschlackt. Vor allem Papst Franziskus ist in ausgesucht schlichten Gewändern zu seiner Amtseinführung gekommen und ließ sich auch keinen prunkvollen Fischerring an die Segenshand stecken.

In früherer Sichtweise war die Erhebung zur päpstlichen Würde gewissermaßen eine vollständige Veränderung der Person des bisherigen Kardinals – man könnte fast von einer „Transsubstantiation", also einer Wesensverwandlung wie bei der Wandlung in der hl. Messe sprechen. Mit der Wahl und ihrer Annahme ist der Gewählte sofort Papst der Weltkirche. Er hat die innere Gnade empfangen, er bekommt das äußere Zeichen (d.h. die Insignien), was im Prinzip in vollem Einklang mit der katholischen Sakramententheologie steht. Die Definition eines Sakraments lautet ja bis zum heutigen Tag „die innere Gnade, das äußere Zeichen und die Einsetzung durch Jesus Christus" – letzteres führen die Päpste auf die angeblichen Worte Jesu an Petrus zurück: *Tibi dabo claves regni caelorum.*

In der Renaissance wurde die päpstliche Hofhaltung immer luxuriöser, die Sitten verfielen immer mehr, die Päpste waren mehr Kriegsherren als Hirten der ihnen anvertrauten Herde, was einem einfachen Augustinermönch aus

Thüringen freilich nicht besonders gefiel. Die Tradition will es, dass er mit seinem Thesenanschlag vom 31. Oktober 1517 an der Schlosskirche in Wittenberg – ohne es ursprünglich zu beabsichtigen – die wohl größte Krise in der Kirchengeschichte, nämlich die definitive Glaubensspaltung auslöste. Es war ein großes Versäumnis der Päpste, die Tragweite der Kritik Martin Luthers nicht erkannt und die nötigen Reformen nicht eingeleitet zu haben. So konnte sich – freilich mit kräftiger Unterstützung der jeweiligen Territorialfürsten, die ihre Macht gegenüber dem Kaiser und natürlich auch gegenüber dem Papst sichern und ausbauen wollten – die Lehre Luthers und weiterer Reformatoren in halb Europa etablieren. Das Konzil von Trient (1545-1563) war eine verspätete Reaktion auf die Reformation und sollte die heftige Epoche der Gegenreformation einleiten. Trotz des Abfalls großer Teile Europas von der römischen Kirche gelang es den Päpsten, vor allem im 16. und 17. Jahrhundert ihre Machtstellung in Rom und Italien dennoch zu konsolidieren, intellektuell sah sich die Kirche aber durch die Reformation aus ihrer bisherigen Führungsrolle verdrängt.

Verzeichneten die Päpste seit dem Kraftprotz Sixtus V. (1585-1590) einen deutlichen Zugewinn an politischer Macht, so erwies sich dies bald als echtes Problem. Die Päpste wurden vor allem Ende des 17. und im 18. Jahrhundert in zahlreiche unliebsame politische Auseinandersetzungen zwischen den katholischen absolutistischen Staaten (vor allem Frankreich und Spanien) hineingezogen. Zudem sorgten – wie Fuhrmann es schön beschreibt – die

„aushöhlende Kraft der Aufklärung" und die „fortschreitende Säkularisierung aller Lebensbereiche" für eine nachhaltige Schwächung der päpstlichen Autorität. Ein ganz besonders scharfer Gegner des Papsttums war der französische Philosoph Voltaire (1694-1778), der das Papsttum als „Hort primitiver Rückständigkeit" bezeichnete und Briefe bekanntlich immer mit seinem berühmten Ceterum censeo „Ecr. l'Inf." (= Ecrasez l'infâme – zermalmt die Schändliche, i.e. die niederträchtige Kirche) unterschrieb.

Ein gutes Beispiel für den weltlichen Einfluss auf die Päpste bietet das Verbot des Jesuitenordens auf Druck des französischen Königs (1773), dem die katholische Intelligenz im eigenen Land zu mächtig und zu gefährlich geworden war. In Preußen galt die Aufhebung des Jesuitenordens übrigens nicht, weil der Alte Fritz der Meinung war, „man unterhalte im Zirkus für die Tierkämpfe ja Tiger und Löwen, warum sollte man da nicht auch Jesuiten dulden?"

Während der französischen Revolution und der Herrschaft Napoleons kam es zu weiteren Demütigungen des Papsttums. Die Franzosen besetzten Rom und verschleppten Papst Pius VI. nach Valence, wo er 1799 starb. Sein Nachfolger Pius VII. (1800-1823), den Napoleon auch nach Frankreich bringen ließ, war freilich ein geschickter Taktiker und gewiefter Verhandler und erhielt so durch die Restauration des Wiener Kongresses im Jahre 1815 praktisch den Kirchenstaat in alter Form zurück. Zeitgleich entbrannten in Europa allerdings nationalistische Einigungsbestrebungen und Aufstände gegen jegliche Obrigkeit und

Fremdherrschaft. In Italien verfolgte das *Risorgimento* das erklärte Ziel der Einigung des ganzen Landes. Aber erst nach zwei Unabhängigkeitskriegen kam es zur Bildung des italienischen Königsreichs im Jahre 1861 und schließlich am 20. September 1870 zur Besetzung Roms und zum definitiven Ende des Kirchenstaates unter Papst Pius IX. In zeitgenössischen Darstellungen wird das Ende der weltlichen Herrschaft der Päpste als totes Schwein dargestellt, Totengräber ist der *‚Fortschritt‘*, der einsegnende *‚Priester‘* ist General Raffaele Cadorna, der Kommandeur der italienischen Truppen beim Sturm auf Rom.

Die Reihenfolge der hier aufgeführten Basiliken und Grabmäler folgt dem Prinzip, dass sich in den jeweiligen Kirchen ein Rundgang anbietet. Zunächst findet der Leser drei der vier großen Patriarchalbasiliken, die auch ohne Besichtigung der Grabmäler einen Besuch wert sind. Die anschließenden Kirchen sind so angeordnet, dass sie sich in einem Spaziergang von Santa Maria di Monserrato in der Nähe des Campo de' Fiori bis Santa Francesca Romana am Forum Romanum bequem in zwei bis drei Tagen „erwandern" lassen. Lediglich die Basilica San Lorenzo fuori le mura liegt – wie der Name sagt – außerhalb des aurelianischen Mauerrings.

Eine etwas skurrile Besonderheit bildet den Abschluss des Buches: die Basilica SS. Vincenzo e Anastasio direkt schräg gegenüber dem Trevibrunnen. Es war in früheren Zeiten Brauch, einem verstorbenen Pontifex das Herz und weitere Eingeweide zu entnehmen und in einer Urne in dieser Kirche getrennt beizusetzen.

Zu guter Letzt möchte ich auf einen besonderen Romführer an dieser Stelle ausdrücklich hinweisen: *Heiliges Rom – Pilgern auf den Spuren der Apostel Petrus und Paulus* von P. Martin Ramm FSSP (2024). Die 3. Auflage dieses Buches, das über die Priesterbruderschaft St. Petrus in Wigratzbad kostenlos gegen eine Spende bezogen werden kann, beschreibt die Dinge vor Ort äußerst präzise und liefert exzellente theologische Vertiefungen, ohne freilich bei den einzelnen Papstgrabmälern zu sehr ins Detail zu gehen. Ich empfehle die Mitnahme dieses Buches bei den Streifzügen durch die Ewige Stadt mit Nachdruck.

Den farbigen Abbildungen der Papstgrabmäler liegen eigene Fotos zugrunde, die Wappen der Päpste sind der Website www.vaticanhistory.de entnommen.

1. San Pietro in Vaticano

Wie bereits in der Einleitung angedeutet, soll hier die grundsätzliche Frage nach der Authentizität des Petrusgrabes und die Frage, ob Petrus nun wirklich als erster Bischof in Rom gewirkt hat, außer Acht gelassen werden. Ich werde hier lediglich die Baugeschichte der Petersbasilika in sehr groben Zügen skizzieren, um dem Besucher dieser größten aller christlichen Kirchen einen Eindruck zu vermitteln, was für ein gewaltiges Bauwerk er betritt.

In der Gegend, in der heute der Vatikan liegt, befand sich einst eine Zirkusanlage, die Kaiser Caligula (37-41 n. Chr.) beginnen und Kaiser Nero (54-68 n. Chr.) vollenden ließ. Der Überlieferung nach soll Petrus in diesem Zirkus zwischen 64 und 67 n. Chr. das Martyrium durch Kreuzigung mit dem Kopf nach unten erlitten haben. Anschließend habe man versucht, den Leichnam separat beizusetzen, um so die Bestattung in einem Massengrab zu verhindern.

Im Juli des Jahres 64 n. Chr. kam es in Rom zu einem verheerenden Brand, der große Teile der Stadt zerstört hat. Die Schuld an der Brandstiftung schob man den ungeliebten Christen in die Schuhe, weil sie gegen das Grundprinzip verstießen, den Kaiser höher zu werten als den eigenen Gott. In der Folgezeit kam es zu zahlreichen grausamen Christenverfolgungen (ganz besonders unter der Regierungszeit der

Kaiser Domitian (81-96), Septimius Severus (193-211), Valerian (253-260) und Diokletian (284-305).

Nach dem Mailänder Edikt (ich verwende bewusst die traditionelle Bezeichnung) des Kaisers Konstantin aus dem Jahre 313 n. Chr., wonach allen Bewohnern des römischen Reiches die freie Wahl der Glaubensentscheidung zugesichert wurde, nahmen die Christenverfolgungen im römischen Reich und namentlich in Rom ihr definitives Ende. Papst Silvester I. soll Kaiser Konstantin gebeten haben, über dem vermuteten Petrusgrab eine Kirche zu erbauen – die Einweihung von Alt-Sankt-Peter nahm der Papst selbst am 18. November 326 vor. Im Jahre 380 wurde die christliche Religion durch den oströmischen Kaiser Theodosius I. in den Rang einer „Staatsreligion" erhoben – von nun an hatte die katholische Glaubenslehre den absoluten Vorrang vor allen anderen religiösen Strömungen der Zeit und wurde für alle Bürger des Reiches verbindlich.

Die von Kaiser Konstantin gegründete erste Peterskirche war eine fünfschiffige Basilika mit einer Länge von 124 m und einer Breite von 64 m, der eine große Säulenhalle vorgesetzt war. Diese Kirche bestand mit Renovierungen und Restaurierungen praktisch bis zum Beginn des 16. Jahrhunderts, als man zu dem Schluss kam, die als baufällig geltende Kirche sukzessive abzureißen und mit dem Neubau der heutigen Peterskirche zu beginnen – ausschlaggebend hierfür war der energische und entschlussfreudige Papst Julius II., der im Jahre 1506 den Baubeginn einleitete. 50 Jahre zuvor hatte Papst Nikolaus V. die Christenheit bereits zu Spenden für einen Neubau des Gotteshauses aufgerufen.

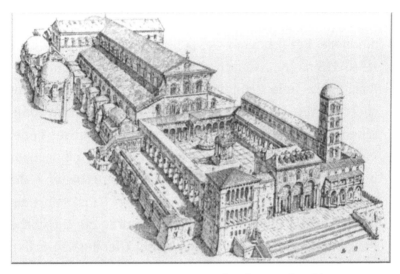

Stich der alten „konstantinischen" Petersbasilika
(Rekonstruktion nach Prof. Crostarosa)

Mehrere Architekten übernahmen die Bauleitung des Mammutprojektes: Giuliano da Sangallo wurde bald durch Donato Bramante ersetzt, dessen Idee es war, einen Zentralbau mit dem Grundriss eines griechischen Kreuzes und einer Kuppel über der Vierung zu errichten. Im Jahre 1547 übernahm Michelangelo Buonarroti die Bauleitung und führte das Werk mit dem Bau seiner weltberühmten Kuppel weiter, deren Fertigstellung er freilich nicht mehr erleben durfte, weil er hochbetagt im Jahre 1564 starb. Inzwischen war man nach den Wirren der Reformation im Zeitalter der Gegenreformation angekommen. Ab 1607 übernahm Carlo Maderno den Posten des Chefarchitekten, verlängerte das

Längsschiff nach Osten und vollendete die Fassade des Petersdoms. Auf diese Weise wollte man das „katholische Element" deutlicher in den Vordergrund rücken und erhielt durch die Verlängerung der Längsachse den Grundriss eines lateinischen Kreuzes. Schließlich kam es zur feierlichen Einweihung der Basilika am 18. November 1626 durch Papst Urban VIII., also nach 120jähriger Bauzeit und exakt 1300 Jahre nach der Weihe der ersten Peterskirche. Den glanzvollen Abschluss der Bauarbeiten bildete um die Mitte des 17. Jahrhunderts das Wirken Gian Lorenzo Berninis, der vor allem den Petersplatz mit den ausladenden Kolonnadenarmen gestaltete und ganz wesentlich zur Ausschmückung des Inneren beitrug.

Einige der hier beschriebenen Monumente sind Kenotaphe, also leere Grabmonumente, die nicht die sterblichen Überreste der jeweiligen Päpste enthalten. In den Grotten von St. Peter befinden sich lt. einer Tafel am Eingang zur Sakristei 145 eigentliche Papstgräber.

Die Abfolge der aufgeführten Denkmale entspricht einem Rundgang, der im rechten (nördlichen) Seitenschiff beginnt, dann etwas versetzt rechts weiterführt und seinen ersten Höhepunkt vor der Cathedra Petri findet. Von dort führt der Weg durch das linke (südliche) Seitenschiff zum Ausgang – eines der ältesten Grabdenkmäler ist somit eines der letzten, die hier dargestellt sind (Nr. 65).

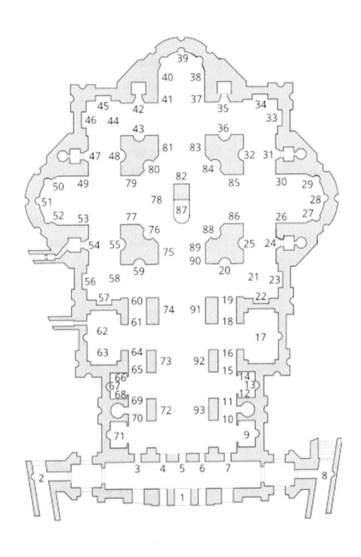

Lageplan der beschriebenen Papstmonumente in St. Peter

40 – Papst Paul III.	38 – Papst Urban VIII.
47 – Papst Alexander VII.	31 – Papst Clemens XIII.
54 – Papst Pius VIII.	24 – Papst Benedikt XIV.
57 – Papst Pius VII.	22 – Papst Gregor XVI.
60 – Papst Leo XI.	18 – Papst Gregor XIII.
65 – Papst Innozenz VIII.	
64/67 – Hl. Papst Pius X.	**Beginn des Rundgangs**
68 – Papst Benedikt XV.	

Wenn sich der Besucher am Ende seines Rundgangs noch dem prächtigen Mittelschiff zuwendet, so entdeckt er beiderseits in den Nischen der Pfeiler auf zwei Ebenen riesige Skulpturen, die Ordensstifter aus dem 17. bis 20. Jahrhundert darstellen – eine detaillierte und minutiöse Auflistung aller 39 Statuen findet sich in dem bereits erwähnten Führer „Heiliges Rom" von P. Martin Ramm (3. Auflage, 2024, S. 32).

Nachdem wir den Petersdom über die Vorhalle betreten haben, sollten wir rechts und links die beiden Reiterstandbilder von Kaiser Konstantin (Nr. 8) und Kaiser Karl dem Großen (Nr. 2) eines Blickes würdigen. Im Heiligen Jahr betreten die Besucher die Basilika über die sog. *Porta Santa*, die hl. Pforte (Nr. 7), die traditionsgemäß in der Weihnachtsnacht zu Beginn eines solchen Jubeljahres vom Papst geöffnet und meist am Fest der Unbefleckten Empfängnis Mariens (am 8. Dezember des Folgejahres) wieder geschlossen wird. Unmittelbar rechts sieht man nun hinter einer schützenden Wand aus Panzerglas das berühmte Jugendwerk Michelangelos, die Pietà (Nr. 9), die er im Alter von erst 25 Jahren geschaffen hat. Die Madonna trägt über ihrer Brust ein kleines Band, auf dem Michelangelo sich als Bildhauer dieser Skulptur selbst verewigt hat: *Michaelangelus Bonarotus Florent[inus] Facieba[t]* – Michelangelo Buonarroti aus Florenz hat dies geschaffen. Interessant ist hier die Verwendung des Präteritums *faciebat*, weist es doch auf den Prozess der Entstehung dieses Kunstwerks hin.

Unser Rundgang setzt sich nun durch das rechte Seitenschiff fort und wir gelangen vorbei am Grab der zum Katholizismus konvertierten früheren Königin Christine von Schweden (Nr. 10) zu einer Kapelle, in der sich der neue Grabaltar des Hl. Papstes Johannes Pauls II. (1978-2005, Nr. 13) befindet. Rechts davon die sitzende Statue Papst Pius' XI. (1922-1939, Nr. 12), links davon die stehende segnende Bronzefigur seines Nachfolgers, Papst Pius' XII. (1939-1958, Nr. 14). Beide Statuen wurden von den Kardinälen gestiftet, die von den jeweiligen Päpsten ernannt wurden. Wenn man geradeaus weitergeht, so sieht man links oben das Grabmal der Gräfin Mathilde von Tuszien, vor deren Burg in Canossa Heinrich IV. bekanntlich im Winter 1076/77 öffentlich Buße tun musste, um vom Kirchenbann losgesprochen zu werden. Es wurde von Gian Lorenzo Bernini 1635 unter Papst

Urban VIII. gestaltet. Nur einige Schritte weiter kommen wir zum ersten Grabmonument, das Papst Gregor XIII. (Nr. 18) gewidmet ist und sich auf der rechten Seite befindet.

Gregor XIII. (1572 – 1585) – der Papst der Kalenderreform

Ugo Boncompagni aus Bologna

Ludwig von Pastor widmet diesem Papst den kompletten Band IX seines Werkes mit nahezu 900 Seiten. Nach einem extrem kurzen Konklave von nur einem Tag war Kardinal Boncompagni am 13. Mai 1572 zum Papst gewählt – dabei scheinen vor allem der spanische König Philipp II. und der Mailänder Kardinal Karl Borromäus als „Königsmacher" tätig gewesen zu sein. Der einstige Kaufmannssohn hatte in seiner Heimatstadt Jura studiert und brachte aus seiner Zeit als Kardinal einen Sohn mit. Er war von Natur aus heiter, lebenslustig und gutmütig, führte einen tadellosen Lebenswandel und betrieb Nepotismus nur in geringem Umfang. Er bevorzugte eine einfache, streng geregelte Lebensweise, war extrem arbeitseifrig, führte ein mildes Regiment und zeigte ein gütiges Wesen – seine Zeitgenossen erkannten in seinem Nachnamen ein Zeichen seines Charakters „*il buon compagno*", den guten Kameraden. Viermal im Jahr unternahm er zu Fuß eine Wallfahrt zu den sieben Hauptkirchen Roms. Michel de Montaigne, der zu dieser Zeit in Rom war, sah den Papst öfter durch die Stadt pilgern und beschrieb ihn als einen *„schönen Greis mittlerer Größe mit majestätischem Aussehen und langem weißem Bart – noch im Alter von 78 Jahren bestieg er seinen Schimmel ohne Hilfe seines Stallmeisters".*

Als Gregor sein Amt antrat, war Rom eine verwahrloste und entvölkerte Stadt. Die in der Antike vermutete Einwohnerzahl von einer Million war auf knapp 60.000 zusammengeschmolzen. Umgekippte Säulen und Steinquader lagen größtenteils unter Müll und Dreck verborgen. Wo sich Menschen tummelten, regierten Gestank und Enge.

Wir befinden uns im Zeitalter der Gegenreformation. Pfeiler des päpstlichen Regierungsprogrammes waren die Stärkung der Liga im Kampf gegen die Türken, die Bekämpfung der Irrlehren der „Neugläubigen", die Durchführung der Beschlüsse des Konzils von Trient sowie freundschaftliche Beziehungen zu den katholischen Fürstenhöfen Europas. Nur gut drei Monate nach der Papstwahl kam es in Frankreich zur sog. Bartholomäusnacht, der grausamen Ermordung von über 3000 Hugenotten. Obwohl den Papst daran wohl selbst keine Schuld traf, so ließ er dieses Ereignis in Rom doch mit einem Freudenfest und einem Dankgottesdienst mit *Te Deum* in der französischen Nationalkirche San Luigi dei Francesi am 8. September 1572 feiern. Nur kurz danach erließ er eine Bulle, um ein allgemeines Jubiläum zum Dank für die Niederschlagung der Hugenotten anzukündigen.

Vor allem mit Hilfe des bayrischen Herzogs Albrecht V. förderte der Papst nach Kräften die Restauration in Deutschland. So gab es im inzwischen protestantischen Württemberg Städte wie Weil der Stadt, Geislingen oder Schwäbisch Gmünd, die weiterhin treu zum katholischen Glauben standen. Im Bistum Fulda findet sich das katholische Eichsfeld, wo die Bevölkerung bis heute tief im traditionellen Glauben verwurzelt ist. Als der Kölner Erzbischof Gerhard Truchseß zum Protestantismus übergeschwenkt war *(„Gott habe ihn aus der Finsternis des Papsttums errettet")*, wurde er vom Papst abgesetzt, der Kampf um das Erzbistum Köln entbrannte und mit Hilfe des Bayernherzogs konnte die protestantische Gefahr gebannt werden – das Rheinland blieb katholisch.

Der Papst war ein Freund und Förderer der Künste und der Wissenschaften. Als sein größtes bis heute fortdauerndes Werk gilt die Kalenderreform im Jahre 1582, eine *„kulturhistorische Tat größter Bedeutung"*. Hierzu sandte Gregor an alle wichtigen Universitäten und Fürstenhöfe Europas einen ersten Entwurf, beschloss und veröffentlichte ihn aber erst, nachdem die Reform von allen gutgeheißen wurde. Gregors wichtigster Vertrauter in der Kommission zur Kalenderreform war der deutsche Astronom und Jesuit Christophorus Clavius. Kurz zusammengefasst geht es um die Anpassung des gemessenen Jahres an das astronomische Jahr. Der bisherige Kalender, der auf Julius Cäsar zurückging, hatte den Mangel, dass die Jahre gut 11 Minuten zu lang waren und sich so ständig unerwünschte Verschiebungen ergaben. Die Frühjahrs-Tag-und-Nachtgleiche sollte wieder auf den 21. März gelegt werden, das Osterfest endlich wieder auf den Sonntag nach dem ersten Frühlings-Vollmond fallen und mit dem System der Schaltjahre sollten Unstimmigkeiten ausgeglichen werden. Durch die einmalige Streichung einiger Tage entsprach der Kalender wieder den tatsächlichen Gegebenheiten (auf den 4. Oktober 1582 folgte unmittelbar der 15. Oktober 1582) – in der heutigen Welt würde ein derartiger Zeitsprung vermutlich den Kollaps des weltweiten Geschäftsverkehrs einleiten. Mit seiner Bulle *Inter gravissimas* vom 24. Februar 1582 gab Gregor dieser Kalenderreform im Bereich der Westkirche Gesetzeskraft. Im anglikanischen England wurde die Reform 1752, im protestantischen Preußen erst 1775 übernommen. Heftiger Widerstand gegen die Reform erhob sich in der griechisch-orthodoxen Glaubenswelt: So feiern die Orthodoxen noch heute Weihnachten und Ostern zu anderen Terminen als der Rest der christlichen Welt. Ein erst im Jahre 2012 entdeckter Asteroid erhielt zu Ehren dieses „Kalenderpapstes" seinen Namen: *Ugoboncompagni.*

Gregor war auch in der Ausbildung des Priesternachwuchses überaus rege. So förderte er das Collegio Romano, die von Ignatius von Loyola gegründete Bildungsanstalt im Herzen Roms – zu seinen Ehren erhielt die Universität im Jahre 1873 den Namen *Gregoriana.* Bis heute ist diese Hochschule der Jesuiten unweit der Basilica SS. XII Apostoli die Kaderschmiede des katholischen Klerus. Wenn man sich die Curricula neu ernannter Bischöfe auf der ganzen Welt anschaut, so stellt man leicht fest, dass sehr viele der neu-ernannten Oberhirten ehemalige Alumni dieser Eliteuniver-sität waren.

In Rom versuchte Gregor bereits, das wuchernde Geschwür des Banditenunwesens, die *„Landplage im ganzen Kirchen-staat"*, zu bekämpfen, ein Problem, das freilich erst sein Nachfolger Sixtus V. energisch und für kurze Zeit erfolgreich anpacken sollte. Er ließ Teile des Tibers regulieren, baute die Häfen von Fiumicino und Civitavecchia aus und beauf-tragte den Stararchitekten Giacomo della Porta mit dem Weiterbau der Peterskirche. Besondere Unterstützung ge-währte er der *Chiesa Nuova*, dem Sitz der Oratorianer des Hl. Filippo Neri, und der Jesuitenkirche *Al Gesù* mit dem Grabmal des Ordensgründers der Gesellschaft Jesu. Im Rah-men der Verbesserung des römischen Straßennetzes ließ er einen neuen Zugang zum Kapitol errichten, die *Via di Rupe Tarpea*. Wie es in der beginnenden Barockzeit üblich war, stiftete er zahlreiche neue Brunnen in Rom, so die beiden kleineren Brunnen auf der Piazza Navona, den großen Brun-nen auf der Piazza del Popolo, den Brunnen auf der Piazza della Rotonda vor dem Pantheon sowie die Fontana delle Tartarughe, den kleinen Schildkrötenbrunnen auf der Piaz-za Mattei mit den vier geschmeidigen Jünglingen von Gia-como della Porta. Auf dem Quirinal ließ Gregor inmitten der Ruinen des untergegangenen Kaiserreichs eine neue Som-merresidenz erbauen – der Quirinalspalast war lange Zeit Residenz der Päpste und ist heute Amtssitz des italienischen Staatspräsidenten. Mit all diesen teuren Bauprojekten trieb Gregor die päpstlichen Finanzen fast in den Ruin.

Michel de Montaigne liefert von seinem Aufenthalt in Rom 1580/81 eine interessante Beschreibung, wie er die Stadt wahrgenommen hat: Er war begeistert von den antiken Ruinen, sah lediglich ein Drittel des Gebiets innerhalb der aurelianischen Mauern bebaut, war von der Vatikanischen Bibliothek fasziniert und bewunderte Statuen wie den Laokoon, den Antinous oder die bronzene Statue der Wölfin auf dem Kapitol. In den Vatikanischen Museen konnte er bereits die Galerie der Landkarten bestaunen, wo 16 riesige Karten des Dominikanerpaters Ignazio Danti entstanden waren. Aus dem Alltagsleben berichtet er von zahlreichen öffentlichen Predigten, Teufelsaustreibungen, Hinrichtungen und der Vorliebe der Römer, stundenlang durch die Gassen der Stadt zu flanieren, ein Brauch, der sich bis heute erhalten hat.

Nach knapp 13 Jahren Pontifikat schloss Gregor am 10. April 1585 für immer die Augen. Sein Grabmal war bereits am Tage seines Todes fertiggestellt. Gregor war somit der erste Papst, der direkt in der noch im Bau befindlichen neuen Petersbasilika bestattet werden konnte. Die Figuren von Camillo Rusconi entstanden allerdings erst zu Beginn des 18. Jahrhunderts.

Grabmal von Papst Gregor XIII.

In der Mitte der Nische über dem Sarkophag thront die segnende Papstgestalt, darunter über der Inschrift erkennt
man einen Drachen, das Wappentier der Boncompagni. Zu
beiden Seiten schmücken allegorische Figuren das

Grabmal: Links die bildhafte Darstellung der Religion bzw. des Glaubens, die eine Tafel mit der Inschrift *Novi opera eius et fidem* trägt *(Ich habe seine Verdienste und seinen Glauben erkannt)*, ein Vers, der dem 2. Kapitel der Geheimen Offenbarung des Hl. Johannes entnommen ist. Die rechte Figur symbolisiert die Weisheit und das Wissen Gregors in Form einer römischen Minerva mit Helm, die gerade dabei ist, einen Schleier nach oben zu ziehen, so dass auf dem Relief die Verkündigung der Kalenderreform des Papstes deutlicher sichtbar wird. Der Papst ist dabei umringt von zahlreichen Wissenschaftlern. Links von ihm steht ein Globus, vor ihm wird der neue Kalender präsentiert. Über dem gesamten Grabmal erkennt man das Wappen des Papstes mit den päpstlichen Insignien.

Gehen wir nun weiter und biegen rechts in die Cappella Gregoriana des Petersdoms ein, so stehen wir rechter Hand vor einem bombastischen Monument, das einem Papst des 19. Jahrhundert gewidmet ist (Nr. 22). Zeitlich befinden wir uns mitten in der Periode des italienischen Risorgimento, also der Bestrebung, Italien als Nationalstaat zu einigen, was erst am 20. September 1870 mit der gewaltsamen Besetzung Roms durch die Truppen Garibaldis zur politischen Realität wurde.

Gregor XVI. (1831 – 1846) – der erste Papstmonarch des 19. Jahrhunderts

Bartolomeo Alberto Cappellari aus Belluno

Nach dem überaus kurzen Pontifikat Pius' VIII. (von März 1829 bis November 1830) brauchten die im Quirinalspalast versammelten Kardinäle erneut 54 Tage, um sich auf einen Nachfolger für den Stuhl Petri zu einigen. Die Wahl fiel auf einen zwar persönlich liebenswürdigen, frommen und anspruchslosen Mann, der allerdings dem Denken und den Problemen seiner Zeit in keinster Weise gewachsen war, weil ihm Erfahrung und politischer Realitätssinn fehlten. Gregor war Mitglied des Kamaldulenserordens, einer eremitisch und einfach geprägten Ordensgemeinschaft und wurde 1825 zum Kardinal ernannt. Er war Präfekt der päpstlichen Missionsuniversität *Propaganda Fide* und wurde erst nach seiner Wahl zum Bischof geweiht. Die Entscheidung für Kardinal Cappellari kam letztlich auf Druck des österreichischen Staatskanzlers Fürst von Metternich zustande. Von diesem ließ sich der Papst auch den diktatorisch auftretenden reaktionären Luigi Lambruschini als Kardinalstaatssekretär aufdrängen, einen Mann, der in allen modernen Entwicklungen fanatisch den Ausdruck der Rebellion und des Widerstandes sah. So warnte er etwa vor der Einführung von Gaslaternen, sah in der Eisenbahn eine Gefahr für die Menschheit, warnte vor dem Bau von Hängebrücken und lehnte die Abschaffung der Todesstrafe kategorisch ab.

Gregor XVI. war bestrebt, nach den Wirren der französischen Revolution und der Restauration durch den Wiener Kongress das kirchliche Selbstverständnis neu zu definieren und verkündete den Anspruch der Unabhängigkeit der Kirche in geistlichen Fragen. Für diesen Papst gab es nur Fürstenrechte, Menschenrechte waren für ihn inexistent, so dass er eigentlich von den Zielen und den Nachwirkungen der französischen Revolution völlig unberührt blieb. Er erließ zahlreiche Enzykliken in meist aggressivem, antimodernistischem Ton. So verurteilte er strikt die Gewissens- und Meinungsfreiheit des Einzelnen als *„pestilentissimus error"*, einen pestartigen Irrtum. Wie ein absolutistischer Monarch sah er sich mit der *plenitudo potestatis* als Herrscher über alle und jeden.

Im Italien des 19. Jahrhunderts gärte es unterdessen beträchtlich. Bereits seit den 20er Jahren gab es Bestrebungen für die Einigung Italiens. Den Beginn des eigentlichen *Risorgimento*, der „Erhebung (Italiens)", setzen die Historiker in der Regel auf den 3. Februar 1831, also kurz nach der Wahl des Papstes, als Ciro Menotti einen Aufstand in Modena anzettelte. Dieser setzte sich schon früh für die Einigung Italiens ein und trat als junger Mann dem Geheimbund der *Carbonari* bei. Sein Ziel war die Befreiung Norditaliens von der österreichischen Vorherrschaft und die Schaffung eines demokratischen Staates. Der Aufstand scheiterte und Ciro Menotti wurde nach kurzem Prozess von den österreichischen Truppen hingerichtet.

In der Folgezeit entstand in Marseille die radikalpolitische Bewegung der *Giovine Italia* mit Giuseppe Mazzini an der Spitze. Italien war politisch zu dieser Zeit ein Flickenteppich mit zahlreichen Kleinststaaten – mittendrin auf dem Stiefel befand sich der *Stato Pontificio*, der Kirchenstaat, dessen weltliches Oberhaupt der Papst seit Jahrhunderten war. Alle Bestrebungen zur nationalen Einigung lehnte der Papst ab. Gegen die zunehmenden Kräfte des Risorgimento wäre er allein freilich nicht gewachsen gewesen, weshalb der Bestand des Kirchenstaates nur durch die Hilfe fremder Mächte wie Österreich und Frankreich sichergestellt werden konnte.

Während des Mischehenstreites, den sog. „Kölner Wirren", kam es zum offenen Konflikt zwischen dem preußischen Staat und der katholischen Kirche. Dieser Streit führte im Jahre 1837 zur Verhaftung des Kölner Erzbischofs Droste zu Vischering. Preußen war ja ein ganz überwiegend protestantischer Staat, in dem die Tradition der Staatskirche galt, deren Oberhaupt der preußische König war. Nach Landesrecht oblag die Entscheidung, welcher Konfession die Kinder aus Mischehen angehören sollten, grundsätzlich den

Eltern – der Papst hingegen befahl, dass Kinder aus Mischehen ausnahmslos katholisch getauft und erzogen werden mussten.

In Rom selbst ließ der Papst zahlreiche Grabungen am Forum Romanum durchführen sowie den Zugang zu mehreren Katakomben freilegen. Auch war es sein Verdienst, den Wiederaufbau der 1823 durch einen verheerenden Brand nahezu völlig zerstörten Paulsbasilika energisch voranzutreiben. Durch Spendenaufrufe in der ganzen Welt wurden Geld und Baumaterialien zur Verfügung gestellt, so kam das Holz für die Decke aus Schweden, der Granit für die Säulen der Vorhalle vom Simplon-Pass in der Schweiz.

Der Papst starb an den Folgen einer bakteriellen Entzündung der oberen Hautschichten am 16. Juni 1846. Die Römer haben weitgehend mit großer Gleichgültigkeit auf den Tod des nicht wirklich beliebten Papstes reagiert und erhofften sich vor allem vom kommenden Konklave einen liberalen, reformfreudigen Nachfolger, der insbesondere den Forderungen nach nationaler Einigung wohlwollend gegenüberstand. Sein Grabmonument wurde von den zahlreichen von ihm kreierten Kardinälen gestiftet *(Sanctae Romanae Ecclesiae Cardinales ab eo creati 1854)*. Es ist ein Werk des Künstlers Luigi Amici und stellt die monumentale Papstfigur sitzend und segnend auf dem Thron dar. Zwei allegorische Figuren flankieren das Grabmal: links die Religion mit der Hl. Schrift in der Hand, rechts die nachdenkliche Gestalt der *prudentia* mit Spiegel und Schlange.

Auf dem Relief dazwischen huldigt ein Mann tief gebeugt dem Papst, dessen linke Hand auf einem stilisierten Globus ruht.

Zeitlich gehen wir nun rund 100 Jahre zurück in der Geschichte und finden schräg gegenüber diesem Monument das Grabdenkmal des wohl bedeutendsten Papstes des 18. Jahrhunderts (Nr. 24).

Benedikt XIV. (1740 – 1758) – der „gute Papst" des 18. Jahrhunderts

Prospero Lambertini aus Bologna

Wir befinden uns mitten im 18. Jahrhundert und es wäre ein Wunder, wenn die geistigen Strömungen der Aufklärung, die dieses Jahrhundert in besonderer Weise geprägt haben und letztlich über das *SAPERE AUDE* Immanuel Kants (1784) zur Französischen Revolution geführt haben, vor den Mauern des Vatikans Halt gemacht hätten. Dennoch war es im römischen Sommer des Jahres 1740 überaus schwierig, einen geeigneten Kandidaten als Nachfolger für Papst Clemens XII. zu finden, der bereits am 6. Februar 1740 gestorben war. Eine ganze Reihe von *papabili* standen zwar zur Verfügung, freilich wollten auch Großmächte wie Spanien und Österreich einen ihnen genehmen Kandidaten durchsetzen. So kam es zum längsten Konklave seit dem Großen Schisma von 1378 – es dauerte über sechs Monate. Schließlich einigte man sich auf einen Kompromisskandidaten, den

65jährigen Erzbischof von Bologna, der dort als fähiger und beliebter Seelsorger bekannt war. Als er 1728 zum Kardinal ernannt wurde, sagte er, *„ich wechsle nur die Farbe und bleibe stets derselbe Lambertini in meinem Charakter und in meiner Heiterkeit".*

In der Tat scheint ein Mann auf den Stuhl Petri gelangt zu sein, der in vielem an den *papa buono* Johannes XXIII. (1958-1963) erinnert. Selbst Hans Kühner, der an nicht wenigen Päpsten in der Kirchengeschichte nun wirklich kein gutes Haar lässt, lobt ihn als *„Papst mit hohen menschlichen Eigenschaften".* Er zeichnete sich durch eine sehr einfache Lebensweise, regen Geist, treffliches Gedächtnis und klaren Verstand aus. Von Natur aus war er gütig, witzig, selbstironisch, offenherzig, aufrichtig, redlich, wohlwollend, humorvoll und milde – die Liste der positiven Adjektive nimmt fast kein Ende. Der neue Papst war von mittlerer Statur und neigte zur Korpulenz, hatte ein frisches Antlitz, kastanienfarbene Haare, blaue und lebhafte Augen, erfreute sich bester Gesundheit und konnte auch im hohen Alter von 83 Jahren noch jedes Dokument ohne Brille lesen. Er war extrem arbeitseifrig, stand früh auf und ging spät zu Bett, machte häufige Spaziergänge zu den römischen Kirchen, bot dabei wenig Prunk auf und sprach mit den Leuten auf der Straße. Von Ärzten hielt er wenig, war er doch der Meinung, Leben und Tod stünden ganz in Gottes Hand.

Während seines Pontifikats kam es zu einer ganzen Reihe von Bautätigkeiten – er steht als Modernisierer Roms in einer Linie mit Papst Sixtus V. aus dem Ende des 16.

Jahrhunderts. So ließ er im Vatikan eine Proviantierungsbehörde für die Stadt errichten, die *Annona*, die als Supermarkt bis heute besteht und wo Priester und Nonnen zu günstigen Preisen einkaufen können. 120 Jahre nach der Einweihung ordnete er Untersuchungen in St. Peter an, denn es hatten sich erste Risse und kleinere Schäden gebildet. Die Altarbilder des Petersdoms ließ er durch Mosaikkopien ersetzen. Weitere Restaurationsarbeiten erfolgten an der Fassade von Santa Maria Maggiore, in Santa Croce in Gerusalemme und im Inneren des Pantheons, das ja bereits zu Beginn des 7. Jahrhunderts in eine christliche Kirche umgewandelt wurde und der Verehrung Mariens und aller heiligen Märtyrer geweiht war. Großes Verdienst hat sich der Papst auch um den Erhalt des Colosseums erworben, stellte er doch den unbefugten Zutritt unter schwere Strafe – es hatte sich eingebürgert, dass die Ruine des Flavischen Amphitheaters zum *„Unterschlupf lichtscheuen Gesindels"* wurde.

Die weltberühmte Fontana di Trevi wurde zwar bereits unter Papst Clemens XII. im Jahre 1712 bautechnisch vollendet, es fehlten aber noch die Marmorumfassung des Brunnenbeckens sowie die Treppe, die vom heutigen Straßenniveau zum Brunnen hinabführt – diese ließ Benedikt kurz nach seinem Amtsantritt erbauen und so floss erstmals im August des Jahres 1742 Wasser aus der *Acqua Vergine* in den Brunnen – die große Inschrift an der rückwärtigen Fassade erinnert daran mit den Worten: *PERFECIT BENEDICTUS XIV. PON. MAX.,* wobei das Wort *perfecit* die Vollendung des

Brunnens unterstreicht. Die in die Mitte des Brunnens hereinreitende Figur des Meeresgottes Neptun (Oceanus) empfand der Papst in der Planung Nicola Salvis zu bullig und zu brutal, deshalb ließ er sie von Pietro Bracci neu konzipieren.

Benedikt war ein großer Freund und Förderer der Wissenschaften und der Künste. An der Sapienza richtete er Lehrstühle für Mathematik und Chemie ein, war eng befreundet mit dem Vater der italienischen Geschichtsschreibung Antonio Ludovico Muratori und suchte vergebens, seinen einstigen Schüler Pietro Metastasio, den Wiener Hofdichter und damals führenden Opernlibrettisten, an den päpstlichen Hof zu holen. Auf dem Kapitol ließ er die Antikensammlung erweitern und die Statuen an den Giebeln des Konservatorenpalastes und des Kapitolinischen Museums anbringen. Er förderte auch Piranesi, der seit 1745 endgültig in Rom lebte und mit seinen zahlreichen exzellenten Kupferstichen bis zum heutigen Tag einen wertvollen Einblick in die Physiognomie der Stadt in der damaligen Zeit liefert.

Die offene, fast schon liberale Haltung dieses Papstes wird vor allem deutlich am Briefwechsel mit Voltaire, einem eingefleischten Gegner und Verächter der katholischen Kirche. Papst und Philosoph bewunderten sich gegenseitig, Voltaire übersandte dem Papst seine Verstragödie *Le fanatisme ou Mahomet le Prophète*, in der er sich gegen religiösen Fanatismus, Heuchelei und Willkür der Mächtigen aussprach. Zu einem Bild des Papstes schrieb er den lateinischen Zweizeiler:

Lambertini hic est, Romae decus et pater orbis.

Qui mundum scriptis docuit, virtutibus ornat.

Obwohl Benedikt kein Französisch konnte, schätzte er die Werke der französischen Literatur, allen voran die Predigten des Père Bourdaloue und des großen Kanzelredners Bossuet. Der Briefwechsel mit Voltaire brachte dem Papst scharfe Kritik seitens der Katholiken Frankreichs ein: Sie hätten mit Schmerz zur Kenntnis nehmen müssen, dass der Stellvertreter Christi mit dem *„infamen Atheisten"* Kontakt pflege. Von Voltaire ist ja bekannt, dass er seine Briefe grundsätzlich nicht mit seinem Namen (der als Anagramm von seinem eigentlichen Namen *AROVET L[e] J[eune]* abgeleitet ist), sondern mit der Abkürzung *„Ecr. L'Inf."* (*Ecrasez l'Infâme* = zermalmt die Niederträchtige, die Ruchlose, d.h. die Kirche) unterschrieb. Voltaire hatte auch engen Briefkontakt mit dem Preußenkönig Friedrich II., der in religiösen Fragen bekanntlich überaus tolerant war und von dem das Wort überliefert ist, dass in seinem Reich *„jeder nach seiner Fasson selig werden könne".* Unsicher ist freilich, ob die Tatsache, dass Benedikt im Jahre 1748 als erster Papst den preußischen Königstitel anerkannte, auf den Einfluss Voltaires am päpstlichen Hofe zurückging. Wohl zum Dank für die Anerkennung unterstützte der „Alte Fritz" den Neubau der Berliner St. Hedwigs-Kathedrale durch die Bereitstellung eines zentralen Bauplatzes, was Ludwig von Pastor als *„edle Tat des Königs"* lobte. Benedikt XIV. war bei Gläubigen wie Atheisten als *„Papa Lambertini"* äußerst beliebt und geachtet.

In der Jesuitenfrage verhielt sich Benedikt dagegen deutlich kritischer: Er war ein scharfer Gegner der Gesellschaft Jesu (zu deren Verbot es allerdings erst unter Clemens XIV. im Jahre 1773 kommen sollte). Vor allem das Verhalten der Jesuiten in deren Reduktionen in Südamerika brachte den Papst gegen den Orden auf. Auch in Portugal regte sich massiver Widerstand gegen die Societas Jesu. Bekanntlich kam es Anfang November 1755 zu einem verheerenden Erdbeben in Lissabon, das zusammen mit einem riesigen Brand und einem Tsunami weite Teile der Stadt völlig zerstörte. Die Historiker gehen von 30.000 bis 100.000 Todesopfern aus. In dieser Zeit wirkte der berühmte Marquês de Pombal als führender Politiker des Landes. Er war überaus fortschrittlich, von den Ideen der Aufklärung durchdrungen und führte Portugal in die Moderne. Er setzte eine ganze Reihe von Reformen durch und versuchte, den Einfluss der Kirche in Portugal immer weiter zurückzudrängen. Nachdem die Jesuiten die verheerende Naturkatastrophe als Strafe Gottes für das aufklärerische Treiben und die Reformen gedeutet hatten, zogen sie sich den Zorn des Ersten Ministers zu – der Orden wurde bereits 1759 in Portugal und in den zugehörigen Kolonien verboten, die Jesuitenpatres wurden des Landes verwiesen.

Gegen Ende der Regierungszeit erkrankte Benedikt schwer an einem Nierenleiden und soll mit den Worten *„sic transit*

gloria mundi" am 3. Mai 1758 im Quirinalspalast für immer die Augen geschlossen haben. Die von ihm ernannten Kardinäle ließen ihm ein prunkvolles Grab am Durchgang zum nördlichen Kreuzarm von Pietro Bracci errichten – es wurde erst im Jahre 1769 vollendet und kostete die damals ungeheure Summe von 11.000 Scudi. Der Papst ist darauf stehend dargestellt, die Linke auf den Thron gestützt und die Rechte ausladend zum Segen erhoben. Diese *„theatralisch bewegte Marmorfigur stelle nicht den wahren Charakter dieses einfachen Mannes dar",* so Ludwig von Pastor. Die beiden allegorischen Figuren sind links die Weisheit *(sapientia)* mit einem Buch und einer vergoldeten Sonne auf der Brust, rechts die Milde und Uneigennützigkeit *(clementia).* Diese streckt ihr Hand abweisend einem kleinen stämmigen Engel entgegen, aus dessen Tasche Münzen quellen. Der Künstler wollte damit andeuten, dass Benedikt jeden persönlichen Reichtum ablehnte, es könnte aber auch ein Hinweis auf die Großzügigkeit und Freigebigkeit dieses Papstes sein.

Es ist mit Sicherheit keine Übertreibung, wenn man behauptet, dass Benedikt XIV. der bedeutendste Papst des gesamten 18. Jahrhunderts und einer der gelehrtesten Päpste der Kirchengeschichte überhaupt war. Die Linie seiner offenen und toleranten Haltung gegenüber den geistigen Strömungen der Zeit wurde von seinen Nachfolgern allerdings nicht weiterverfolgt.

Gehen wir nun geradeaus weiter vorbei am nördlichen Kreuzarm, so kommen wir rechts zu einem sehr ausdrucksvollen Grabmonument, das der junge Künstler Antonio Canova für Papst Clemens XIII. (Nr. 31) geschaffen hat. Er war der direkte Nachfolger Benedikts XIV., so dass wir hier keinen zeitlichen Sprung zu machen haben.

Der nördliche Kreuzarm des Petersdoms ist derzeit für Beichtwillige reserviert, weshalb man den wachhabenden Sampietrino freundlich bitten sollte, kurz zum Grabmal Clemens' XIII. vorgelassen zu werden.

Clemens XIII. (1758 – 1769) – der Aufklärungsgegner

Carlo Rezzonico aus Venedig

Nach einem sechswöchigen Konklave konnten sich die Kardinäle auf den frommen Venezianer Carlo Rezzonico als Kompromisslösung verständigen, nachdem wieder einmal Frankreich vom Recht der Exklusive Gebrauch gemacht hatte und die Wahl des Kardinals Cavalchini Guidobono auf diese Weise verhindern konnte. Clemens war ein Mann reiner Seele, er betete viel, war sich aber auch der Würde des neuen Amtes bewusst, indem er alle Ansprüche des Papsttums als heilig und unverletzlich ansah. Hauptziel seines Pontifikats war die disziplinarische und moralische Erneuerung des Klerus.

Er war Sohn einer der ältesten und reichsten Familien der Republik Venedig und erhielt seine Erziehung bei den Jesuiten in Bologna. In Padua und Rom setzte er seine Studien fort und wurde im Jahr 1737 zum Kardinal und Bischof von

Padua ernannt. Als Jesuitenzögling blieb er zeitlebens ein Förderer und Freund der Societas Jesu und bestätigte den Orden des Ignatius von Loyola erneut im Jahre 1765. Die Jesuitenfrage sollte denn auch das zentrale Problem seiner Amtszeit werden.

Der Widerstand gegen diesen Orden ging von Portugal aus, das im Jahre 1759 die ersten Jesuiten auswies und ihre Tätigkeit auf portugiesischem Boden untersagte. Frankreich, Spanien, das Königreich Beider Sizilien und das Herzogtum Parma-Piacenza, allesamt bourbonische Herrscherhäuser, folgten dem Beispiel, weil in all diesen Ländern inzwischen Politiker an die Macht gekommen waren, deren Ziel es war, *„das Übergewicht des geistlichen Elements zu unterdrücken",* wie Leopold von Ranke dies ausführt. Diese Mächte bildeten eine geschlossene Phalanx gegen den jesuitenfreundlichen Papst und forderten von ihm das formelle Verbot des Ordens. Soweit kam es allerdings erst unter enormem Druck Frankreichs auf seinen Nachfolger Clemens XIV. im Jahre 1773, dessen Grabmal wir in der Kirche SS. Apostoli unweit der Piazza Venezia sehen werden. Die Jesuiten waren traditionell auch die Beichtväter an den Höfen der Könige und Fürsten Europas. Als solche wollte man sie loswerden, warf ihnen ihren Machtzuwachs vor und benutzte sie schließlich als Sündenböcke jeglicher Art.

Clemens XIII. war einerseits ein Förderer von Künstlern und Schriftstellern, andererseits ein entschiedener Gegner aller aufklärerischen Tendenzen. In Rom richtete er deutsche, französische und englische Künstlerkolonien ein und ernannte z.B. Johann Joachim Winckelmann zum römischen *„Commissario delle Antichità"* – der Mann, der *„das Land der Griechen mit der Seele suchte"*, wurde so zum obersten Museumsdirektor für antike Skulpturen. Auf der anderen Seite waren ihm die literarischen Erzeugnisse vor allem in Frankreich ein Gräuel: Er ließ die *Encyclopédie* von Diderot und d'Alembert sowie den Erziehungsroman *Emile ou de l'Education* von Jean-Jacques Rousseau auf den Index setzen. Vor allem hinsichtlich der *Encyclopédie* gewinnt man den Eindruck, dass der Papst erkannte, dass durch die systematische Aufarbeitung und Verbreitung von Wissen aller Art letztlich eine zunehmende Schwächung der päpstlichen Autorität einhergehen musste. In der Einleitung habe ich bereits Horst Fuhrmann zitiert, der von der *„aushöhlenden Kraft der Aufklärung"* spricht und den Sachverhalt hinsichtlich der Macht der Kirche damit auf den Punkt bringt.

Der Papst bestieg den Apostolischen Stuhl mitten im 7jährigen Krieg (1756-1763), in dem er auf der Seite der Allianz zwischen Österreich und Frankreich stand und sie im Kampf um Machtansprüche in Europa und in den überseeischen Kolonien gegen Preußen und Großbritannien unterstützte. Nach dem Friedensschluss von Hubertusburg 1763 stieg Preußen zur fünften Großmacht von Europa auf, der Dualismus zwischen Preußen und Österreich vertiefte sich immer weiter. Der Papst zeigte sich mit diesem Ergebnis dennoch zufrieden.

Im Jahre 1763 veröffentlichte der damalige Trierer Weihbischof Johann Nikolaus von Hontheim (genannt *Febronius*) eine Kampfschrift, in der er ca. 250 Jahre nach Luther zur Wiedervereinigung aller Christen aufrief, was letztlich als erstes Dokument ökumenischer Bestrebungen betrachtet werden kann. Er wandte sich gegen die Zeitfeindlichkeit der römischen Kurie, gegen die reaktionäre päpstliche Haltung hinsichtlich des Gedankengutes der Aufklärung und sprach sich für kirchlich-progressives Denken aus. Der Papst verbot die Schrift ein Jahr später, sie wurde auf den *Index Librorum Prohibitorum* gesetzt und in Rom öffentlich verbrannt.

Am Lichtmesstag des Jahres 1769 starb der Papst in seinem Palast auf dem Quirinal infolge eines Schlaganfalls. Er wurde zunächst in den Grotten von St. Peter beigesetzt. Erst 23 Jahre später konnte Antonio Canova im Jahre 1792 das Grabmal vollenden, in dem der Papst seine letzte Ruhestätte gefunden hat. Es zeigt den demütig betenden Papst kniend auf einem Kissen, die Tiara ist vor ihm abgelegt. Unter ihm befindet sich sein Sarkophag mit der Aufschrift CLEMENTI XIII REZZONICO P.M. FRATRIS FILII, was darauf hindeutet, dass das Grab von den Neffen des Papstes gestiftet wurde. Über zwei Löwen steht links die allegorische Figur der Religion mit Strahlenkranz und einem großen Kreuz in der Hand, auf der rechten Seite sitzt ein ermatteter, athletischer Engel als Sinnbild des Todes. Er stützt sich mit der rechten Hand auf eine umgestürzte Fackel, in der Todessymbolik das Zeichen des erloschenen Lebens.

Gehen wir nun zurück ins Mittelschiff, vorbei am Papstaltar mit dem prächtigen Baldachin Berninis und kommen ganz zum westlichen Ende des Chors der Basilika. Es kann häufiger vorkommen, dass am Altar unterhalb der Cathedra Petri Messen gefeiert werden – dann ist eine Besichtigung der beiden nachfolgenden Monumente aus der Nähe leider nicht möglich. Rechts unterhalb des gigantischen Papstthrons finden wir das Grab Papst Urbans VIII. (Nr. 38), links davon das Grab Papst Pauls III. (Nr. 40). Zeitlich gehen wir nun zurück ins 17. und 16. Jahrhundert.

Urban VIII. (1623 – 1644) – „quod non fecerunt barbari, fecerunt Barberini"

Maffeo Barberini aus Barberino Val d'Elsa (bei Florenz)

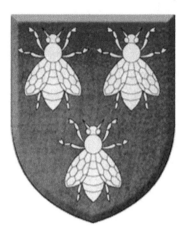

Nach kurzem Pontifikat schloss Papst Gregor XV. am 8. Juli 1623 seine müden Augen für immer und es stand für die Kardinäle ein relativ schwieriges Konklave bevor. Die große Sommerhitze in Rom, die schlechte Luft und die unhygienischen Verhältnisse in einem langen Konklave machten den Herren Kardinälen deutlich zu schaffen – es stank in den Räumen des Vatikans, weil niemand putzte und lüftete. Maffeo Barberini wurde schließlich am 6. August 1623 gewählt, brachte aus dem Konklave aber die Malaria mit und wäre daran fast gestorben.

Er hatte bei den Jesuiten in Pisa und Rom Jura studiert, wurde 1601 an den Hof Heinrichs IV. nach Paris gesandt, war ab 1604 päpstlicher Nuntius in Frankreich und danach Bischof von Spoleto. In Frankreich hatte er die große

Diplomatie kennengelernt – dort herrschte nach seiner Wahl auch freudige Zustimmung über den *„jungen schönen frankophilen Papst"*, einen Würdenträger mittlerer Größe mit olivfarbenem Teint, schwarzem Bart, hoher Stirn, hellblauen Augen und einem scharfen Blick, der keinen Widerspruch duldete. Er stieg im frischen Alter von 55 Jahren und mit athletischer Gesundheit auf den Stuhl Petri, verfügte über eine lebhafte, gewandte Ausdrucksweise, hatte ein ausgezeichnetes Gedächtnis und fiel seiner Umgebung durch seine häufigen cholerischen Ausbrüche zur Last. Er war eine in ungewöhnlichem Maße von sich eingenommene Persönlichkeit, regierte völlig selbstherrlich und ließ sich niemals von seinen Entschlüssen abbringen. Man musste Vögel im Garten seines Palastes töten, weil er sich durch ihr Gezwitscher gestört fühlte. Er bestand darauf, dass man ihn bewunderte, ihm zuhörte, war dabei aber oft launisch und widersprüchlich.

Während nördlich der Alpen das Elend des 30jährigen Krieges wütete, erlebte Rom unter seiner langen Herrschaft den Höhepunkt des Nepotismus mit ungeheurer Bereicherung der Neffen und der weiteren Verwandtschaft des Papstes – die Barberini waren seinerzeit die größten Grundbesitzer des Kirchenstaates. Wegen seiner Verschwendungssucht und seiner Schwelgereien war Urban bei den Römern alles andere als beliebt. Innerkirchliche Fragen interessierten ihn nur marginal, sein Augenmerk lag auf der stetigen Erweiterung seiner Macht und seiner Vorliebe für die schönen Künste, vor allem zur Poesie, wo er oft selbst zur Feder griff und Gedichte verfasste. Seiner Meinung nach müsse der Kirchenstaat befestigt und durch eigene Waffen kriegstauglich gemacht werden – so ließ er z.B. eine Waffenfabrik in Tivoli bauen, die Engelsburg als Munitionslager ausbauen und mit Kanonen versehen.

Mit Urban VIII. beginnt die eigentliche Zeit des Hochbarock. Diesem absolutistischen und herrschsüchtigen Papst war es vergönnt, nach 120jähriger Bauzeit und genau 1300 Jahre nach der Weihe der alten Petersbasilika den Neubau von St. Peter am 18. November 1626 einzuweihen. Er war ein großer Förderer Berninis und sah in ihm genauso ein gottbegnadetes Genie, wie es Julius II. in Michelangelo erkannte. Bei der ersten Audienz für Bernini sagte der Papst: *„Groß ist Euer Glück, den Kardinal Barberini als Papst zu sehen; doch weit größer ist Unser Glück, dass das Leben des Cavaliere Bernini in Unser Pontifikat fällt".*

Als der elegante Bernini den Auftrag für den Überbau des Zentralaltars über dem Grab des Apostelfürsten direkt unter der Kuppel Michelangelos erhielt, hatte er keine nennenswerte Erfahrung in Sachen Architektur. Aufgefallen war er dem Papst vor allem durch hochdramatische Bildhauerarbeiten in Marmor – z.B. die Gruppe mit Apollo und Daphne, lebensgroß, fleischlich und sinnlich erregend, oder sein David (beide kann man heute in der Galleria der Villa Borghese bewundern). Von den Gesetzen der Statik hatte der junge Bernini nicht den leisesten Schimmer - ebenso wenig wie von der Arbeit mit Bronze. Und Borromini, damals noch sein Gehilfe, der fast gleichaltrige, unwirsche

Einzelgänger? Er sprang ein, als er erkannte, dass sich Bernini mit dem schweren Überbau, den noch dazu eine Christusfigur krönen sollte, völlig verkalkuliert hatte. Der einsilbige Assistent korrigierte detailversessen, wo sich der in das Spektakel verliebte Chef verrechnet hatte. Hinter den Kulissen machte Borromini aus Berninis eilig hingeworfenen Zeichnungen brauchbare Pläne: Er entwarf einen graziösen Aufbau und setzte statt des Erlösers eine kleine Weltkugel mit einem Kreuz auf die Spitze. Jetzt würde das Monumentalwerk aus Bronze der Schwerkraft trotzen!

„Nicht Kleckern, sondern Klotzen" scheint das Motto gewesen zu sein, an das sich Bernini zeitlebens hielt. Er arbeitete an diesem gewaltigen Bronzehimmel von 1624 bis 1633 und errichtete das 29m hohe Kunstwerk als Blickfang für die gesamte Kirche – es ist damit so hoch wie ein 10stockiges Haus! Zunächst mussten die vier Fundamente für die gewaltigen Pfeiler des Baldachins ausgehoben werden, wobei größte Vorsicht verlangt wurde, um das dort vermutete Petrusgrab nicht zu zerstören. Bei den Arbeiten kamen zahlreiche heidnische und christliche Sarkophage und Aschenkrüge zum Vorschein. Die Beschaffung der Bronze war schwierig, die Lieferungen aus Livorno und Venedig reichten nicht aus. Der Papst ordnete an, die Bronzebalken in der Vorhalle des Pantheons zu entfernen, daraus 80 Kanonen für die Engelsburg zu gießen und den Rest für den Baldachin zu verwenden. Insgesamt wurden über 6 Tonnen Bronze verarbeitet. Angeblich soll der Leibarzt des Papstes, Giulio Mancini, die Worte gesprochen haben, die trefflich

dazu passen: *„Quod non fecerunt barbari, fecerunt Barberini"*. Fakt ist allerdings, dass durch die Entfernung der
Bronze kein Kunstwerk im eigentlichen Sinne zerstört
wurde, sondern es sich lediglich um Stücke aus der Decke
der Vorhalle des Pantheons handelte.

Die vier gewundenen Säulen wurden 1626 vollendet und
mit Gold verziert. Um den Auftraggeber dieses Baldachins
gebührend zu würdigen, findet sich ringsherum mehrfach
das berühmte Wappen der Barberini mit den drei Bienen.
Die Spitze bildet die besagte Weltkugel mit dem Kreuz, an
der inneren Decke schwebt die Taube als Symbol des hl.
Geistes; auf den Kapitellen sieht man vier riesenhafte Engel,
zwei kleine Putten halten die Tiara und die Schlüssel Petri,
die anderen beiden das Schwert und die Bibel als Hinweise
auf den Völkerapostel Paulus. Der stark erhöhte Papstaltar
unter dem Baldachin versinnbildlicht hier in besonders ein-
drucksvoller Weise den Kalvarienberg, auf dem Christus ge-
kreuzigt wurde, ist der Altar nach traditioneller Lehre der
Kirche doch der Ort, an dem der Priester das unblutige
Kreuzesopfer Christi nachvollzieht.

Der Petersdom war damals der absolute Mittelpunkt jeder
künstlerischen Tätigkeit in Rom. So gehen die Jubiläums-
pforte, die Palliennische in der Confessio (dort werden die
Pallien, die Amtszeichen der Erzbischöfe als Metropoliten
einer Kirchenprovinz aufbewahrt) und das Grabmal der
Mathilde von Tuszien im rechten Seitenschiff (Nr. 15) auf
Veranlassung dieses Papstes zurück. Auf Vorschlag Berninis
wurden in den Nischen der vier Kuppelpfeiler bedeutende

Reliquien untergebracht: das Schweißtuch der Veronika, die Lanze des Longinus, einige Partikel des Kreuzes Christi sowie das Haupt des Apostels Andreas – die Figur des Longinus stammt offensichtlich von Bernini selbst.

Der Papst trat auch sonst als Bauherr hervor. Im Gegensatz zu seinem Vorgänger hatte er keinen Sinn für antike Bauwerke und gab das Colosseum als Steinbruch für den Bau barocker Kirchen frei (nachdem Papst Sixtus V. es bereits 30 Jahre zuvor hatte abreißen lassen wollen). Urban ließ den Palazzo Barberini mit angebautem Theater als Residenz für seine Familie, den Palast der Missionsuniversität *Propaganda Fide* am Spanischen Platz und seine Sommerresidenz in Castel Gandolfo oberhalb des Albaner Sees erbauen. Er gab den Neubau der Kirche Santa Maria della Vittoria in Auftrag, in der sich heute die wunderbare Marmorskulptur der „Verzückung der hl. Theresa" von Bernini befindet. Auch zahlreiche Brunnen gehen auf diesen Papst zurück, so die wunderschöne *Fontana del Tritone* inmitten der Piazza Barberini, an der Seite des Platzes ein kleiner Brunnen mit einer Biene als Brunnenschale sowie die *Barcaccia*, das Brunnenbecken, das sich direkt am Fuße der Spanischen Treppe befindet. Der Papst hatte auch bereits erste Pläne für die Fontana di Trevi ersonnen, diese sollte jedoch erst 1712 von Nicola Salvi fertiggestellt werden.

Die Missionsuniversität *Propaganda Fide* wurde 1627 von Urban VIII. anerkannt. Sie hatte 300 Jahre lang ihren Sitz in dem von Borromini vollendeten Palast an der Piazza di Spagna. 1926 ließ Papst Pius XI. einen Neubau auf dem

Gianicolo errichten und verlegte den Sitz der Lehranstalt in dieses Gebäude. Über Jahrhunderte kamen Studenten aus der ganzen Welt, um hier Theologie und Philosophie zu studieren, sich auf die Priesterweihe vorzubereiten und danach in ihren Heimatländern den katholischen Glauben zu verbreiten. Offiziell heißt die Universität PUU (Pontificia Università Urbaniana), ihr Wahlspruch lautet: EUNTES DOCETE – geht hinaus und lehrt!

Ganz in der Nähe der Piazza Barberini befindet sich die Kapuzinerkirche S. Immacolata Concezione. Für den Friedhof dieser Kirche ließ Urban VIII. Erde aus dem hl. Land nach Rom bringen, um dort die verstorbenen Kapuzinermönche bestatten zu lassen. Als der Platz für die Beisetzungen zu knapp wurde, gingen einige Mönche her, haben die Gebeine ihrer verstorbenen Mitbrüder exhumiert und in teilweise kunstvollen „Knochenarrangements" ausgestellt – ein makabres Schauspiel mitten in Rom. Über dem Eingang der Krypta sieht man den nachdenklichen Spruch, den eines der Geripppe den Besuchern zuruft: *„Quello che voi siete, noi eravamo, quello che noi siamo voi sarete – was ihr seid, waren wir einst, was wir sind, werdet ihr einst sein".*

Als Kardinal war Urban VIII. eigentlich mit Galileo Galilei befreundet, vermochte es jedoch nicht, den Prozess gegen diesen großen Naturwissenschaftler zu verhindern. 33 Jahre nach dem Feuertod Giordano Brunos fand im Juni 1633 der Inquisitionsprozess gegen den überaus frommen Galilei statt, wo der Universalgelehrte unter Androhung von Folter sein kopernikanisches Weltbild widerrufen musste –

der Papst unternahm nichts, um gegen diesen Prozess ein-
zuschreiten, hatte Galilei aber wohl zum Widerruf gedrängt,
um ihn so vor dem Scheiterhaufen zu retten. Verbittert und
erblindet starb er im Jahre 1642. Die Schande, die sich die
katholische Kirche durch diesen Prozess aufgeladen hat,
wurde erst durch die Rehabilitierung Galileis am 2. November 1992 getilgt, als Papst Johannes Paul II. die Verurteilung
des Mathematikers, Philosophen und Astronomen als Fehler öffentlich eingestand.

In die Regierungszeit dieses Papstes fällt auch die Kapitulation von La Rochelle im Oktober 1628, die der Papst beju-
belte und mit einer großen Dankmesse am 18. November
1628 feierte. Damals verhungerten 8.000 der 28.000 Ein-
wohner der französischen Stadt. Mit seiner Bulle *In emi-
nenti* vom 2. März 1642 verurteilte er mit strengen Worten
den Jansenismus, der Frankreich für Jahrzehnte in zwei religiöse Lager gespalten hatte. Gut ein Jahr vor dem Tod des
Papstes starb in Frankreich König Ludwig XIII. – sein Nachfolger, der Sonnenkönig Ludwig XIV., bestieg als kleines Kind
den Thron Frankreichs. Bis zum Beginn der persönlichen Regentschaft des Königs im Jahre 1661 führten seine Mutter
Anne d'Autriche und Kardinal Mazarin die Regierungsgeschäfte.

Der Papst starb am 29. Juli 1644 nach 21 Jahren Regierungszeit. Bei der Nachricht von seinem Tod soll es zu

stürmischen Beifallsbekundungen in den Straßen Roms gekommen sein. Bereits 1628 hatte Urban VIII. Bernini den Auftrag für sein Grabmal erteilt – fertiggestellt wurde es erst drei Jahre nach seinem Tod. Es besteht aus farbigem Marmor mit vergoldeter Bronze. Auf dem Thron sitzt die Papstfigur wie ein absolutistischer Herrscher, der seinen Rauchmantel zum Segen *Urbi et orbi* aufreißt. Links neben dem Sarkophag erkennt man die Allegorie der *caritas* (Nächstenliebe) mit einem kleinen Kind im Arm, auf der rechten Seite die *iustitia* (Gerechtigkeit) mit dem Schwert.

Über dem dunklen, goldverzierten Sarkophag mit den Gebeinen des Papstes erhebt sich ein Totengerippe, das mit Knochenhand eine schwarze Schriftrolle trägt: *URBANUS VIII BARBERINUS PONT MAX*. Bei der Gestaltung des Grabmals hatte Bernini einen witzigen Einfall: Der Papst war ja nun tot, also sollte das Wappen des Papstes leer sein. Die drei Bienen indes sind „ausgeflogen" und sitzen an verschiedenen Stellen des Grabmals.

Detail des Grabmals mit dem Gerippe, das die Inschrift hält

Wenden wir uns nun dem Grabmal in der gegenüberliegenden Nische zu (Nr. 40), die sich links von der wuchtigen
Cathedra Petri befindet und gehen zeitlich 100 Jahre zurück
in die erste Hälfte des 16. Jahrhunderts.

Paul III. (1534 – 1549) – der Papst der Gegenreformation

Alessandro Farnese aus Canino (in der Nähe des Lago di Bolsena)

Der Vorgänger dieses Papstes, Clemens VII. aus dem Hause Medici, war am 25. September 1534 gut sieben Jahre nach dem verheerenden Sacco di Roma gestorben. Bereits zwei Wochen später versammelten sich die Kardinäle zum Konklave, das überraschend unkompliziert und relativ schnell über die Bühne ging. Nach zwei Tagen bereits war Alessandro Farnese gewählt, nachdem er schon von seinem Vorgänger als idealer Nachfolger gepriesen worden war. Aus seiner Zeit als Kardinal hatte er vier Kinder, darunter seinen Sohn Pierluigi, den letzten *„berüchtigten Renaissancebastard im Stile eines Cesare Borja"*.

Der neue Papst stammte aus dem reichen, angesehenen Adelsgeschlecht der Farnese. Seine Wahl wurde allenthalben bejubelt, allerdings ließ seine Gesundheit im Alter von

67 Jahren zu wünschen übrig, aber, wie Ludwig von Pastor schreibt, *„im gebrechlichen Körper wohnten ein starker Geist und eine eiserne Willenskraft"*. Seinen Aufstieg in Rom verdankte er Papst Alexander VI., dem er seine Schwester Giulia als Mätresse vermittelt hatte. Bereits bei den vorangegangenen Konklaven war er *papabile* und unterlag damals jeweils nur knapp. Auf seinen Vorgänger Clemens VII. war er nicht gut zu sprechen, *„weil der ihm 11 Jahre Papsttum, die eigentlich ihm gehörten, entrissen habe"*.

Ein berühmtes Gemälde Tizians zeigt den Papst mit *Camauro* (der früheren traditionellen Kopfbedeckung der Päpste, die auch Papst Benedikt XVI. einmal bei einer Audienz auf dem bereits winterlich kühlen Petersplatz trug) als hagere, mittelgroße Gestalt mit mageren Händen, geistvollem Kopf, langem weißem Bart und einem etwas missmutigen Blick. Humanistisch gebildet, war er bedächtig, klug und berechnend, in allen Dingen überaus selbständig und ohne wirklich enge Vertraute am päpstlichen Hof – er selbst wollte in allen Bereichen das Heft in der Hand halten. Er war sehr abergläubisch und ließ sich vom Hofastrologen den richtigen Zeitpunkt für seine Entscheidungen vorhersagen. Man berichtet, dass der Zutritt zu ihm sehr schwierig war, *„fast so schwer, wie in den Himmel zu kommen"*. Die Leitung der Staatsgeschäfte überließ er einem jungen Kardinalnepoten. Anstelle politischer Erfolge waren ihm offensichtlich innerkirchliche Fragen wie die Abstellung von Missständen, das Zurückdrängen des Protestantismus, die Förderung von Orden und die Einberufung eines Konzils wichtiger.

Paul III. betrieb einen intensiven Nepotismus, veranstaltete prunkvolle Feste mit Sängerinnen, Tänzern und Possenreißern, ließ Stier- und Pferderennen aufführen und war nicht zuletzt um die skrupellose Bereicherung seiner Familie bemüht. Nachdem in den Jahren nach dem Sacco di Roma die Feststimmung in der Stadt auf den Nullpunkt gesunken war, nahm er auch die Festivitäten zum Karneval in Rom wieder auf und veranstaltete große Maskenumzüge vor allem auf der Piazza Navona.

Im Kirchenstaat förderte er den Ackerbau in der Campagna, um so eine regelmäßige Zufuhr von Lebensmitteln für die Stadt zu garantieren. In seine Regierungszeit fielen vor allem zwei wichtige Ereignisse, die hier näher beschrieben werden sollen: Der Auftrag an Michelangelo, das Jüngste Gericht in der Sixtinischen Kapelle auszumalen sowie die Einberufung des Konzils von Trient.

Die verheerende Verwüstung Roms durch den Sacco di Roma lag gerade einmal sieben Jahre zurück. In der Stadt herrschte durch die Nachwirkungen dieser grauenvollen Erfahrung eine gewisse Weltuntergangsstimmung. Paul III. kannte Michelangelos geniale Begabung im Bereich der Freskenmalerei durch die Deckengemälde in der Sixtinischen Kapelle, deshalb gab er ihm den Auftrag, das an die Altarwand der Kapelle zu bringen, was das Menschengeschlecht nach Lehre der Kirche früher oder später erwarten wird: Die Auferstehung der Toten, das Gericht vor dem höchsten Weltenrichter und die Trennung der Menschen in Gerettete und ewig Verdammte. Michelangelo wollte eigentlich in Ruhe am Grabmal für Julius II. weiterarbeiten, dies ließ der Papst aber nicht zu: *„30 Jahre sind es, dass ich den Wunsch hege, dich zu beschäftigen, und nun, da ich Papst bin, soll ich mir seine Erfüllung versagen?"* Und so übernahm Michelangelo diesen gigantischen Auftrag und wurde wieder von den Arbeiten am Juliusgrabmal abgehalten. Hinzu kam, dass Paul III. den Künstler ab 1535 zum *„obersten Architekten, Bildhauer und Maler der Reverenda Fabbrica di San Pietro" (R.F.S.P.),* wie die vatikanische Dombauhütte heißt, ernannte.

Michelangelo machte sich ans Werk. Zunächst musste die 27m hohe Altarwand im oberen Bereich mit Ziegeln verstärkt werden, so dass sie etwas überstand und das spätere Absetzen von Schmutz und Staub auf diese Weise verhindert werden konnte. Michelangelo schuf zwischen 1536 und 1541 ein gigantisches Fresko, in dessen Zentrum eine Engelschar mit mächtigem Posaunenschall die Toten aus den Gräbern ruft. Insgesamt 391 völlig nackte Gestalten werden wie in einem Strudel zwischen Christus und dem Satan durcheinandergewirbelt. Sie werden in einem Sog hinauf zum Gericht gezogen, wo Christus als machtvoller Richter in der Mitte steht und die Worte des *Magnificat* aus dem Lukasevangelium (Lk 1, 51) im Bild festgehalten sind: *„Er übet Macht mit seinem Arme und zerstreut, die hoffärtig sind in ihres Herzens Sinne".* Gleichzeitig nimmt das Fresko Bezug auf Mt 25, 31-46, wo der Evangelist u.a. schreibt: *„Alle Völker werden von ihm [d.h. dem Weltenrichter] zusammengerufen und er wird sie voneinander scheiden, wie* *der Hirt die Schafe von den Böcken scheidet"*. Auf der rechten Seite des Richters sieht man eine ganze Reihe von Geretteten, die an ihren Symbolen leicht erkennbar sind, so z.b. Petrus mit den Schlüsseln, Paulus mit dem Schwert, Laurentius mit seinem Rost und Bartholomäus mit der abgezogenen Haut oder die hl. Katharina von Ägypten mit dem Rad. Dann aber weist die Sogwirkung nach dem Richterspruch abwärts und die Gesichter schauen einen mit entsetzter Miene an, als ob sie fragen wollten: *Warum habe ich kein gottgefälligeres Leben geführt?* Michelangelo selbst hat sich in Zwischenposition dargestellt (vermutlich in der abgezogenen Haut des hl. Bartholomäus), weil er zwar nicht so vermessen war, sich bei den Heiligen in der oberen Etage einzureihen, gleichzeitig aber auch nicht der ewigen Verdammnis anheimfallen wollte.

Rechts unten werden die Farben immer düsterer und Michelangelo erinnert sich an die Lektüre der Göttlichen Komödie Dantes, wo der Fährmann Charon die verurteilten Seelen im Boot über den Fluss Styx der Hölle zuführt. Welcher Höllenkreis den Verdammten jeweils zugewiesen wird, zeigt die muskulöse Figur des Minosse an, der seinen 9 m langen Schwanz so oft um den massigen Körper schlingt, wie es die Zahl des zutreffenden Höllenkreises erfordert. Hier verweist Minosse mit verächtlichem Blick die Wollüstigen, die „sexbesessenen Übeltäter" auf den 2. Höllenkreis, wo sie von den schrecklichen Winden eines heftigen Sturmes mit Hagel und Starkregen hin und her geschleudert werden wie Paolo Malatesta und Francesca da Rimini im 5.

Gesang des Inferno. Schon Homer hatte Minosse als Richter der Seelen in der Unterwelt erwähnt. Im Zauberberg von Thomas Mann mahnt Lodovico Settembrini den jungen Hans Castorp in Anspielung auf den 2. Höllenkreis so: „In-genieur, Ingenieur, sagte der Italiener mit dem Kopfe nickend, und seine schwarzen Augen hatten sich sinnend festgesehen, fürchten Sie nicht den Wirbelsturm des zweiten Höllenkreises, der die Fleischessünder prellt und schwenkt, die Unseligen, die die Vernunft der Lust zum Opfer *brachten?"* In einer kleinen feuchten Höhle erkennt man schließlich ein Gesicht – das ist der Tod, der hier selbst den Tod stirbt und von diesem Zeitpunkt an nicht mehr existiert. In gewisser Hinsicht stellt das Jüngste Gericht im Gesamtprogramm der Sixtina den *„Abschluss des göttlichen Schaffens auf Erden"* dar – an der Decke die Erschaffung der Welt und des Menschen, an den Seitenwänden die Verheißungen des Alten und die Erfüllungen des Neuen Testamentes und an der Altarwand das Ende aller Tage.

Es gibt die Anekdote, dass der Zeremonienmeister des Papstes Martinelli beim Anblick dieser vielen nackten Gestalten völlig entsetzt gewesen sei und den Papst aufforderte, Michelangelo Einhalt zu gebieten. Als Rache dafür habe Michelangelo dem Minosse die Gesichtszüge Martinellis verpasst. Das Fresko wurde im Beisein des Papstes am 31. Oktober 1541 enthüllt – die Begeisterung kannte keine Grenzen, aber es gab auch reichlich Anfeindungen wegen der vielen nackten Gestalten, die Michelangelo auf die Altarwand brachte. Im Gefolge des Konzils von Trient, auf dem u.a. am 3. Dezember 1543 beschlossen wurde, anstößige Darstellungen von Künstlern in Kirchen zu verbieten, wurde später Daniele da Volterra beauftragt, die nackten Figuren sorgsam zu übermalen, was ihm im Volksmund den Spitznamen *„Braghettone"* (Höschenmaler) einbrachte.

Bereits im Mai 1537 erließ Paul III. seine Bulle *Sublimis Deus*, mit der er die Versklavung der Indianer Amerikas verbot. So menschenfreundlich er sich da auch zeigte, so institutionalisierte er doch eine Behörde, die die Verfolgung von

Häretikern und Ketzern systematisch organisieren sollte. Im Juli 1542 wurde mit der Bulle *Licet ab initio* die Inquisition unter Führung des Ordens der Dominikaner gegründet, eine Einrichtung, die später als „Heiliges Offizium" und als „Kongregation bzw. Dikasterium für die Glaubenslehre" bekannt wurde und bis zum heutigen Tag ihren Sitz direkt linker Hand des Petersplatzes hat.

25 Jahre nach dem Thesenanschlag Luthers in Wittenberg hat ein Papst nun endlich versucht, ernsthaft und nicht nur mit Exkommunikation und Bannbullen auf die Kirchenspaltung zu reagieren, die von Deutschland ihren Ausgang genommen und sich inzwischen über halb Europa ausgebreitet hatte. Für eine Überwindung der Kirchenspaltung, die sich seit 1517 auch durch zahlreiche gegenseitige Verwundungen fest etablieren konnte, kam dieses Konzil freilich zu spät. Bereits fünf Jahre vor Konzilsbeginn bestätigte der Papst offiziell den Jesuitenorden, den Hauptpfeiler und die Speerspitze der Gegenreformation. Nachdem Karl V. und Franz I. schließlich ihre Zustimmung gegeben hatten, konnte der Papst das Konzil am 13. Dezember 1545 in Trient feierlich eröffnen. Es umfasste 25 Sitzungsperioden und dauerte mit Unterbrechungen insgesamt 18 Jahre, wobei die Protestanten ihre Teilnahme verweigerten. Im Juni 1546 wurde eine Allianz zwischen dem Kaiser und dem Papst geschmiedet, um gegen den protestantischen Schmalkaldischen Bund zu Felde zu ziehen – in Mühlberg an der Elbe wurden die protestantischen Truppen im April 1547 siegreich geschlagen. Bereits im März desselben Jahres wurde

das Konzil zeitweise wegen Flecktyphus nach Bologna verlegt.

Insgesamt arbeiteten sich vier Päpste an diesem Tridentinum ab: Nach Paul III. war es Julius III., der von 1550-1555 regierte. Ihm folgte nur knapp einen Monat lang der hochgebildete, unbestechliche, sittlich ernste, vornehme, aber auch demütige Papst Marcellus II., der absolute Gerechtigkeit in allen Glaubensfragen forderte, aber kurz nach seiner Wahl verstarb. Paul IV. aus der Familie Carafa führte das Konzil fort, war in seinen vier Jahren Amtszeit aber eine ganz besonders grausame Figur auf dem Papstthron, nach Kühner *der personifizierte Scheiterhaufen der Inquisition*. Von ihm stammt der Satz: *Selbst wenn mein eigener Vater Häretiker wäre, würde ich das Holz zusammentragen, um ihn verbrennen zu lassen*. Erst Pius IV., wieder ein Medici, konnte das Konzil schließlich am 4. Dezember 1563 zu einem Abschluss bringen. Am Ende des Tridentinums waren große Teile nördlich der Alpen und der Pyrenäen rein protestantisch. Das gemeine Volk wollte von Fegefeuer, Heiligen und Wallfahrten nichts mehr hören, gebotene Feiertage wurden nicht mehr beachtet und die protestantischen Kirchen spalteten sich *nach gusto* ihrer Anführer in einzelne Landeskirchen auf.

Mit den Worten *Laetare Jerusalem* habe Paul III. das Konzil einberufen, um damit eine Antwort auf die Verwerfungen der Reformation zu geben. Das ursprüngliche Ziel, eine Verständigung mit den Protestanten zu erlangen, geriet sehr bald in unerreichbare Ferne. Das Konzil konzentrierte sich darauf, theologische Antworten auf die protestantischen Herausforderungen zu geben und die katholische Lehre weiter festzuzurren. Ablasshandel und Ämterhäufung bei Bischöfen wurden verboten. Dem protestantischen *"sola scriptura"*, also der Vorstellung, dass die Heilige Schrift der einzige Maßstab aller kirchlichen Lehre sein müsse, setzte das Konzil *Schrift plus Überlieferung* (Tradition) als zwei Quellen der Offenbarung gegenüber. Das Tridentinum war vor allem hinsichtlich des Messritus die *„theologische Richtschnur über Jahrhunderte"*, so Brüggemann auf katholisch.de. Papst Pius V. hatte mit seiner Bulle *Quo primum* im Jahre 1570 die lateinische Messe für *„alle Zeiten"* festgelegt und jede Änderung daran strikt verboten: *„Überhaupt keinem Menschen also sei es erlaubt, dieses Blatt, auf dem Erlaubnis, Beschluss, Anordnung, Auftrag, Vorschrift, Bewilligung, Indult, Erklärung, Wille, Festsetzung und Verbot von Uns aufgezeichnet sind, zu verletzen oder ihm in unbesonnenem Wagnis zuwiderzuhandeln"*. Das 2. Vatikanische Konzil (1962-1965) hat dann unter Federführung des Kurienerzbischofs Annibale Bugnini eine neue Messe „gestrickt", was z.B. auf die erbitterte Kritik des französischen Erzbischofs Marcel Lefebvre stieß und zur Gründung der Piusbruderschaft führte. Erst Papst Benedikt XVI. hat im Jahr 2007 mit seinem Motu proprio *Summorum Pontificum* versucht, Frieden zwischen den zerstrittenen Lagern zu stiften, nachdem er erkannt hatte, was für ein liturgischer Wildwuchs sich in der katholischen Kirche nach dem Konzil breitgemacht hatte. Dieser Friede wurde durch das Schreiben

Traditionis custodes von Papst Franziskus aus dem Jahr 2021 leider wieder empfindlich gestört.

Papst Paul III. starb am 10. November 1549. Wie Julius II. hatte auch er die Absicht, in der neuen Peterskirche ein frei-stehendes Grabmal zu erhalten, allein Michelangelo verei-telte den Plan. Das Grabmal wurde von Guglielmo della Porta im Jahre 1550 begonnen, aber erst 25 Jahre später vollendet. Ursprünglich hatte es seinen Platz in der Nähe des Longinus-Pfeilers unterhalb der Kuppel Michelangelos, Papst Urban VIII. ließ es dann im Jahre 1628 in die linke Ni-sche neben der Cathedra versetzen. Über dem weißen Mar-morsarkophag erhebt sich die sitzende Bronzefigur des Papstes als Lehrer der Kirche — man gewinnt den Eindruck eines gebeugten kahlköpfigen Greises, der mit Pluviale und Pallium angetan ist. Der Verzicht auf die Tiara wird als Zei-chen seiner *humilitas* (Demut) gedeutet. Jeweils seitlich be-finden sich zwei Masken und zwei Amoretten aus Bronze. Die Inschrift auf schwarzem Grund lautet: *PAULO III FARNE-SIO PONT OPT MAX.*

Vor dem Sarkophag liegen zwei allegorische Marmorfigu-ren, die zwei der vier Kardinaltugenden symbolisieren: links die *iustitita* in üppiger Schönheit, die ursprünglich nackt war und später mit einem Bronzekleid bedeckt wurde; rechts sehen wir die *prudentia*, eine Matrone mit eher männlichen Zügen, die in der Hand einen Spiegel, das Sym-bol der Selbsterkenntnis *nosce te ipsum*, in der anderen ein Buch hält — diese Figur erinnert in ihrem Habitus sehr an eine der Sybillen Michelangelos an der Decke der Sixtina. Es

war damals üblich, eine oder mehrere der vier Kardinaltugenden *(iustitia, prudentia, temperantia und fortitudo)* an
Grabmälern anzubringen – die beiden hier fehlenden Figuren des Friedens *(pax)* und des Überflusses *(abundantia)*
befinden sich heute im Palazzo Farnese.

Paul III. als erster Papst der Gegenreformation hat zwar eine ganze Reihe wichtiger Entscheidungen getroffen und künstlerische Höchstleistungen gefördert, in seinem Bestreben um wirkliche Reformen und die Rückkehr der Abtrünnigen in den Schoß der hl. Mutter Kirche blieb er aber ebenso erfolglos wie seine Nachfolger. Wie wir gesehen haben, hat er im Jahre 1542 das Hl. Offizium gegründet, um endlich eine römische Behörde für die Inquisition zu etablieren. Ziel war dabei die *„Totalkontrolle des Wissens"*, wie Hubert Wolf dies ausdrückt. Grund hierfür war u.a. auch die Erfindung des Buchdrucks (schon seit Mitte des 15. Jahrhunderts) und sein gezielter medienpolitischer Einsatz in der Reformation, der der Wissenskontrolle eine völlig neue Dimension verlieh. *„Johannes Gutenbergs bewegliche Lettern ermöglichten die rasche Verschriftlichung aller Arten von Wissen und machten dieses Wissen beinahe unbegrenzt reproduzierbar."* Damals galt Wissen als der Feind der Kirche.

Gehen wir nun zurück in den südlichen Kreuzarm der Basilika. Rechts erhebt sich über einem Seiteneingang des Petersdoms das prächtige Grabmal Alexanders VII. aus der Familie Chigi (Nr. 47). Zeitlich sind wir nun wieder in der Mitte des 17. Jahrhunderts.

Alexander VII. (1655 – 1667) – der Papst der Kolonnaden von St. Peter

Fabio Chigi aus Siena

Der Vorgänger dieses Papstes, Innozenz X., dessen Grabmal wir in Sant'Agnese in Agone an der Piazza Navona besuchen werden, hinterließ keinerlei geistliche Nepoten, so war es bei der üblichen Zerstrittenheit der Purpurträger diesmal besonders schwierig, einen *„geeigneten, rechtschaffenen Mann"* für den Stuhl Petri zu finden. Besonders der Einfluss des französischen Kardinals Mazarin verhinderte eine rasche Wahlentscheidung, so dass Kardinal Chigi aus Siena erst nach einem sehr langen Konklave von 80 Tagen schließlich am 7. April 1655 gewählt werden konnte.

Der neue Papst war zuvor Inquisitor auf der Insel Malta, Nuntius in Köln und Legat des Papstes bei den Verhandlungen, die zum Westfälischen Frieden 1648 führten. Er war ein kluger und gemäßigter Mann, hatte ein einfaches

Auftreten und ließ sich nach seiner Wahl einen Sarg und einen Totenkopf aus der Hand Berninis in sein Schlafgemach stellen, um auf diese Weise ständig an die Nichtigkeit irdischer Dinge erinnert zu werden. Er war zunächst dem üblichen Prunk am päpstlichen Hofe abhold und verbot auch die Errichtung von Triumphbögen, die man früher für die Prozession des Papstes zum Lateran aufgebaut hatte. Obwohl seine Amtsführung anfangs streng geistlichen Charakter hatte, ließ er sich dennoch zur Berufung von Nepoten und zur Begünstigung seiner Sieneser Verwandtschaft überreden *(„es sei nicht anständig für päpstliche Verwandte, wie einfache Bürger in Rom leben zu müssen"* – so Leopold von Ranke). Nur wenige Monate nach der Papstwahl kam es in Rom zu einer verheerenden Pestepidemie, der Alexander mit strengen Maßnahmen zu begegnen suchte: Das römische Ghetto der Juden wurde abgeriegelt, die Bewohner durften ihre Häuser nicht mehr verlassen – es starben allein 800 der gut 4000 Bewohner des jüdischen Viertels.

Im November 1655 vollzog sich der Übertritt der zuvor zurückgetretenen Königin Christine von Schweden zum Katholizismus. Sie war die Herrscherin des Hauptgegners der katholischen Liga während des Dreißigjährigen Krieges und wurde im Dezember desselben Jahres prunkvoll in Rom empfangen. Zunächst lebte sie im Vatikan, später im Palazzo Farnese, fühlte sich in der römischen Gesellschaft sichtlich wohl, ließ zahlreiche Karnevalsfeste ausrichten, gründete u.a. das Teatro Tor di Nona (wo auch Frauen auftreten durften) und starb erst über dreißig Jahre später im Jahre

1689. Der Papst feierte den Übertritt dieser exzentrischen, ehemals protestantischen Königin *„als Triumph der Kirche"*, ihn schmerzten allerdings das *„weltliche Benehmen und der Mangel an Andacht dieser nordischen Amazone"*, wie Ludwig von Pastor schreibt. Die Augsburger Historikerin Martha Schad, eine Spezialistin vergessener Frauengestalten, berichtet, dass insgesamt vier Frauen die Ehre der Bestattung in St. Peter zuteilwurde: Neben Christine von Schweden sind es Mathilde von Tuszien (1046-1115), die abgesetzte Königin Charlotte von Zypern (1444-1487) und Englands letzte katholische Titularkönigin Maria Clementina Sobieska-Stuart (1702-1735).

In die Regierungszeit Alexanders fiel das erste größere Zerwürfnis mit dem französischen König. Der Kardinal-Minister Mazarin, der den Papst hasste, unterstützte die Kandidatur des Sonnenkönigs auf den Kaiserthron nach dem Tode Ferdinands III., der Papst hingegen verhinderte diese Wahl. Er wollte auch zwischen den seit Jahrzehnten in Fehde liegenden Mächten Frankreich und Spanien vermitteln, als aber der sog. Pyrenäenfrieden nach langem Krieg zwischen diesen beiden Ländern im Jahre 1659 geschlossen wurde, hat man den Papst an den Verhandlungen nicht beteiligt. Nach diesem Friedensschluss stieg Frankreich endgültig zu seiner Vormachtstellung in Europa auf.

Papst Alexander VII. ist in ganz besonderem Maß als Bauherr in Erscheinung getreten. Vor allem für Gian Lorenzo Bernini begann mit diesem Papst eine neue, überaus fruchtbare Schaffensperiode. Bei Grabungen im Garten hinter

Santa Maria sopra Minerva fand man einen antiken Obelisken – Bernini schuf dafür einen Elefanten, der dieses Fundstück tragen sollte und den wir heute vor der Kirche bewundern können. Auf Alexander gehen der Ausbau der Sapienza und der Neubau der beiden Marienkirchen an der Piazza del Popolo (Santa Maria di Monte Santo und Santa Maria dei Miracoli) zurück, ebenso die Wiederherstellung des Apsismosaiks der Laterankirche. Francesco Borromini beauftragte er mit dem Bau der Universitätskirche Sant'Ivo alla Sapienza am Corso del Rinascimento, wo man die Kuppel und die gewundene Laterne als Meisterwerk dieses Architektengenies bewundern kann. Leider ist Sant'Ivo nur sonntags zwischen 9 und 13 Uhr geöffnet, so dass ein Besuch genau geplant werden sollte. Auch wenn die Kirche beim Betreten zunächst eigenartig kalt und leer wirkt, so ist der Blick hinauf zur Kuppel Borrominis doch ein Erlebnis der ganz besonderen Art.

Jedem Besucher des Petersplatzes drängt sich der Name Alexanders VII. in großen Lettern auf – er war es, der Bernini den Auftrag gab, diesen riesigen Platz in seiner heutigen Gestalt zu entwerfen. Die Piazza S. Pietro, die absolute Meisterleistung Berninis, besticht durch Grandiosität, Weiträumigkeit und raffiniert berechnete Perspektiven. Sie hat die Form einer Ellipse, die auf beiden Seiten mit zwei gewaltigen Säulenreihen abgeschlossen wird. Die Höhe der Kolonnaden beträgt 15 m, insgesamt sind 284 Säulen und 88 Pfeiler aus Travertin verbaut. Jede Säulenhalle hat drei Gänge, wobei durch den mittleren Gang früher auch Wagen fahren konnten. Die neue Peterskirche sollte das Zentrum der gesamten Christenheit werden und gleichsam wie eine Mutter die Katholiken aller Welt mit offenen Armen empfangen, um sie zum Grab des Apostelfürsten hinzuführen. Auf dem Petersplatz befinden sich auf beiden Seiten des Obelisken zwei Marmorplatten mit der Aufschrift *„Centro del Colonnato"* – wenn man sich auf diese Punkte stellt, wirken die vier hintereinander gestellten Säulen wie eine einzige – Hinweis darauf, dass es sich bei der Platzanlage um eine Ellipse handelt, von deren Brennpunkten man dieses Phänomen beobachten kann. Auf den Kolonnaden vollzieht sich eine Prozession von 140 Heiligen. Martin Ramm berichtet in seinem überaus kundigen Führer, dass es für die Aufstellung der Statuen offensichtlich ein genau durchdachtes Programm gab: Auf der rechten Seite findet man „Verteidiger des Glaubens" und Gründerinnen und Gründer der ältesten Orden. Auf der linken Seite sieht man Päpste, Bischöfe und Kirchenlehrer sowie Reformer und Gründer neuerer Orden.

Auch der Bau der Scala Regia, der prachtvolle Aufgang zum Apostolischen Palast durch das Bronzetor, sowie eines der beiden Reiterstandbilder in der Vorhalle des Petersdoms gehen auf Papst Alexander VII. zurück. Die Statue rechts stammt von Bernini und stellt den Stifter der ersten Peterskirche, den römischen Kaiser Konstantin im Moment vor der Schlacht an der Milvischen Brücke dar, als ihm am Himmel ein Kreuzeszeichen mit den Worten *„In hoc signo vinces"* erscheint. Gegenüber wurde erst im Jahre 1725 ein

Reiterstandbild Karls des Großen aufgestellt – somit wird hier an die beiden großen Förderer dieser Basilika erinnert.

Den krönenden Abschluss der Arbeiten Berninis bildet die Cathedra in der Apsis im Inneren des Petersdoms, die 1666 vollendet wurde. Hier wird die Reliquie des Lehrstuhls des hl. Petrus verehrt. Der ursprüngliche Sessel aus einfachem Eichenholz wurde im 9. Jahrhundert mit Elfenbeintäfelchen verziert. Der heutige wuchtige Bronzethron gilt als Symbol der Apostolischen Sukzession, er versinnbildlicht den Lehrauftrag der Päpste und schwebt gewissermaßen zwischen den Statuen der vier Kirchenlehrer und dem goldenen Wolkengeschiebe – Gold ist hier das Symbol für alles Göttliche. Auf der Rückenlehne des Throns gibt Christus Petrus den Auftrag, *„Weide meine Lämmer, weide meine Schafe"* (Joh 21, 15-16). Die mit Gold verzierten Bronzestatuen sind 5 m hoch und zeigen mit der Mitra rechts und links die beiden Kirchenlehrer der Westkirche Ambrosius und Augustinus, etwas nach hinten versetzt stehen die barhäuptigen Vertreter der griechischen Ostkirche Athanasius und Chrysostomus. Sie deuten auf den Papstthron, berühren ihn aber nicht, womit der Künstler ausdrücken sollte, dass das Papsttum auch ohne die Unterstützung der *doctores ecclesiae* auskommt. Darüber ergibt sich je nach Sonneneinstrahlung vor allem am späten Nachmittag ein unglaublicher Beleuchtungseffekt durch die gelbe Alabasterglasscheibe, in der der Vermittler zwischen Himmel und Erde, der Hl. Geist in Form einer weißen Taube schwebt.

Gerade vor dieser jedes menschliche Auge überwältigen-
den Cathedra Petri scheint es mir angebracht, nochmals auf
den in der Einleitung bereits zitierten Vortrag Martin Mose-
bachs zur „Schönheit als Offenbarung der Inkarnation" zu-
rückzukommen. Mit rhetorischer Brillanz legt der Frankfurter Philosoph dar, wie wenig heutige Besucher im Zeitalter
des *„ästhetischen Pauperismus"* mit solchen pompösen
Aufbauten anfangen können. *„Pompös"* ist heute ein Wort
des Spottes geworden und hat über die Jahrhunderte hinweg einen eigenartigen Bedeutungswandel erlebt. Das
Wort stammt ursprünglich aus dem Griechischen und bezeichnet die Totenfeier, das Geleit des Verstorbenen zum

Grabe. Der Gott Hermes war als *„Psychopompos"* der Geleiter der Seelen ins Jenseits. Noch heute haben wir Reste dieser Bedeutung im Französischen, wo man mit *„Pompes funèbres"* ein Beerdigungsinstitut bezeichnet. Von den Funeralien ist Pomp in andere liturgische Bereiche gelangt, allerdings immer mit derselben Aufgabe, nämlich die Seelen im Diesseits auf das Jenseits vorzubereiten. Der Glanz der Zeremonien und die prachtvolle Ausgestaltung der Kirchen sollten sich vom grauen Alltag stark abheben – es sollte ein *„sursum corda"* erzeugt werden, eine „Erhebung der Herzen zum Himmel". In unserer Zeit hingegen gilt Pracht als verdächtig und geradezu unverschämt, aber freilich meist nur dort, wo es die katholische Kirche betrifft. Bei Rockkonzerten, im Showbusiness oder in Fußballstadien dagegen kennen Pracht und Pomp keine Grenzen. Das Gold, mit dem auch hier an der Cathedra nicht gespart wurde, war Sinnbild für das Wichtigste, das Höchste, das Göttliche. Gold sollte die Gegenwart des Himmels heraufbeschwören. Wie lächerlich wirken dagegen kahle Kirchen, die bisweilen wie Sprungschanzen aussehen und in denen *„pseudobäuerliche Keramik"* als Kunst gepriesen wird. Wir leben im Zeitalter der *„Apeirokalia"*, wie Platon den Mangel an Erfahrung im Umgang mit Schönheit bezeichnet – vor allem auch deshalb, weil durch die ästhetische Kapitulation der Kirche der Maßstab für alles Schöne verlorengegangen ist. Die Sehnsucht nach Schönheit bemerkt man zwar überall, es gibt aber keinerlei Konsens darüber, was Schönheit eigentlich ist. Man braucht sich folglich nicht zu wundern, dass damit auch ein Verlust des Glaubens einhergeht.

Im Dezember des Jahres 1666 erkrankte Alexander ernstlich
– er hatte ohnehin ständig Blasen- und Nierenprobleme.
Beim Aveläuten am 22. Mai 1667 wurde der erst 69jährige
Papst in seiner Residenz im Quirinalspalast von seinem Leiden erlöst. Sein Grabmal hatte er schon zu Lebzeiten bei
Bernini in Auftrag gegeben. Es ist das letzte große Werk dieses Künstlers, das er im Alter von 80 Jahren geschaffen hat.
Über einem Seiteneingang der Basilika, der hinaus zur Piazza Santa Marta führt, kniet der betende Papst in einer Ap-
sisnische, seine Tiara ist abgelegt und vom Pluviale halb ver-
deckt. Er ist umgeben von vier allegorischen Figuren. Links
im Vordergrund erkennt man die Nächstenliebe *(caritas)*
mit einem Kind im Arm, dahinter erkennt man nur den Kopf
der Gerechtigkeit *(iustitita).* Auf der rechten Seite befindet
sich im Hintergrund die Klugheit *(prudentia),* die ihren Kopf
auf den rechten Arm stützt, im Vordergrund die einst
nackte Figur der Wahrheit *(veritas),* deren Fuß auf einer
Weltkugel ruht: Unter ihrem großen Zehen, der genau auf
England ruht, befindet sich ein Dorn, wohl eine Anspielung
auf das Leid, das dem Papst wegen des ständig sich ausbrei-
tenden Anglikanismus nach dem Abfall Heinrichs VIII. von
der katholischen Kirche zugefügt wurde. Unter der Inschrift
zieht ein Skelett mit abgelaufener Sanduhr ein ungeheures
Bahrtuch aus rötlichem sizilianischem Jaspis zur Seite – ein
Hinweis darauf, dass sich Alexander VII. immer seiner End-
lichkeit bewusst war. Bahrtücher werden heute noch bei
Staatsbegräbnissen als Abdeckung der Särge verwendet.

Überragt wird das gesamte Grabmal vom goldenen Wappen des Papstes, der Tiara und den Petrusschlüsseln auf schwarzem Marmor.

Bevor wir unseren Rundgang im linken Seitenschiff der Basilika fortsetzen, kommen wir zu einem Monument, das einem Papst mit äußerst kurzer Regierungszeit gewidmet ist (Nr. 54). Es befindet sich direkt über dem Eingang zur Sakristei des Petersdoms. Zeitlich geht es nun in die erste Hälfte des 19. Jahrhunderts, die Zeit des beginnenden *Risorgimento* in Italien.

Pius VIII. (31.03.1829 – 30.11.1830) – ein kurzes liberales Intermezzo

Francesco Saverio Castiglione aus Cingoli bei Ancona

Obwohl Papst Pius VII. (1800-1823) durch die Intrigen und Machenschaften Napoleons über Gebühr in Mitleidenschaft gezogen worden war, so war er doch ein Mann, der die Zeichen der Zeit verstanden hatte, sich überaus um Frieden und Versöhnung bemühte und leicht liberale Tendenzen erkennen ließ. Die Hoffnungen auf ein Fortwirken der politischen und geistigen Liberalisierung wurden durch die Wahl seines Nachfolgers Leos XII. allerdings enttäuscht, der von 1823 bis 1829 auf dem Stuhl Petri saß.

Nach dessen Tod kam es zu einem Konklave von sieben Wochen Dauer, aus dem Kardinal Castiglione im Alter von 68 Jahren schließlich als Papst hervorging. Er entstammte einer alten italienischen Adelsfamilie und war unter anderem Bischof von Montalto, Cesena und später von Frascati. In dieser Zeit wurde er unter französischer Besatzungsmacht mehrfach verhaftet und kam endgültig erst nach dem Sturz Napoleons im Jahre 1814 frei. Bereits bei der Wahl Leos XII. im Jahre 1823 war er aussichtsreichster Kandidat, seine Wahl wurde – wie dies so häufig in der Geschichte der Papstwahlen der Fall war – durch große Uneinigkeit innerhalb der Papstwähler verhindert. Kardinäle werden ja u.a. auch „Kirchenfürsten" genannt: Von Fürsten weiß man, dass sie in aller Regel über ein ausgeprägtes Selbstbewusstsein verfügen, ihren eigenen Willen durchsetzen wollen und nur in seltenen Fällen zu Kompromissen bereit sind.

Schon bei seiner Wahl stand es um die Gesundheit des neuen Papstes nicht zum Besten, so dass ein kurzes Pontifikat von nur einem Jahr und acht Monaten eigentlich keine Überraschung war. Dieses allerdings führte er ganz im Sinne seines Vorvorgängers Pius' VII. und seines Freundes, des damaligen Kardinalstaatssekretärs Ercole Consalvi, fort. Obwohl der Papst theologisch konservativ war, so reagierte er doch auf politische Entwicklungen seiner Zeit durchaus liberal und verständnisvoll. Als der reaktionäre französische König Karl X. im Jahre 1830 versuchte, die Vorherrschaft des Adels wiederherzustellen, das Parlament aufzulösen und die Pressefreiheit einzuschränken, kam es in Paris zur „Julirevolution", einem Aufstand von Arbeitern, Handwerkern und Studenten, die den König zur Abdankung und zur Flucht nach England zwangen. Der Papst begrüßte den endgültigen Sturz der Bourbonen und die neu eingeführte parlamentarische Regierungsform unter dem Bürgerkönig Louis-

Philippe. Die Julirevolution in Frankreich gab zahlreichen liberalen Bestrebungen in ganz Europa Auftrieb, die auch zu
Unruhen in mehreren Staaten des Deutschen Bundes führten.

Die Kürze der Regierungszeit Pius' VIII. hinterließ indes keine wirklich prägenden Spuren. Er starb bereits am 30. November des Jahres 1830 und wurde zunächst in den Vatikanischen Grotten beigesetzt. Dennoch schuf man für ihn ein überaus prächtiges Grabmal, das wir gleich hinter dem linken Querschiff des Petersdoms direkt über dem Eingang zur Sakristei bewundern können. Es ist die vollendete klassizistische Arbeit des Künstlers Pietro Tenerani und zeigt den Papst demütig kniend mit gefalteten Händen und abgelegter Tiara im Gebet versunken. Über ihm thront eine große Christusfigur mit rot-goldenem Heiligenschein, zu beiden Seiten erkennt man die Figuren der Apostelfürsten Petrus und Paulus mit ihren jeweiligen Attributen, Petrus mit den Schlüsseln links und Paulus mit dem Schwert rechts. Die Inschrift unter der Papstfigur erinnert neben dem Namen des Papstes an Kardinal Giuseppe Albani, den Stifter des Grabmals, darunter erkennt man das vergoldete Wappen des Papstes. Die Reliefs beiderseits des Eingangs zur Sakristei zeigen zwei sitzende Figuren: rechts die nachdenkliche Klugheit mit einem Buch *(prudentia),* auf der gegenüberliegenden Seite die Gerechtigkeit *(iustitia),* die eine Waagschale auf ihrem Schoß abgelegt hat. Die sterblichen Überreste des Papstes wurden erst 1857 hierher überführt.

Im Eingang zur Sakristei erkennt man die Figur des hl. Apostels Andreas mit dem Andreaskreuz, rechts davon befindet sich eine Marmortafel, auf der die Namen aller in St. Peter beigesetzten Päpste verzeichnet sind – den letzten Eintrag bildet Papst Benedikt XVI., der am Silvestertag 2022 verstorben ist und sein Grab in den Grotten von St. Peter gefunden hat.

Nur wenige Schritte weiter erreichen wir das Grabmal Pius' VII. (Nr. 57) – er war der Vorvorgänger Pius' VIII. und saß in Zeiten Napoleons 23 Jahre lang auf dem Stuhl Petri. Wir gehen zeitlich etwas zurück in das erste Viertel des 19. Jahrhunderts.

Pius VII. (1800 – 1823) – der Papst unter der Herrschaft Napoleons

Barnaba Chiaramonti aus Cesena

Am 14. Juli 1789 kam es bekanntlich mit dem Sturm auf die Pariser Bastille zum Ausbruch der Französischen Revolution, die sich vereinfacht in drei große Phasen unterteilen lässt: Die erste Phase (1789-1791) war geprägt von grundlegenden politischen Reformen und der Einführung einer konstitutionellen Monarchie. In der zweiten Phase (1792-1794) radikalisierte sich die Revolution und mündete in die Schreckensherrschaft der Jakobiner, die in Frankreich als *la Terreur* bekannt ist. Die letzte Phase (1795-1799) führte zur Errichtung eines bürgerlichen Direktoriums, das 1799 durch Napoleons Machtergreifung aufgelöst wurde. Der Vorgänger Pius VI., der wegen der politischen Wirren und seiner Verschleppung nach Frankreich gerne als „Märtyrerpapst" bezeichnet wird, dabei aber nicht frei von Jähzorn, Ehrgeiz und Eitelkeit war, starb im französischen Exil

in Valence im August des Jahres 1799. Am 9. November desselben Jahres kam es zum Sturz des Direktoriums und zum Aufstieg Napoleons als Erstem Konsul. Er trat als Gewalthaber auf, der die Idee eines „neuen Weltreichs" in sich trug.

Bereits im Jahre 1798 begann die Eroberung Italiens durch Napoleon. Rom war zu jener Zeit von französischen Truppen besetzt, deshalb konnte die Papstwahl nicht wie üblich in der Ewigen Stadt abgehalten werden, sondern wurde in das Kloster San Giorgio Maggiore in der Lagune von Venedig verlegt und erst im Dezember 1799 unter dem Schutz des österreichischen Kaisers einberufen. Mehrere Kandidaten waren entweder den Österreichern oder den Franzosen politisch nicht genehm, so kam es schließlich am 14. März 1800 nach einer Sedisvakanz von über 6 Monaten zur Wahl eines Außenseiters, des Benediktiners Barnaba Chiaramonti, zum neuen Kirchenoberhaupt. Er war der Neffe seines Vorgängers Pius' VI., ein vornehmer, zurückhaltender, ungeheuchelt frommer Mann, zuvor Theologieprofessor in Parma, später Bischof von Imola und für Fragen seiner Zeit durchaus aufgeschlossen. Er zeigte sich für gewisse Reformen offen und suchte nach Wegen, wie man die Forderungen der französischen Revolution nach *liberté – égalité – fraternité* im Sinne des Evangeliums übernehmen könnte. In seiner Zeit als Bischof von Imola bat er in einer demütigen Geste die französischen Besatzungstruppen um Nachsicht und Milde. Pius VII. wurde auch in Venedig gekrönt und traf erst am 3. Juli 1800 in Rom ein. An seiner Seite hatte er in Kardinal Ercole Consalvi, einem Freund Wilhelm von Humboldts, einen überaus einflussreichen, konservativen Staatssekretär, der aber dennoch liberale Tendenzen erkennen ließ.

Große Teile des Pontifikats des Papstes waren geprägt durch die enormen Auseinandersetzungen mit dem revolutionären Frankreich und dem ungeheuren Machtstreben Napoleons. Viele Kirchengüter in Frankreich wurden enteignet, die laizistische „Religion" kannte ein *„Être suprême"* als Gottesersatz und mit dem Konkordat aus dem Jahr 1801, in dem Napoleon die römisch-katholische Religion als *„die Religion der großen Mehrheit des französischen Volkes"* anerkannte, sie aber nicht mehr als Staatsreligion bezeichnete, wurden die Beziehungen zwischen Frankreich und der Kirche zunächst neu geregelt. Novalis berichtete, dass *„die vernunfttrunkene Aufklärung und der revolutionäre Furor einen Glauben hervorgebracht hätten, der aus lauter Wissen zusammengeklebt sei und so die unendliche schöpferische Musik des Weltalls zum einförmigen Klappern einer ungeheuren Mühle entzaubert habe".* Das Konkordat von 1801 hatte Bestand, bis es im Jahr 1905 zur endgültigen Trennung zwischen Kirche und Staat in Frankreich kommen sollte. Aus Frankreich wurde *„un Etat laïque"* – ein laizistischer Staat, dessen Grundprinzipien die Gewissens- und Meinungsfreiheit und die Gleichheit aller vor dem Gesetz waren, egal zu welcher Religion sie sich bekannten.

In der Schlacht von Marengo (zwischen Verona und Mantua) im Juni 1800 wurden die österreichischen Truppen von Napoleon besiegt und verloren so ganz Oberitalien mit

Ausnahme von Venedig. Beim anschließenden Friedensvertrag von Lunéville im Februar 1801 wurde der Kirchenstaat in verkleinerter Form wiederhergestellt. Noch auf dem Schlachtfeld von Marengo ordnete Napoleon den Bischof von Vercelli ab, den Papst zur Restauration der katholischen Kirche in Frankreich zu bewegen – Napoleon brauchte die Kirche, weil sie im Volk verankert war, gleichzeitig wollte er sie unterjochen und zu seinem willigen Werkzeug machen. Nach seiner Proklamation zum Erbkaiser im Mai 1804 zwang der Korse den Papst in einem demütigenden Akt zur Reise nach Paris, wo er am 2. Dezember 1804 in Notre-Dame den neuen Kaiser salben und dem entwürdigenden Schauspiel beiwohnen musste, als Napoleon plötzlich zum Altar empor schritt und sich selbst die Kaiserkrone aufs Haupt setzte. Im Gegenzug schenkte Napoleon dem Papst eine prunkvolle Tiara und gewährte ihm die Aufhebung des französischen Revolutionskalenders, der die Tage ja in *Primidi, Duodi, Tridi* usw. und die Monate z.B. in *Brumaire, Germinal oder Fructidor* umbenannt hatte. Pius hatte zur Krönung seine Zustimmung gegeben, weil er der Meinung war, alles würde sich so zum Besseren wenden – indes sah er sich gründlich getäuscht.

Der Machthunger Napoleons sollte weitergehen. Weil sich der Papst weigerte, sich an der Kontinentalsperre gegen England zu beteiligen, besetzte Napoleon Rom im Februar 1808, im Mai desselben Jahres wurde die Stadt offiziell dem französischen Kaiserreich einverleibt, was im Juni 1809 seitens der Kirche zur Exkommunikation des *„Räubers des*

Patrimoniums Petri" führte. Am 6. Juli 1809 drangen Soldaten mit Leitern und Stricken in den päpstlichen Palast ein, nahmen Pius gefangen und brachten ihn nach 40tägiger Reise zunächst nach Savona, drei Jahre später wurde er nach Fontainebleau verschleppt. Rom wurde im Jahr 1810 zur *„zweiten Stadt des Kaiserreichs"* ausgerufen: Hier sollte ein zweiter königlicher Hof unter einem *Roi de Rome* errichtet werden. Napoleon verlangte vom Papst, er solle künftig in Frankreich bleiben, weil *„er (= Napoleon) der älteste Sohn der Kirche sei, der das Schwert führe, um sie zu beschützen"*. Im Konkordat von Fontainebleau vom 25. Januar 1813 wurde gar festgelegt, dass der Papst nie wieder nach Rom zurückkehren solle. Pius weigerte sich gegen all diese Unverschämtheiten des Korsen und trat auch einmal in den Hungerstreik: Er sei *„der allgemeine Hirte, der Vater aller Christen und müsse seine Residenz am Grab des Apostelfürsten haben"*. Erst nach dem Ende Napoleons konnte Pius VII. am 24. Mai 1814 wieder in die Ewige Stadt zurückkehren. Lediglich während der *„100 Tage Napoleons"* (1.3. – 22.6.1815), floh er erneut aus Rom und fand Zuflucht in Genua.

Wenn man diese politisch doch sehr ungemütlichen Zeiten vor Augen hat, kann man es kaum fassen, dass sich gleichzeitig auch überaus schöne und angenehme Dinge ereignet haben. Ein Beispiel mag die Musik von Gioachino Rossini sein, der am 6. Februar 1813 im Teatro La Fenice von Venedig seine herrliche, leider wenig gespielte Oper *Tancredi* zur Uraufführung brachte. Der erst 20jährige Rossini schaffte mit diesem Meisterwerk der Opernwelt seinen Aufstieg in die erste Riege der Opernkomponisten Europas, während die Truppen Napoleons plündernd und mordend durch halb Europa zogen.

Die Güte und den Friedenswillen dieses Papstes erkennt man daran, dass er nach dem Sturz Napoleons dessen Verwandten, die inzwischen allüberall in Ungnade gefallen waren, Zuflucht in Rom gewährte, obwohl ihm der *Empereur* das Leben nun wirklich schwer genug gemacht hatte. Letizia Bonaparte, die Mutter Napoleons, die man *Madame Mère* nannte, wurde vom Papst freundlich aufgenommen und erwarb sich einen Palast an der Piazza Venezia, wo man heute noch im ersten Stock einen kleinen, grün vergitterten Balkon sehen kann, von dem aus sie das Treiben auf dem Platz beobachtete. Friede war ein Grundbedürfnis dieses Papstes, hat er das Wort PAX doch deutlich auf der heraldisch rechten Seite seines Wappens zum Ausdruck gebracht.

Nach der endgültigen Verbannung Napoleons auf die Insel St. Helena wurde auf dem Wiener Kongress unter Federführung des österreichischen Außenministers Fürst von Metternich die alte Ordnung in Europa mehr oder weniger wieder hergestellt und der Papst war fortan wieder Landesherr des Kirchenstaates. Man hatte die Hoffnung, dass der wiederhergestellte *Stato Pontificio* in sich selbst stark genug sein werde, um sich zu behaupten. Das Gegenteil aber war der Fall: Durch die revolutionären Bewegungen wurde der Staat des Papstes weiter geschwächt und konnte nur durch österreichische Hilfe am Leben gehalten werden.

Vor allem das Prinzip der Religions- und Gewissensfreiheit verurteilte der Papst mit scharfen Worten: *„Dadurch, dass man allen Konfessionen ohne Unterschied die gleiche Freiheit zugesteht, verwechselt man die Wahrheit mit dem Irrtum und stellt die heilige und makellose Braut Christi, die Kirche, ohne die es kein Heil geben kann, auf die gleiche Stufe wie die häretischen Sekten oder die treulosen Juden. Indem man den häretischen Sekten und ihren Predigern Gunst und Beistand gewährt, werden nicht nur ihre Personen, sondern auch ihre Irrtümer toleriert und begünstigt."*

Immerhin erkannte Pius VII. die Bedeutung des Jesuitenordens, dessen Verbot er im August 1814, kurz vor Beginn des Wiener Kongresses, mit den Worten aufhob, *„man wolle auf diese tatkräftigen Ruderer des Kirchenschiffs nicht weiter verzichten".*

Bereits im Jahre 1807 hatte der Papst Antonio Canova den Auftrag zur Errichtung eines neuen Museumstraktes erteilt – so entstand das Museo Chiaramonti für antike Statuen im Vatikan. Canova war später auch verantwortlich für die Rückführung zahlreicher Kunstwerke, die durch die Franzosen während des napoleonischen Intermezzos nach Frankreich verschleppt worden waren.

Eine besonders schmerzliche Schreckensnachricht blieb dem Papst erspart, dessen gesundheitlicher Zustand sich im letzten Lebensjahr zusehends verschlechterte und der schon Anfang Juli 1823 im Sterben lag: In der Nacht vom 15. auf den 16. Juli 1823 kam es zu einem verheerenden Brand in der Basilika *San Paolo fuori le mura,* wobei innerhalb nur weniger Stunden die Kirche fast völlig niederbrannte. Seinen Nachfolgern Leo XII. und Gregor XVI. fiel die Aufgabe des Wiederaufbaus der Kirche zu, die erst am 10. Dezember 1854, zwei Tage nach der Verkündigung des Dogmas von der Unbefleckten Empfängnis Mariens, durch Papst Pius IX. wieder eingeweiht werden konnte.

Pius VII. starb in den Morgenstunden des 20. August des Jahres 1823. Er wurde zunächst provisorisch in den Grotten von St. Peter beigesetzt. Im November 1823 beauftragte Kardinalstaatssekretär Consalvi den dänischen Bildhauer Bertel Thorvaldsen mit der Errichtung eines würdigen Grabmals für den Papst, der immerhin 23 Jahre der katholischen Kirche vorgestanden hatte. Das Grabmal wurde 1831 vollendet, seither hat Pius VII. seine letzte Ruhestätte hier am Durchgang zum linken Seitenschiff des Petersdoms gefunden.

Das neoklassizistische Kunstwerk Thorvaldsens zeigt die historischen Züge des segnenden Papstes mit der Tiara, der auf einem breiten Thron sitzt. Im oberen Bereich umrahmen zwei Engelfiguren die Papstgestalt. Der linke Engel ist gerade dabei, Aufzeichnungen ins Buch der Ewigkeit zu schreiben, der rechte Engel weist auf ein Stundenglas als Zeichen der abgelaufenen Lebenszeit des Papstes hin. Die allegorischen Figuren darunter zeigen links den Glauben *(fides)* im Bärenfell mit über der Brust gekreuzten Armen, der eine Fackel zertritt, rechts die Gelehrsamkeit *(sapientia),* die in die Lektüre der Hl. Schrift vertieft ist. Links neben ihr

Grabmal für Pius VII. von Bertel Thorvaldsen

sitzt eine kleine Eule, die hier entweder als Symbol der Weisheit oder aber als Todesvogel zu deuten ist, der Leid, Unglück und Tod ankündigt und ein Hinweis auf die schwierige Zeit des Papstes unter napoleonischer Herrschaft wäre.

Die Inschrift darunter erinnert an Kardinal Consalvi als Stifter des Grabmonuments: *HERCULES CARD CONSALVI ROMANUS AB EO CREATUS*. Kardinal Consalvi starb bereits im Januar 1824. In seinem Testament hatte er verfügte, all seinen Besitz zu verkaufen, um so das Grabmal *„für seinen Gebieter"* zu bezahlen. Über der Tür erkennt man, von zwei kleinen Putten gehalten, das Wappen des Papstes. Überaus sinnlich ist dieses Monument auch so aufgestellt, dass es hoch über einer Tür aufragt – hier kommt der Betrachter leicht auf den Gedanken, dass es sich um die „Pforte des Todes" handelt, durch die der Papst geschritten ist. Leopold von Ranke schreibt, dass es weder dem Papst noch dem Kardinal gelungen sei, die *„ihnen entgegenstehenden Weltkräfte zu überwältigen noch zu bezwingen"*.

Setzen wir nun unseren Rundgang im linken Seitenschiff fort und kehren zeitlich in den Beginn des 17. Jahrhunderts zurück. Dort sehen wir gleich rechter Hand das Monument für Papst Leo XI., der nicht einmal einen ganzen Monat auf dem Stuhl Petri sitzen sollte (Nr. 60).

Leo XI. (1.4.1605 – 27.04.1605) – der 27-Tage-Papst

Alessandro Ottaviano de' Medici aus Florenz

Nachdem der Vorgänger Clemens VIII. (dessen Grabmal wir in der Cappella Paolina von *Santa Maria Maggiore* sehen werden) am 3. März 1605 nach 13 Jahren auf dem Apostolischen Stuhl gestorben war, erhoffte man sich ein langes und gutes Pontifikat mit der Wahl dieses Vertreters aus einer Seitenlinie der Florentiner Bankiersfamilie Medici. Sein Großonkel war Papst Leo X., der *„Lutherpapst"*, der von 1513-1521 regierte (sein Grab finden wir hinter dem Hochaltar der Kirche *Santa Maria sopra Minerva* in der Nähe des Pantheons). Nach 20tägigem Konklave wurde der Papst durch Adoration, d.h. durch Ergebenheitsbekundung der Kardinäle gewählt, lediglich der Form halber wurde dennoch ein Skrutinium durchgeführt. Bei der Wahl hatten die Kardinäle mit voller Absicht die Wünsche des spanischen Königs übergangen, was am Hofe Heinrichs IV. von Frankreich mit großer Freude zur Kenntnis genommen wurde.

Der neue Papst war ein aufrichtig frommer Mann, hatte ursprünglich die Absicht, eine weltliche Karriere einzuschlagen, ließ sich aber dann dennoch zum Priester weihen. In Rom genoss er einen ausgezeichneten Ruf, war ein enger Freund und Gefährte Filippo Neris, über dessen Tod im Mai 1595 er überaus traurig war. Er wurde bereits von Gregor XIII. zum Kardinal erhoben und war unter seinem Vorgänger von 1596 bis 1598 päpstlicher Legat in Frankreich. Als solcher erwies er sich als trefflicher, kluger und gemäßigter Mann und gewann die Freundschaft des Königs – aus diesem Grund wurde er auch von den Spaniern nicht sonderlich gemocht. In seine Zeit als Legat in Frankreich fiel der Erlass des Edikts von Nantes, mit dem der ehemals protestantische König Heinrich IV. seinen früheren Glaubensgenossen Religionsfreiheit und die vollen bürgerlichen Rechte garantiert und somit dem langjährigen Religionskrieg zwischen Katholiken und Protestanten in Frankreich ein Ende bereitet hatte.

Leo XI. scheint ein schöner Mann mit majestätischer Erscheinung gewesen zu sein, dazu großzügig und überaus kunstsinnig – als Kardinal erwarb er die nach ihm benannte Villa Medici auf dem Pincio. Eine seiner ersten Amtshandlungen nach der Wahl war die Änderung der Konklaveordnung, wonach die bisher übliche Form der Adoration grundsätzlich durch geheime Abstimmungen ersetzt werden sollte. Aufgrund der sehr kurzen Regierungszeit konnte diese Änderung definitiv aber erst im Jahre 1621 durch Papst Gregor XV. verfügt werden. Leos Plan war es auch,

etliche Steuern aufzuheben, die für die Bürger des Kirchenstaates eine große Last waren. Dazu sollte es aber nicht
kommen, weil sich der Papst bei der Besitzergreifung der
Lateranbasilika derart erkältete, dass er bereits nach extrem kurzer Zeit auf dem Stuhl Petri am 27. April 1605 an
einer Lungenentzündung verstarb.

Leo wurde zunächst, wie damals üblich, provisorisch in einem Grab in St. Peter beigesetzt. Erst sein Großneffe, der
spätere Kardinal Roberto Ubaldini, gab 1636 die Ausfüh-
rung eines würdigen Marmordenkmals in Auftrag, das aber
erst 20 Jahre später von Alessandro Algardi fertiggestellt
wurde und im linken Seitenschiff der Petersbasilika seinen
heutigen Platz erhielt.

Die imposante Papstgestalt über dem Sarkophag zeigt einen
müden Greis, der mit nur halb erhobener Hand den Segen
spendet. Er wird umrahmt von zwei allegorischen Marmor-
figuren: Links erkennt man in Gestalt der römischen Göttin
Minerva die Weisheit mit Schild und Stab, rechts eine Figur,
die aus einem Füllhorn Münzen und Geschmeide schüttet
und so auf die Großzügigkeit des Papstes hinweist. Das Relief auf dem Sarkophag zeigt die wichtige Begebenheit des
Übertritts Heinrichs von Navarra zum katholischen Glauben
im Jahre 1598, als Leo noch Kardinal-Legat in Paris war.
Heinrich ist darauf zweimal dargestellt: Links legt er die
Schwurhand auf die Bibel, rechts leistet er seine Unter-
schrift vor Kardinal Medici. Um den Namen des Papstes
herum sieht man verwelkte Rosenblätter, die auf die Kürze

des Pontifikats von nicht einmal einem Monat verweisen. Darauf geht auch die lateinische Inschrift auf dem Sockel ein, wo es u.a. heißt: *„quam datus christianum orbem brevi XXVII dierum"* – dem der christliche Erdkreis [nur] kurze 27 Tage übergeben wurde.

Häufig in der Papstgeschichte suchen die Papstwähler nach solch kurzen Pontifikaten einen Nachfolger, von dem sie mit einiger Sicherheit annehmen können, dass ihm eine längere Regierungszeit beschieden sein würde. So war es übrigens auch im Jahre 1978, als in der Nachfolge von Papst Paul VI. Albino Luciani gewählt wurde, der als Papst Johannes Paul I. nach nur 33 Tagen verstarb – ihm folgte der erste polnische Papst Karol Wojtyla, der als Johannes Paul II. ganze 27 Jahre die Kirche leitete und damit das zweitlängste Pontifikat der Kirchengeschichte nach Papst Pius IX. aufweisen konnte. Im Falle Leos XI. wurde der römische Kardinal Camillo Borghese als Nachfolger gewählt, der als Paul V. 16 Jahre regieren konnte und dessen Grab wir in der Cappella Paolina in Santa Maria Maggiore sehen werden.

Nur wenige Meter weiter geradeaus erreichen wir links das Grabmal für Papst Innozenz VIII. (Nr. 65)

Innozenz VIII. (1484 – 1492) – das einzige Papstgrabmal aus Alt-Sankt-Peter

Giovanni Battista Cibo aus Genua

Zeitlich geht es nun noch weiter zurück in das Ende des 15. Jahrhunderts. Nachdem Papst Sixtus IV. am 12. August 1484 gestorben war, gelang es dem damaligen Kardinal Giuliano della Rovere (dem späteren Papst Julius II.), mit dem völlig korrupten Kardinalskollegium die simonistische Wahl Innozenz' VIII. durchzusetzen. Dieser stammte aus angesehenem Genueser Geschlecht, war von mittlerer Größe und kräftiger Gestalt. Er besaß zwar ein leutseliges Wesen, war aber unselbständig, entscheidungsschwach, energielos und häufig krank. Schenkt man der Bewertung Kühners Glauben, so gehört Innozenz zu den *„erbärmlichsten und charakterlosesten Figuren, die je die Tiara getragen haben"*, ein Mensch ohne jede Bildung, allein an Geld, Geld und nochmals an Geld interessiert. Die desolaten Finanzen besserte er vor allem durch den Verkauf z.T. neu geschaffener Ämter auf und musste zwischendurch sogar seine Mitren und seine Tiara verpfänden.

Der Papst hatte 16 Kinder, die er verschwenderisch mit Geld und Pfründen ausstattete. Sein Lieblingssohn war Franceschetto *(„Fränzchen"),* der aus der Verbindung des Papstes mit einer heißblütigen Neapolitanerin hervorging. Dieser war ein Tu-Nicht-Gut, ein Trinker und Spieler, der sein Geld bei Kurtisanen verprasste und es sich auf Kosten seines päpstlichen Vaters gut gehen ließ. Mit einem Freund zog er durch Rom, brach in Häuser ein und vergewaltigte Frauen. Aus reiner Macht- und Geldgier verheiratete der Papst diesen Sohn mit einer Tochter Lorenz' des Prächtigen aus Florenz – für dieses „Entgegenkommen" des Medici-fürsten wurde der uneheliche Stiefbruder seiner Gemahlin im Alter von 14 Jahren zum Kardinal ernannt – Giovanni de' Medici sollte 20 Jahre später als Papst Leo X. den Stuhl Petri besteigen.

Innozenz war ein besonderer Förderer der Inquisition und der Hexenverfolgung. Im Jahre 1484 erließ er die sog. „Hexenbulle" *Summis desiderantes affectibus* und ermöglichte dadurch die furchtbarsten Hexenverfolgungen aller Zeiten. Der Papst habe erfahren, dass *„vor allem in Deutschland sehr viele Personen beiderlei Geschlechts vom katholischen Glauben abfallen, indem sie mit dem Teufel fleischliche Bündnisse eingingen".* Die deutschen Dominikanerpatres Jakob Sprenger und Heinrich Kramer (lat. Institoris), Verfasser des *Malleus Maleficarum,* besser bekannt als der „Hexenhammer", erhielten dadurch unbegrenzte Vollmacht bei der Verfolgung ihrer barbarischen Ziele. Nicht weniger grausam ging der Papst gegen die Juden vor. Gleich nach seiner Wahl und noch bevor er auf einem weißen Pferd zur Besitzergreifung der Lateranbasilika ritt, hat er die öffentliche Huldigung der römischen Juden erzwungen.

Innozenz war zudem der erste Papst, der mit der „Hohen Pforte", also mit dem Osmanischen Reich, vertragliche Beziehungen pflegte. Im März des Jahres 1489 ließ er den türkischen Thronprätendenten Cem für eine hohe Geldsumme im Vatikan festhalten, weil dieser in Nachfolgestreitigkeiten mit dem herrschenden Sultan Bayezid II. verwickelt war. Zum Dank erhielt er aus den Händen des Sultans die hl. Lanze des Longinus, die heute noch in einem der Kuppelpfeiler der Petersbasilika als Reliquie verwahrt wird – Longinus war ja der Soldat, der mit einer Lanze die Seite Christi am Kreuz durchbohrt hatte (Joh 19, 33-34).

Es war die Zeit, in der die *„Feinde des Glaubens",* also die Türken, immer näher rückten – das Ende Ostroms war ja erst gut 30 Jahre her. Dadurch befürchtete man die Bedrohung der abendländischen Zivilisation durch die *„orientalische Frage".* Innozenz rief die Fürsten Europas dazu auf, Gesandte nach Rom zu einem gemeinsamen „Türkenkriegskongress" zu entsenden. Die Eintreibung eines *„Kreuzzugszehnten"* in der christlichen Welt sollte die finanzielle Basis für diese Pläne bilden, die freilich nie in die Tat umgesetzt wurden.

Als wichtigstes außenpolitisches Ereignis während des Pontifikats sollte man die Eroberung Granadas im Januar 1492 durch Ferdinand den Katholischen erwähnen. Damit war die Macht des Islam auf der Iberischen Halbinsel gebrochen, die knapp 800jährige muslimische Herrschaft in Spanien ging zu Ende. Um dieses Ereignis gebührend zu feiern, ließ der spanische Kardinal Alejandro de Borja (der spätere Papst Alexander VI.) zum ersten Mal in Rom einen Stierkampf aufführen. Im August desselben Jahres brach Christoph Kolumbus zur Entdeckung Amerikas in die Neue Welt auf.

Trotz aller Grausamkeiten und politischer Ränkespiele war Innozenz ein Förderer von Malern wie Perugino und Pinturicchio. Letzteren ließ er die Loggia des Belvedere im Vatikan mit Stadtansichten von Rom, Mailand, Florenz, Venedig und seiner Vaterstadt Genua ausmalen. Restaurationsarbeiten gab er an der Engelsburg und an zahlreichen Kirchen in Auftrag. Nachdem bei Grabungen ein antiker Sarkophag mit einer konservierten Mädchenleiche gefunden wurde, nahm nun die Begeisterung für alles Antike in Rom volle Fahrt auf und führte so wenige Jahre später zum Aufblühen der Renaissance, in der man die Antike von Grund auf verherrlichte und zum Maßstab aller Dinge machte. Unter Innozenz erlebte auch das klassische Drama eine Wiederbelebung. So wurden im päpstlichen Jagdschloss, der Villa Magliana, Lustspiele von Terentius und Plautus aufgeführt. Die Frührenaissance datieren die Historiker in der Regel ab dem Jahr 1400, als es in Florenz zu einem

Wettbewerb zwischen Lorenzo Ghiberti und Filippo Brunelleschi kam. Mit der Entdeckung der Zentralperspektive war es möglich, auf der zweidimensionalen Malfläche die Illusion eines dreidimensionalen Raumes zu erzeugen.

Häufig hatte man in Rom die Nachricht vom Tod des Papstes verbreitet, er rappelte sich indes immer wieder auf und konnte noch einige Zeit weiterregieren. Es gibt auch eine Legende, wonach man den Papst vor dem nahenden Tod retten wollte, indem man drei gesunde junge Männer ausbluten ließ und dem Papst deren Blut zum Trank gereicht habe. Tatsächlich starb der Papst nach 5tägigem Todeskampf am 25. Juli 1492. Es heißt, der Florentiner Dominikanerpater Savonarola habe sein Sterbedatum exakt vorhergesagt, was diesem wortgewaltigen Prediger und Kritiker der römischen Zustände weiteren Zulauf verschaffte.

Das monumentale Bronzegrabmal von Antonio Pollaiuolo im hinteren linken Seitenschiff des Petersdoms ist das einzige Grabmal, das noch aus der alten Peterskirche stammt und erst 1621 an dieser Stelle angebracht wurde – die Größenverhältnisse zeigen, dass die ursprüngliche Basilika deutlich kleiner war, so dass dieses Grabmal heute im Vergleich zu vielen anderen eher klein wirkt. Auch die Inschrift auf schwarzem Basalt ganz unten erwähnt, dass es aus Alt-Sankt-Peter stammt: *„monumentum e vetere basilica huc translatum"*. Es ist zudem das erste Grabmal, auf dem ein Papst zweimal dargestellt ist: Die Figur des Papstes liegt auf dem Sarkophag *(gisant)*. Der Sarg selbst ist leer, die sterb-

lichen Überreste des Papstes wurden in den Grotten von Sankt Peter beigesetzt. Etwas erhöht sitzt die Papstgestalt segnend auf einem Thron, in der Linken hält sie die Spitze einer kleinen Lanze, Hinweis auf das bereits erwähnte Geschenk des türkischen Sultans Bayezid II. Die Statue ist umrahmt von Bronzereliefs mit den vier Kardinaltugenden *(sapientia, fortitudo, iustitia und temperantia)*. Links unten sieht man die Weisheit mit dem Szepter, darüber den Mut mit Schwert und Kugel. Auf der rechten Seite sehen wir unten die Mäßigung mit einem Spiegel und einer Schlange, darüber dann die Gerechtigkeit mit der Waage in der Hand. Diese Reliefs gehören zu den Meisterwerken des Quattrocento.

Detail: Sarkophag mit der liegenden Papstfigur

Vor allem die segnende Papstgestalt diente jahrhundertelang als Vorbild einer langen Reihe von Papststatuen bis hin

126

zu Bernini und Canova. Über dem Papst erkennt man die Madonna mit dem Jesuskind, umrahmt vom Engel der Verkündigung (Geburt Christi) und einer Frauengestalt mit Kreuz und Gral (Passion Christi). Den krönenden Abschluss des Grabmals bildet das päpstliche Wappen oben im Tympanon.

Wenn wir nun weiter Richtung Ausgang gehen, kommen wir rechts in eine Kapelle, wo man unter dem Altar in einem Glasschrein die sterblichen Überreste des Hl. Papstes Pius' X. sieht – jetzt sind wir zeitlich gut 400 Jahre später am Beginn des 20. Jahrhunderts angelangt (Nr. 67).

Hl. Pius X. (1903 – 1914) – der „Antimodernistenpapst"

Giuseppe Sarto aus Riese (bei Treviso)

Der greise Leo XIII. schloss am 20. Juli 1903 im hohen Alter von 93 Jahren die Augen und die Kardinäle traten zu einem nur viertägigen Konklave zusammen, wo zum letzten Mal das Recht der sog. „Exklusive" in Anspruch genommen wurde: Franz-Joseph, Kaiser von Österreich-Ungarn, ließ über den Erzbischof von Krakau, das ja damals zur k.u.k. Monarchie gehörte, gegen die Wahl des Staatssekretärs Leos XIII., Kardinal Rampolla, Einspruch erheben. Auf diese Weise kam am 4. August 1903 ein Mann auf den Stuhl Petri, der aus einfachsten bäuerlichen Verhältnissen aus der Provinz Treviso stammte, wenig gebildet und vor allem nicht sonderlich klug war und sich eher als Seelsorger denn als Politiker oder Diplomat verstand. In seinem kirchlichen Werdegang hatte er es aber doch zum Bischof von Mantua und später zum Patriarchen von Venedig gebracht – sein

Wappen mit dem geflügelten Markuslöwen und dem Anker in den Wellen weist auf seine Zeit in der Lagunenstadt hin.

Hatte sich die Welt auf eine Fortsetzung des fast als liberal zu bezeichnenden Papstes Leos XIII. gefreut, so sollte sie bald eines Besseren belehrt werden. Pius war von großer Willenskraft und führte sein Amt überaus autoritär. Er kehrte nach 25 *„Leo-Jahren"* zur unbeugsamen Haltung Pius' IX. zurück, war zwar anfänglich an einer Aussöhnung zwischen Italien und der Kirche interessiert, sehr rasch wurde er in dieser Frage aber polemisch-defensiv. Bei seinem Amtsantritt soll er gesagt haben: *„Von Politik verstehe ich nichts, mit der Diplomatie habe ich nichts am Hut, meine Politik ist dieser da"* – und zeigte mit der Hand auf Jesus am Kreuz.

Eine seiner ersten Amtshandlungen war die Konstitution *Commissum Nobis* aus dem Jahre 1904, in der er unter Androhung der Exkommunikation jedwede Einmischung politischer Kräfte in künftige Papstwahlen verbot, wie dies über Jahrhunderte fast Gang und Gäbe gewesen war.

Pius X. war ein Mann, dem alle modernen Entwicklungen suspekt erschienen, dem aber besonders das Sakrament der Eucharistie am Herzen lag. So betonte er immer wieder die Rolle des Priesters als Stellvertreter Christi am Altar, der dort das unblutige Kreuzesopfer vollziehe und als solcher auch berechtigt sei, jeglichen Prunk zu tragen – alles zur höheren Ehre Gottes *(ad maiorem Dei gloriam)*. Für ihn gab es einen enormen Unterschied zwischen dem geweihten

Priester und dem einfachen Laien – ein Unterschied, der erst durch das 2. Vaticanum 60 Jahre später nivelliert bzw. vielfach außer Acht gelassen wurde, was letztlich in heutiger Zeit z.B. zur Forderung der Frauenpriesterweihe führte, wie sie von Vertreterinnen der feministischen Bewegung Maria 2.0 ins Feld geführt wird. Der Papst wollte auch bereits kleine Kinder im Alter von 10 Jahren zum Empfang der Eucharistie zulassen und setzte den Zeitpunkt der Firmung, die bislang als Vollendung der Taufe gesehen wurde, nach der Erstkommunion.

Mit seinem Motu proprio *Tra le sollecitudini* widmete er sich dem Thema der Kirchenmusik: Sopran- und Altstimmen sollten in den Kirchen nur von Knaben gesungen werden – er verbot damit die über Jahrhunderte übliche Beschäftigung von Kastraten. Auch war ihm Musik, die aus dem Opernhaus oder dem Konzertsaal stammte, ein Gräuel im Gottesdienst – er propagierte wieder den altehrwürdigen Gregorianischen Choral, der auf Papst Gregor den Großen zu Beginn des 7. Jahrhunderts zurückgeht und somit ein über 1200 Jahre altes musikalisches Erbe der Kirche war.

Gegen den Zeitgeist erließ er – wie sein Vorvorgänger – den sog. *Kleinen Syllabus*, eine Liste verbotener Schriften und Irrtümer. Auf diese Weise wollte der Papst bestimmen, was der Katholik zu lesen und zu denken hatte. Missliebige Wissenschaftler und Theologen ließ er bespitzeln und dem Hl. Offizium, der Nachfolgebehörde der Inquisition, vorführen, die dort keinerlei Möglichkeit zur Verteidigung hatten. Bereits im Jahre 1907 erließ er die Antimodernisten-Enzyklika

Pascendi Dominici gregis, mit welcher er nicht konforme Theologen verteufelte. Mit der Schaffung einer Art *„Kurial-Gestapo"* unter Leitung seines Unterstaatssekretärs Umberto Benigni trug der Papst die Hauptverantwortung für die weitere Vergiftung der Atmosphäre zwischen Kirche und Gesellschaft. Ab dem 1. September 1910 musste jeder Priester vor seiner Weihe den sog. *„Antimodernisteneid"* ablegen, in dem er sich so auf die harte und unbeugsame Linie des Papstes in Fragen zeitgemäßer Entwicklungen einließ. In allen „modernen Fragen" sah er einen Verlust christlicher Werte und vor allem das Dahinschwinden des Einflusses der katholischen Kirche. Den Modernismus bezeichnete er als *„Sauerteig der häretischen Verderbnisse"*. Mit seiner Enzyklika *Editae saepe* vom Mai 1910 beleidigte er die Protestanten auf unschöne Art und Weise und gefährdete so fast den Konfessionsfrieden in Deutschland.

Am 28. Juni 1914 kam es durch das Attentat auf den österreichischen Erzherzog Franz Ferdinand in Sarajewo zum Ausbruch des Ersten Weltkrieges. Der Papst stand dabei fest an der Seite Österreichs und billigte ein scharfes Vorgehen gegen Serbien. Die pro-österreichische Haltung des Papstes erklärt sich wohl auch durch die Einflussnahme des österreichischen Kaisers bei seiner Wahl im Jahre 1903. Knapp zwei Monate nach Kriegsbeginn erlag der Papst einem Herzinfarkt.

Er wurde – wie dies inzwischen üblich war – in den Grotten von St. Peter beigesetzt. Papst Pius XII. sprach ihn im Jahre 1951 selig und 1954 heilig – somit war er *„zur Ehre der*

Altäre" erhoben. Sein Leichnam wurde aus dem Grab geholt und ruht nun in dieser Seitenkapelle in einem Glasschrein unter dem Altar. Pius X. war nach Jahrhunderten wieder der erste Papst, der heiliggesprochen wurde. Inzwischen gibt es eine wahre „Inflation" von heiliggesprochenen Päpsten, wie man an Johannes XXIII., Paul VI. und Johannes Paul II. sehen kann.

Grabaltar mit den sterblichen Überresten des hl. Pius X. (Nr. 67)

Die von ihm ernannten Kardinäle haben eine Monumentalfigur gestiftet, die direkt gegenüber dem Grabmal Innozenz' VIII. steht. Beiderseits des früheren Aufgangs zur Kuppel erkennt man zwei Bronzereliefs: links einen Engel, der dabei

Monumentalstatue Pius' X.
im hinteren linken Seitenschiff von St. Peter (Nr. 64)

ist, den Gläubigen die hl. Kommunion zu reichen (Hinweis
auf die besondere Bedeutung der Eucharistie im Pontifikat
dieses Papstes), rechts einen Engel, der die Gläubigen an
die regelmäßige Lektüre der hl. Schrift erinnert. Über dem

prachtvollen Bronzetor in der Mitte kann man das Leitmotiv Pius' X. lesen: *INSTAURARE OMNIA IN CHRISTO.*

Beiderseits des Grabaltars befinden sich die Monumente für Papst Johannes XXIII. (rechts, Nr. 66) und Papst Benedikt XV. (links, Nr. 68).

Benedikt XV. (1914 – 1922) – der „Friedenspapst" des 1. Weltkriegs

Giacomo della Chiesa aus Genua

Der Erste Weltkrieg wütete bereits zwei Monate, als sich die Purpurträger nach dem Tode Pius' X. im Vatikan versammeln mussten, um einen Nachfolger für diesen autoritären und in Fragen des aktuellen Zeitgeschehens in jeder Hinsicht unbeugsamen Papstes zu wählen. Obwohl Kardinal della Chiesa von seinem Vorgänger nicht sonderlich geschätzt wurde, ernannte er ihn zum Erzbischof von Bologna. Nach schwierigem Konklave wurde er im 10. Wahlgang auf den Stuhl Petri gewählt und nannte sich – wohl in der Tradition seines großen und hochgeschätzten Vorgängers aus der Mitte des 18. Jahrhunderts Benedikt XV. Der neue Papst stammte aus altem Genueser Adel, war nach konservativen Päpsten wie Pius IX. und Pius X. ein politisch wie gesellschaftlich eher aufgeschlossener Pontifex, der erst wenige

Monate vor seiner Wahl in den Kardinalsstand erhoben worden war.

Die Kriegswirren überschatteten die ersten Jahre seines Pontifikats. Obwohl Benedikt persönlich auf der Seite Frankreichs stand, wahrte er strikte Neutralität und bemühte sich außerordentlich um Frieden – ein Engagement, das ein über vier Jahre andauerndes Schlachtgemetzel in Europa leider nicht verhindern konnte. Kurz nach dem Kriegseintritt Italiens in den ersten Weltkrieg im Mai 1915 bezeichnete der Papst den Krieg als *„orrenda carneficina"* (grauenhafte Schlächterei) und forderte in seinem Schreiben *Allorché fummo chiamati* energisch und mit beschwörenden Worten das sofortige Ende des Krieges: *„Im heiligen Namen Gottes, unseres himmlischen Vaters und Herrn, um des gesegneten Blutes Jesu willen, welches der Preis der menschlichen Erlösung gewesen, beschwören Wir Euch, die Ihr von der göttlichen Vorsehung zur Regierung der kriegsführenden Nationen bestellt seid, diesem fürchterlichen Morden, das nunmehr seit einem Jahr Europa entehrt, endlich ein Ziel zu setzen. Es ist Bruderblut, das zu Lande und zur See vergossen wird. Die schönsten Gegenden Europas, dieses Gartens der Welt, sind mit Leichen und Ruinen übersät. Ihr tragt vor Gott und den Menschen die entsetzliche Verantwortung für Frieden und Krieg. Höret auf Unsere Bitte, auf die väterliche Stimme des Vikars des ewigen und höchsten Richters, dem Ihr werdet Rechenschaft ablegen müssen. Die Fülle der Reichtümer, mit denen Gott der Schöpfer die Euch unterstellten Länder ausgestattet hat,* *erlauben Euch gewiss die Fortsetzung des Kampfes. Aber um was für einen Preis? Darauf mögen die Tausende junger Menschenleben antworten, die alltäglich auf den Schlachtfeldern erlöschen".* Während des Krieges war er bemüht, das Kriegsleid zu lindern wo er konnte, so dass der französische Schriftsteller Romain Rolland den Vatikan damals als *„zweites Rotes Kreuz"* bezeichnete.

Im dritten Jahr des Krieges bot er sich in seiner Friedensnote *Dès le début* selbst als Unterhändler und Friedensvermittler an, was freilich ungehört verhallte. Sein Friedensplan sah unter anderem die sofortige Abrüstung, den Verzicht auf Reparationszahlungen, die Rückgabe besetzter Gebiete und die Einrichtung einer übernationalen Schiedsstelle vor, um künftige Streitigkeiten zu schlichten. Doch jede Kriegspartei meinte, sie müsse politisch oder militärisch zu viele Zugeständnisse machen. Nach dem Ende des Krieges setzte er sich intensiv für die Versöhnung aller Völker ein. Den Vertrag von Versailles verurteilte er als *„rachsüchtiges Diktat und Kriegsvertrag"*, der so nicht akzeptiert werden könne und lediglich die Vorbereitung weiterer Konfrontationen bildete (womit er nicht Unrecht hatte). Seine Idee der *„Gemeinschaft aller Völker"* war im Prinzip ein Vorläufer der Vereinten Nationen, die nach dem 2. Weltkrieg im Oktober 1945 mit dem Ziel gegründet wurden, künftig weltweite Kriegsgemetzel ein für allemal unmöglich zu machen. Überaus beschämend für die gesamte Menschheit ist die Tatsache, dass die Vereinten Nationen heute immer noch „zahnlose Tiger" sind, die zur Verhinderung von

Kriegen so gut wie nichts beitragen können – die Ukraine und der Nahe Osten sind aktuelle Beispiele.

Im Jahre 1919 konnte Benedikt endlich an die eigentlichen Regierungsgeschäfte als Papst gehen und hob das Wahlverbot für Katholiken in Italien auf, das Papst Pius IX. 1874 verordnet hatte. Durch die Heiligsprechung von Jeanne d'Arc im Jahre 1920 versuchte er eine vorsichtige Annäherung an Frankreich, nachdem es unter seinem Vorgänger dort im Jahre 1905 zur strikten Trennung zwischen Kirche und Staat gekommen war – noch hatte der Vatikan weder zu Frankreich noch zu Italien offizielle diplomatische Beziehungen. Vor allem hinsichtlich der *questione romana* erkannte der Papst die Zeichen der Zeit und gab bereits erste Vorüberlegungen für eine Aussöhnung zwischen Italien und dem Vatikan in Auftrag. Eine endgültige Lösung der *„römischen Frage"* wurde erst unter seinem Nachfolger Pius XI. durch die Lateranverträge vom 11. Februar 1929 erreicht.

Auch innerkirchlich sorgte der Adlige auf dem Stuhl Petri für Entspannung und Öffnung. In den außereuropäischen Missionsgebieten förderte er die Ausbildung einheimischer Priester und Ordensleute und errichtete an der Kurie eine eigene Behörde für die mit Rom unierten Ostkirchen. Im Jahre 1917 erhielt endlich auch der Codex Iuris Canonici (CIC) Gesetzeskraft. Diese Fassung des Gesetzbuchs des Kirchenrechts der römisch-katholischen Kirche war bis zur Änderung durch Papst Johannes Paul II. im Jahre 1983 in Kraft.

Der Papst starb am 22. Januar 1922 im Vatikan. Nach der Bestattung in einem provisorischen Erdgrab überführte man den Leichnam 1924 in einen gelblichen Marmorsarkophag in die Grotten des Vatikans. Darauf ruht eine liegende Bronzefigur des Papstes in Pontifikalgewändern.

Grab Benedikts XV. in den Grotten von St. Peter

Das Grabmal oben in der Peterskirche, das wiederum die Kardinäle gestiftet haben, die von ihm den Purpur verliehen bekamen, wurde von Pietro Canonica erst 1928 fertiggestellt. Obwohl es den Anschein eines Grabes hat, ist es lediglich ein Kenotaph, also ein leeres Grabmonument. Die Figur des Papstes kniet darauf in demütiger Haltung im Gebet versunken. Er trägt die Chorkleidung mit Talar, Rochett, Mozzetta und Stola und ist weit entfernt von den bombas-

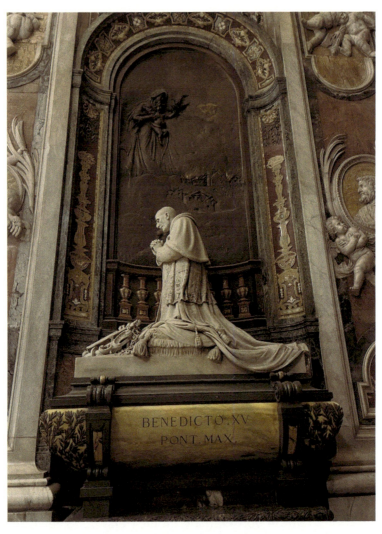

Kenotaph für Benedikt XV. im linken Seitenschiff
des Petersdoms (Nr. 68)

tischen Figuren, die wir in den vergangenen Kapiteln gesehen haben. Vor ihm liegt auf einem Kissen die Hl. Schrift,

die für Benedikt allezeit Richtschnur seiner Entscheidungen gewesen ist.

Im Hintergrund erkennt man ein dunkles Bronzerelief mit Kanonen und einer Stadtlandschaft, aus der die Flammen herausschlagen – Hinweis auf die Gräuel des 1. Weltkrieges. Links davon erhebt sich die Madonna mit dem Kind, das einen großen Ölzweig in der Hand hält – ein deutlicher Hinweis auf die unermüdlichen mahnenden Friedensappelle dieses Papstes.

Benedikts Wirken für den Frieden und sein humanitäres Engagement wurden erst nach Kriegsende allgemein anerkannt, meint der Historiker Ernesti und resümiert: *"Seit dem Wirken des 'Friedenspapstes' Benedikt XV. weiß die Weltöffentlichkeit, dass das Papsttum für Frieden und Völkerverständigung steht"*.

2. Santa Maria Maggiore

Leicht erreichbar ist diese Patriarchalbasilika entweder von der Stazione Termini (über zahlreiche Buslinien und Metro A und B) oder von der Metrostation Cavour der Linie B.

Santa Maria Maggiore ist die größte Marienkirche Roms und eine der vier Patriarchalbasiliken, die alle eine Hl. Pforte *(Porta santa)* besitzen, durch die während der Heiligen Jahre die Besucher die Kirche betreten können. Eine wunderschöne Legende berichtet, dass ein reicher römischer Patrizier namens Johannes zeitgleich mit Papst Liberius im August, also mitten im heißen römischen Sommer des Jahres 358 n. Chr. einen Traum hatte, in dem beiden die Madonna erschien und sie aufforderte, auf dem Esquilin eine Kirche zu ihren Ehren zu erbauen, und zwar genau an der Stelle, an der sie am folgenden Tage Schnee auf dem römischen Hügel vorfinden würden. Der Papst sei dann am 5. August 358 hinauf auf den Esquilin gezogen und habe mit seiner Ferula bereits die Grundrisse der ersten Basilika in den Schnee eingeritzt. Aus diesem Grund führt die Kirche auch die Bezeichnung *Sancta Maria ad nives* (Mariä Schnee) oder auch *Basilica Liberiana* (nach Papst Liberius).

Nach neuesten Untersuchungen soll die Kirche erst im 5. Jahrhundert im Gefolge des Konzils von Ephesus (431 n. Chr.) errichtet worden sein. Dort wurde das Dogma der *theotokos* verkündet: Dass Maria Gottesgebärerin, also wahre Mutter Jesu Christi ist, wurde damals zum verbindlichen Glaubenslehrsatz erhoben. Mit der Errichtung einer Kirche zu Ehren Mariens konnten die Päpste so auch Muttergottheiten wie Isis oder Kybele, die teilweise noch verehrt wurden, aus dem Glaubensgut des einfachen Volkes verdrängen.

Im Laufe der Jahrhunderte erfolgten verschiedene An- und Umbauten. 1377 wurde der mächtige romanische Campanile errichtet, der spanische Papst Alexander VI. stiftete Ende des 15. Jahrhunderts die herrliche Kassettendecke, die mit dem ersten Gold überzogen wurde, das aus den neuen Kolonien Südamerikas nach Rom gebracht worden war. Die Päpste Sixtus V. und Paul V. ließen die jeweils nach ihnen benannten Kapellen errichten. Erst Mitte des 18. Jahrhunderts wurde der Innenraum im Sinne einer einheitlichen barocken Gesamterscheinung neugestaltet.

Jeder Rombesucher kennt die Sixtinische Kapelle im Vatikan, *„die schönste Wahlkabine der Welt"*, in der seit 1878 alle Papstwahlen stattfinden. Aus einem Kamin, der an dem schlichten Dachstuhl angebracht wird und vom Petersplatz aus gut sichtbar ist, kommt nach jedem Wahlgang entweder schwarzer oder weißer Rauch, je nachdem, ob einer der Kardinäle in der Kapelle die notwendige Zwei-Drittel-Mehrheit der Stimmen auf sich vereinigen konnte, worauf sich das berühmte *Habemus Papam* von der Benediktionsloggia des Petersdoms anschließt. Hier geht es aber nicht um diese Kapelle, die auch wegen der Fresken Michelangelos an Decke und Altarwand weltberühmt ist, sondern um die *Cappella Sistina* im rechten Querschiff von Santa Maria

Maggiore, in der sich die Gräber der Päpste Pius' V. (1566-1572) und Sixtus' V. (1585-1590) befinden. Letzterer ließ die Kapelle von seinem Baumeister Domenico Fontana 1586 errichten.

Zwei weitere Grabmäler finden wir im linken Querschiff mit Clemens VIII. (1592-1605) und Paul V. (1605-1621) in der *Cappella Paolina*. In dieser Sakramentskapelle ist eine Besichtigung bisweilen etwas schwierig, weil dort häufig Messen gefeiert werden – auch sollte man sich wegen des Tabernakels möglichst ruhig und dezent verhalten – eigentlich ist die Kapelle dem Gebet vorbehalten.

Der interessierte Besucher sollte nicht versäumen, rechts neben dem Abgang zur Confessio die überaus schlichte Grabplatte eines der größten architektonischen Genies des 17. Jahrhunderts zu würdigen – hier liegt Gian Lorenzo Bernini begraben. Wenn man in die Confessio hinabsteigt, so sieht man in einem üppig verzierten Goldschrein einige Holzstücke. Die Überlieferung will es, dass es sich hierbei um Teile der Krippe von Bethlehem handelt. Davor kniet überlebensgroß die betende Statue Papst Pius' IX., der diese Krippenreliquien besonders verehrte (siehe auch Abb. S. 323). Ein Blick auf das großartige Apsismosaik aus dem 13. Jahrhundert zeigt die Verherrlichung Mariens als Gottesgebärerin *(theotokos)*, Hinweis auf das Dogma, das auf dem Konzil von Ephesus im Jahre 431 verkündet wurde. Maria sitzt dabei auf demselben (verbreiterten) Thron wie ihr Sohn und erhält von ihm eine Krone. Darunter erkennt man den Tod Mariens – Jesus hinter ihr hält ein kleines Kind in den Armen – dies ist das Sinnbild der Seele Mariens, die die sterbliche Hülle der Gottesmutter verlassen hat. Auf dem Triumphbogen finden sich zahlreiche Szenen aus dem Leben der Madonna (z.B. die Huldigung der drei Weisen, der Kindermord zu Bethlehem oder die Flucht nach Ägypten). In der *Cappella Paolina* wird das alte römische Gnadenbild der *Salus Populi Romani* verehrt, darüber sieht man ein Relief, auf dem die Legende vom Schneewunder festgehalten ist: Papst Liberius ist gerade dabei, mit seinem Stab die Grundrisse der ersten Kirche in den Schnee zu zeichnen.

Wunder sind ja so eine Sache, und Schnee im Hochsommer in Rom eine eher ungewöhnliche Erscheinung. Das Ganze könnte aber der Wahrheit sehr nahekommen, wenn man sich klar macht, dass es auch im Hochsommer immer wieder schwere Gewitter mit Hagel gibt – warum sollte in der besagten Nacht nicht ein heftiges Gewitter mit großen Hagelkörnern niedergegangen sein, so dass Liberius und Johannes am Morgen danach tatsächlich „Schnee" vorgefunden haben?

Wenden wir uns zunächst den Gräbern in der *Cappella Sistina* im rechten Querschiff zu.

Hl. Pius V. (1566 – 1572) – der Papst der „tridentinischen Messe"

Michele Ghislieri aus Bosco Marengo bei Alessandria

Allein einen dicken Band mit über 600 Seiten widmet Ludwig von Pastor diesem in vielerlei Hinsicht außergewöhnlichen Papst. Er ist 1504 in ärmlichsten Verhältnissen in der Nähe von Alessandria geboren, trat bereits als 14jähriger dem Orden der Dominikaner bei und war in seiner Zeit wohl das Idealbeispiel eines frommen Ordensmannes – er *„habe die Armut geliebt, nicht aber den Schmutz"*. In der Nähe zur inzwischen protestantisch gewordenen Schweiz war er Großinquisitor in Como und zeichnete sich durch eiserne Willenskraft aus – leider gingen auch zahlreiche Todesurteile auf sein Betreiben zurück.

Nach dem Tod seines Vorgängers Pius IV., der das Tridentinische Konzil 1563 zu Ende brachte, wählten die Kardinäle nach einem Monat Sedisvakanz Kardinal Ghislieri durch

Zuruf, was in früheren Zeiten möglich war. Das Konklave wurde streng gegen Einmischungen von außen abgeschirmt, lediglich der junge Mailänder Kardinal Karl Borromäus übte starken Einfluss auf die Wahl aus. So kam Pius V. weder durch Simonie noch durch Fürstengunst auf den Stuhl Petri. Unmittelbar nach seiner Wahl soll er ausgerufen haben: *„Ich hoffe so zu regieren, dass die Trauer bei meinem Tod größer sein wird als bei meiner Wahl".* Er war hager, hatte kahles Haupt, schneeweißen Bart und war von mittlerer Größe. Im Alter von 62 Jahren wirkte er bereits wie ein Tattergreis, machte den Eindruck eines strengen Asketen und wurde von Zeitgenossen als *„Mensch von Haut und Knochen beschrieben".* Auch nach seiner Wahl legte er seine raue Mönchskutte nie ab. Er schlief wenig, stand sehr früh auf, zelebrierte täglich die Messe und war bei Tisch überaus genügsam.

Pius war ein religiöser Eiferer, völlig vergeistigt und schien von allem Irdischen gelöst (Kühner berichtet, *„dass er von Politik überhaupt nichts verstand und keinerlei diplomatisches Geschick besaß")*. Sein Hauptziel war es, die Beschlüsse des Konzils von Trient in die Tat umzusetzen. Am Aschermittwoch erteilte er den Gläubigen stundenlang das Aschenkreuz und ließ die Tradition des Besuchs der sieben Hauptkirchen Roms zu Fuß wieder aufleben. In der Karwoche zog er sich völlig zurück, um mit dem Leiden Christi allein zu sein. An großen Festtagen trug er selbst stundenlang die Monstranz durch die Straßen Roms. Extrem hart und unbeugsam griff er jedoch durch, wenn es um Vergehen gegen die katholischen Grundsätze ging. Gotteslästerung, Störung des Gottesdienstes, Ehebruch, Prostitution und Homosexualität wurden mit drakonischen Strafen geahndet, Ketzerei war für ihn Ausdruck einer pervertierten Gesellschaft.

Obwohl er im Zeitalter des *rinascimento* lebte, wie die Renaissance in Italien genannt wird, hatte er für die Kunstschätze der Antike keinerlei Sinn. So verschenkte er zahlreiche antike Statuen an das Volk, weil er der Meinung war, *„ein Papst solle nicht von heidnischen Figuren umgeben sein".* Seine Bautätigkeit in Rom blieb fast ausschließlich auf Kirchenbauten beschränkt, wo er sich u.a. um den Ausbau von *Santa Maria degli Angeli* in den Thermen des Diokletian, *Santa Maria in Traspontina* an der heutigen Via della Conciliazione und den Weiterbau der Peterskirche kümmerte. Michelangelo als leitender Architekt des Neubaus starb ja zwei Jahre vor seiner Thronbesteigung, Pius duldete aber nicht die geringste Abweichung von den Plänen des verstorbenen Genies.

Innerkirchlich lag dem Papst in erster Linie die strenge Bewahrung der katholischen Lehre am Herzen. Er gab den Katechismus neu heraus und schuf so eine einheitliche Grundlage für die Glaubensunterweisung. Mit der Reform des priesterlichen Breviers stellte er den alten Brauch wieder her, veröffentlichte einen neuen Index verbotener Bücher und war besonders um die Errichtung von Priesterseminaren zur gründlicheren Ausbildung des Klerus bemüht. Im Jahr 1570 verordnete er mit seiner Bulle *„Quo Primum"* das

„Missale für alle Zeiten", ein Messbuch, das der lateinischen („tridentinischen") Messe für alle Zeiten Gültigkeit geben sollte. Er untersagte darin, dass sie je modifiziert oder gar abgeschafft würde. Papst Paul VI. hat im Zuge der Liturgiereform nach dem 2. Vatikanischen Konzil (1962-1965) alle diesbezüglichen Verfügungen seiner Vorgänger aufgehoben und trägt letztlich die Schuld daran, dass die Auseinandersetzungen zwischen Traditionalisten und Modernisten in der Kirche bis zum heutigen Tage kein Ende finden. Durch die Reformen bezüglich der Messe wurden dem liturgischen Wildwuchs Tür und Tor geöffnet, so dass heute jeder Priester praktisch nach eigenem Gutdünken die hl. Messe gestalten kann, was bisweilen zu skurrilen Formen führt.

Zur Stärkung der Inquisition, die ja vor seiner Wahl eine seiner Aufgaben war, ließ Pius in Rom und anderen Städten viele *Autodafés* veranstalten: Mutmaßliche Häretiker wurden öffentlich vor den Scheiterhaufen gezerrt und mussten ihrem Unglauben abschwören, bevor sie geköpft oder verbrannt wurden. Mit großem Pomp und riesiger Zuschauermenge wurden solche Spektakel vor allem auf dem Vorplatz von Santa Maria sopra Minerva veranstaltet. Als in den spanischen Niederlanden innerhalb von sechs Jahren 18.000 Häretiker hingerichtet wurden, fand dies die öffentliche Zustimmung und den Beifall des Papstes. Mit der Bulle *Hebraeorum Gens* vom 26. Februar 1569 ging er ganz besonders hart gegen die Juden vor. Er bezeichnete sie als Wucherer, die Dieben Unterschlupf böten und Kupplerdienste leisteten. In Rom mussten sie im ummauerten Ghetto leben, Abzeichen zur leichteren Erkennung tragen, durften keinen Grund und Boden besitzen und kein katholisches Dienstpersonal beschäftigen. Viele Juden ließen sich zwangsläufig taufen, um den entsetzlichen Schikanen zu entgehen, die dieser Papst angeordnet hatte.

Schließlich ging er hemmungslos gegen die protestantischen Waldenser vor: Im kalabrischen Dorf *Guardia Piemontese* in der Provinz Cosenza ließ er 2000 „Ketzer" massakrieren – noch heute befindet sich in diesem Ort die *„Porta del Sangue",* das Stadttor des Blutes. Im Jahr 2016 erhielt diese 2000-Seelen-Gemeinde in Süditalien den Ehrentitel *„Reformationsstadt Europas"* von der Gemeinschaft der Evangelischen Kirchen Europas zuerkannt. Zudem unterstützte der Papst die französischen Katholiken im Kampf gegen die Hugenotten, was letztlich zum Massaker in der berüchtigten Bartholomäusnacht vom 23. auf den 24. August 1572 führte, wo über 3000 Hugenotten grausam ermordet wurden – der Papst selbst erlebte diesen Massenmord nicht mehr, er war bereits am 1. Mai zuvor gestorben. Wegen seines entschiedenen Kampfes gegen alle Formen der Häresie war es u.a. sein Verdienst, dass der Protestantismus in Italien kaum Fuß fassen konnte.

Im Kampf gegen die Türken fiel in das Pontifikat Pius' auch der Sieg der christlichen Truppen in der Seeschlacht von Lepanto (das heutige *Nafpaktos* im Golf von Patras) am 7. Oktober des Jahres 1571. Pius war der eigentliche Architekt der „Heiligen Liga", einer Allianz des Kirchenstaates mit Spanien unter Philipp II. und den Seerepubliken Venedig und

Genua im Kampf gegen die Türken. Mit diesem Sieg war es vorbei mit dem Mythos, dass die Osmanen unbesiegbar seien. Zum Gedenken an die muslimische Niederlage im Oktober 1571 stiftete Pius das Rosenkranzfest, um für die Fürsprache Mariens während der Schlacht zu danken. Der Tag des Sieges ist bis heute der katholische Gedenktag *Unserer Lieben Frau vom Sieg*, später in *Unsere Liebe Frau vom Rosenkranz* umbenannt.

Der Papst starb am 1. Mai 1572 im Alter von 68 Jahren. Seine vorläufige Beisetzung erfolgte in der Andreaskapelle des Petersdoms, obwohl er eigentlich die Absicht hatte, in seinem piemontesischen Heimatort bestattet zu werden. Sein 2. Nachfolger Papst Sixtus V. war ein großer Verehrer Pius' V. und ließ ihm in Santa Maria Maggiore ein ehrenvolles Grabmal errichten – die Übertragung des Leichnams erfolgte im Jahr 1588. Sixtus leitete auch den Prozess der Heiligsprechung ein, die Kanonisation wurde aber erst unter Papst Clemens XI. über 120 Jahre später im Jahre 1712 vollzogen.

Das Grabmal auf der linken Seite der *Cappella Sistina* wirkt wie eine große Ruhmeswand zu Ehren des Verstorbenen. In der Mitte sitzt über dem Sarkophag die segnende Gestalt des Papstes im Pontifikalornat wie ein Kirchenlehrer, hinter der Tiara erhebt sich als Gloriole ein Strahlenkranz. Die Inschrift darunter auf schwarzem Marmor erinnert daran,

Grabmal Pius' V. in der Cappella Sistina

dass Sixtus V. als Franziskaner dieses Grab für Pius V. als Dominikaner gestiftet hat. Das Relief links davon zeigt die Übergabe des Oberbefehls für die Seeschlacht von Lepanto an Marcantonio Colonna, darüber erkennt man eine Szene dieser Schlacht mit kämpfenden Matrosen und Galeeren. Auf der rechten Seite unten übergibt der Papst den Marschallstab an Gaspard de Saulx, darüber erkennt man die von ihm geleitete Schlacht, die zum Sieg der Katholiken über die Hugenotten bei Moncontour (bei Poitiers) im Oktober 1569 führte. Beide Seiten sind also dem *„Triumph der Kirche über die Glaubensfeinde"* gewidmet und somit vollkommen kongruent. Das Relief oben in der Mitte zeigt die Krönung des Papstes nach seiner Wahl. Das ganze Grabmal wird überragt vom päpstlichen Wappen und der Tiara mit den Schlüsseln.

Wenn ein Mensch in der katholischen Kirche heiliggesprochen wird, so lautet ein Teil des entsprechenden Dekrets, dass er *„zur Ehre der Altäre erhoben"* und sein Name dem Verzeichnis der Heiligen vom Papst beigefügt wird. Aus diesem Grund ist der Leichnam des Papstes seit 1712 in einem gläsernen Schrein unter der Papstfigur ausgestellt. Er ist angetan mit rotem Messgewand – rot ist traditionell die Trauerfarbe der Päpste.

Beiderseits der prächtigen Ruhmeswand stehen in den Nischen zwei Statuen: Rechts ist es der Gründer des Predigerordens, der Hl. Dominikus mit einem Buch, links der Hl. Petrus Martyrius mit der Märtyrerpalme.

In der Mitte der *Cappella Sistina* steht ein bombastischer Tabernakel aus vergoldeter Bronze, der von vier Engeln getragen wird. Davor führt eine Treppe zur Krypta, in der die Gebeine des Kirchenlehrers Hieronymus ruhen, dessen berühmtes Werk die Vulgata war, die im Mittelalter weitverbreitete lateinische Fassung der Bibel.

Wenden wir uns nun dem Grabmal von Sixtus V. zu, das genau gegenüber demjenigen von Papst Pius V. steht.

Sixtus V. (1585 – 1590) – der „Restaurator Urbis"

Felice Perretti di Montalto aus Grottamare bei Pesaro

„Mit dem Franziskanermönch Felice Peretti di Montalto aus Grottammare (in den Marken zwischen Ancona und Pescara gelegen) *bestieg eine in jeder Hinsicht außergewöhnliche, geniale Persönlichkeit den Stuhl Petri"* – so leitet Ludwig von Pastor das Kapitel über Sixtus V. im 10. Band seiner Papstgeschichte ein. Nach dem Tod seines Vorgängers Gregors XIII. galt die erste Sorge der Kardinäle der Aufrechterhaltung der Ruhe im Kirchenstaat. Man suchte dazu einen Mann aus, der in dieser Hinsicht besondere Fähigkeiten hatte. Obwohl er bei seiner Wahl mit damals 64 Jahren wie ein alter und gebrechlicher Mann wirkte, wird von ihm berichtet, dass er nach seiner Wahl zum Papst den Stock in eine Ecke geworfen und ausgerufen habe, dass es nun *„rasch ans Werk"* ginge. In der Tat war er von einer außerordentlichen Rüstigkeit und Gesundheit und pflegte so schnell zu gehen, dass die alten Kardinäle ihm oft nicht

folgen konnten. Dieser Papst lebte in der Überzeugung, dass *„ihm eine direkte Gewalt über alle Erde verliehen sei".*

Der kleine Felice war schon im Alter von 13 Jahren dem Franziskanerorden beigetreten, studierte in Ferrara, Bologna, Rimini und Siena. Die Kirche war damals die einzige Institution, die einem hochbegabten Jungen die Möglichkeit bot, die sozialen Schranken seiner Herkunft zu überwinden. Früh fiel er durch seine Gewandtheit und Geistesgegenwart auf, war als Priester ein außergewöhnlich guter Prediger, arbeitete als Theologe an den Beschlüssen des Tridentinums mit und wurde schließlich zum General des Franziskanerordens ernannt.

Am 24. April 1585 wurde er per Akklamation (Zuruf) von den Kardinälen gewählt. Sofort nach seiner Wahl gab er seinen Entschluss bekannt, erbarmungslos gegen Banditen und Missetäter vorzugehen. So wird berichtet, dass am Tag seiner Krönung vier junge Männer mit einer Waffe entdeckt wurden, worauf damals die Todesstrafe stand. Man bat den Papst, die jungen Männer an diesem besonderen Festtag in Form einer Amnestie zu begnadigen – ohne jede Regung ließ Sixtus hingegen das Urteil vollstrecken und die jungen Männer noch am selben Tag vor der Engelsburg erhängen – so sollte jedermann vom ersten Tag an sehen, wie durchsetzungsstark der neue Pontifex war.

Er war kräftig gebaut, eher hässlich als schön, mit langem Bart, stark hervortretenden Backenknochen und auffallend dichten Augenbrauen. Eine lange Liste völlig gegensätz-

licher Adjektive kennzeichnet diesen aus einfachsten Verhältnissen stammenden Mann: überaus streng und sparsam, aber auch larmoyant, weinerlich, mildtätig und bisweilen freigebig, selbstherrlich und rücksichtslos bei der Verfolgung seiner Ziele, leicht aufbrausend und zu Zornesaus-
brüchen neigend, majestätisch und im feierlichen Pomp
auftretend, im eigenen Palast aber in größter Bescheidenheit lebend, ein Vielredner mit lebhafter Gestik und leuch-
tenden Augen, dabei bisweilen geistreich und witzig. Er
stand sehr früh auf, schlief nur wenig, kam mit der Hitze des
römischen Sommers schlecht zurecht (schließlich kam er direkt von der Adriaküste der Marken), er aß und trank hektisch und schnell, wie wenn er geahnt hätte, dass ihm für
die Umsetzung seiner Ziele nur wenig Zeit bleiben sollte. Bei
seinen autoritären Auftritten lobte er seine eigenen Verdienste überschwänglich, tadelte seinen Vorgänger mit harten Worten, neigte zu selbstherrlichen Entscheidungen, die
er samt und sonders allein traf. Ein Zeitgenosse beschrieb
ihn so: *„Abbiamo un papa vitreo, col quale bisogna sopra
tutto guardarsi di non urtare."* (Wir haben einen Papst aus
Glas, bei dem man sich vorsehen muss, nicht an ihn zu sto-
ßen). Wenn er seine Hand erhob, wusste man nicht, ob er
seinem Gegenüber drohen oder den Segen spenden wollte.

Im Bereich seiner „Taten" soll hier auf die Bereiche der öffentlichen Sicherheit und seine rege Bautätigkeit näher eingegangen werden, nicht umsonst wird Sixtus V. als *Restaurator Urbis* bezeichnet.

Rom war zu damaliger Zeit von ausuferndem Banditenunwesen geplagt – es wurde alles gestohlen, was nicht niet- und nagelfest war. So ging Sixtus streng gegen Banditen und andere Verbrecher vor und ordnete umgehend auch bei leichten Vergehen die Todesstrafe an, weshalb er auch – neben Julius II. – als *„Papa Terribile"* in die Geschichte einging. Er förderte das Denunziantentum und versprach jedem Banditen die Begnadigung, wenn er mehrere Mitverbrecher zur Anklage brachte. Auf diese Weise gelang es ihm, den festen Zusammenhalt der Banditen untereinander zu sprengen. Jeder, der einen Räuber unterstützte, wurde des Landes verwiesen, auch Herkunft, hohe soziale Stellung oder Verbindungen waren unter diesem Papst nutzlos. Zur Abschreckung ließ er die Köpfe der Enthaupteten vor der Engelsburg ausstellen – somit konnte jedermann sehen, wie es einem Delinquenten ergehen würde. Es wird berichtet, dass im September 1585 mehr Köpfe von Banditen auf dem Ponte Sant'Angelo ausgestellt waren als Melonen auf den Markt gebracht wurden! Die Köpfe der Leichen verpesteten im heißen Sommer die Luft und wurden mit der Inschrift *„Noli me tangere!"* versehen. Mit der Abholzung der Wälder in der Campagna Romana entzog der Papst den Verbrechern ihre Schlupfwinkel und Rückzugsmöglichkeiten. So gelang es ihm, wenigstens für die kurze Regierungszeit von fünf Jahren die öffentliche Ordnung wieder halbwegs herzustellen. Nach seinem Tod flammte das Räuberwesen wieder erneut auf und sollte noch jahrhundertelang vor allem Mittel- und Süditalien zur klassischen Spielwiese der Diebe machen.

Auch gegen andere Übeltäter zog Sixtus zu Felde: Kuppler, Ehebrecher, Wahrsager, Gotteslästerer, Verbreiter falscher Nachrichten und Sonntagsschänder wurden mit drakonischen Strafen belegt. Das Fluchen wurde im Wiederholungsfalle mit dem Durchbohren der Zunge bestraft – die Gefängnisse füllten sich, die Hinrichtungen mehrten sich. Ein Priester und ein Ministrant wurden öffentlich wegen „Sodomie", also homosexuellen Handlungen, verbrannt – seinem Ruf als *„Papa di ferro"* (eiserner Papst) wurde er mit all dieser exzessiven Strenge vollkommen gerecht. Weder hohe Geburt, noch Stellung oder Ansehen schützten vor der päpstlichen Härte.

Auf der anderen Seite war Sixtus darauf bedacht, seine Untertanen gut zu versorgen. Die Römer sollten genug zu essen haben, gewissenlose Bäcker wurden ins Gefängnis geworfen, der Getreidehandel wurde monopolisiert. Mit großen Anstrengungen legte er die Sumpfgebiete im Kirchenstaat trocken, um sie für den Ackerbau nutzbar zu machen. Kühner bezeichnet Sixtus als den *„ersten weitsichtigen Nationalökonomen und Wirtschaftspolitiker auf dem Stuhl Petri"*, der sich um den Ackerbau, die Woll- und Seidenindustrie und die Trockenlegung des Agro Pontino Verdienste erworben hat.

In der Stadt Rom war er es, der die Modernisierung des römischen Straßennetzes energisch vorantrieb. Er war ein großer Marienverehrer, deshalb war die Basilica Santa Maria Maggiore eine seiner Lieblingskirchen in der Ewigen Stadt. Diese Kirche sollte quasi zum Mittelpunkt Roms werden, aus diesem Grund ließ Sixtus nach allen Seiten sternförmig geradlinige Straßen zu weiteren wichtigen Kirchen bauen: Die Via Merulana führt direkt zum Lateran, die Via Carlo Alberto über die Piazza Vittorio Emanuele II. direkt nach Santa Croce in Gerusalemme, die Via delle Quattro Fontane und die Via Sistina führen direkt zur Spanischen Treppe und zur Dreifaltigkeitskirche Trinità dei Monti, die Via Torino direkt nach Santa Susanna. Dabei war dem Papst die Orographie des römischen Stadtgebiets, das traditionell über viele Hügel und kleine Täler verteilt ist, völlig egal, so dass die Straßen bergauf bergab geradlinig verliefen.

Sein größtes Projekt konnte freilich aufgrund der kurzen Regierungszeit nicht mehr ausgeführt werden: Eine *Via Papale*, eine päpstliche Prachtstraße, sollte die traditionelle Bischofskirche des Papstes als Bischof von Rom, nämlich den Lateran, direkt mit der im Bau befindlichen neuen Peterskirche verbinden. Legt man heute das Lineal auf den Stadtplan und verbindet die beiden Kirchen miteinander, so stellt man verwundert fest, dass direkt auf dieser Linie das Colosseum steht – dies sollte nach dem Wunsch des Papstes abgerissen werden, diente es doch schon im Mittelalter als Steinbruch für den Bau zahlreicher umliegender Kirchen. Für die Schönheiten antiker Bauwerke hatte Sixtus keinerlei Verständnis, im Gegenteil: *„er wollte die hässlichen Antiquitäten aus der Stadt der Päpste wegschaffen"*.

Am Ende seiner berühmten Straßen ließ er großzügige Plätze zur Verschönerung der Stadt anlegen, in deren Mitte er jeweils einen Obelisken aufstellen ließ. So gehen die

Obelisken vor dem Lateran, vor Santa Maria Maggiore, vor Trinità dei Monti und auf dem Petersplatz auf seine Initiative zurück. Während der Versetzung des Letzteren an den heutigen Standort ordnete der Papst bei Androhung der Todesstrafe absolutes Schweigen auf der Baustelle vor dem Petersdom an. Die Obelisken wurden ausnahmslos mit christlichen Symbolen verziert, um auf diese Weise den Triumph des Christentums über das Heidentum zu dokumentieren. Der Papst wollte *„die Monumente des Unglaubens an dem nämlichen Ort dem Kreuze unterworfen sehen, wo einst die Christen den Kreuzestod erleiden mussten"*. Besonders sinnfällig wird diese Geisteshaltung an den beiden Säulen von Trajan und Marc Aurel – auf ihrer Spitze ließ er die Kaiserstatuen entfernen und durch Statuen der Apostelfürsten Petrus und Paulus ersetzen.

Über zahlreiche Aquädukte ließ Sixtus ferner frisches Wasser aus den Albaner Bergen nach Rom bringen, darunter über die restaurierte Acqua Alessandrina, die er nach seinem bürgerlichen Vornamen in „Acqua Felice" umbenannte. Vor allem die Hügelgebiete Roms wurden jetzt mit Frischwasser versorgt, so dass sich dort in der Folge eine rege Bautätigkeit entwickeln konnte, die aus Wassermangel vorher nahezu unmöglich war. Das Ende der Acqua Felice bildet der Mosesbrunnen an der Piazza San Bernardo, ein Brunnenhaus in Form einer Kirchenfassade, wo Moses gerade Wasser aus dem Stein schlägt, wie es im Alten Testament beschrieben ist (Exodus 17, 3-7: *Die Israeliten wurden in die Verbannung durch die Wüste geschickt und hatten*

161

kein Wasser – Moses schlug auf den Felsen Horeb und es kam Wasser heraus).

Während der kurzen Regierungszeit dieses in jeder Hinsicht außergewöhnlichen Papstes wurde auch das *„königliche Wahrzeichen der Siebenhügelstadt",* wie Ludwig von Pastor die Kuppel des Petersdomes bezeichnet, unter Domenico Fontana fertiggestellt – ihr Baumeister Michelangelo Buonarroti sollte die fertige Kuppel nicht mehr sehen – er starb bereits 25 Jahre zuvor im Jahre 1564. Wie eine Papstkrone erhebt sich diese gewaltige Kuppel über dem Grab des Fischers aus Galiläa, an deren Vollendung seit März 1589 800 Arbeiter praktisch Tag und Nacht beschäftigt waren. Im Inneren dieser Kuppel stehen in Goldmosaik die Einsetzungsworte, die Jesus in Caesarea Philippi an Petrus richtete, quasi die „Gründungsurkunde" des Papsttums: *TU ES PETRUS ET SUPER HANC PETRAM AEDIFICABO ECCLESIAM MEAM ET TIBI DABO CLAVES REGNI CAELORUM.* Unter der Laterne der Kuppel hat sich Sixtus selbst verewigt: *Sancti Petri Gloriae Sixtus Pontifex Maximus V. Anno 1590.* Ludwig von Pastor nennt sie die *„schönste aller Kuppeln, die von Menschenhand je geschaffen wurden".*

Dass Sixtus für all diese Vorhaben viel Geld benötigte, versteht sich von selbst. Um seine Truhe zu füllen, ordnete er radikale Sparmaßnahmen an, erfand eine ganze Reihe von neuen Steuern, der Preis der käuflichen Ämter wurde deutlich erhöht, so dass der Papst in der Engelsburg das enorme Vermögen von 4 Millionen Scudi in Gold und Silber verwahrte und so zum reichsten Herrscher seiner Zeit werden konnte.

Innerkirchlich gehen auf diesen Papst die Reorganisation der römischen Kurie mit 15 Kardinalskongregationen sowie die regelmäßigen *Ad-limina-Besuche* der Bischöfe aus aller Welt in Rom zurück. Mit seiner Bulle *Postquam verus* vom 3. Dezember 1586 wollte er die definitive Zusammensetzung der Papstwähler im Konklave festlegen: Die Teilnehmer mussten mindestens 30 Jahre alt sein, ihre Zahl war auf 70 begrenzt – das hl. Kollegium, so Sixtus, brauche *„keine Fürsten, Juristen, Kanonisten oder Staatsmänner, sondern Theologen … das Bild des Alten Bundes soll wieder aufgenommen werden, indem Wir wünschen, dem Befehl des Herrn an Moses nachzukommen: Versammle siebzig Männer aus den Ältesten Israels vor mir"* (Num 11, 16). Erst Papst Johannes XXIII. hat sich über diese Regelung hinweggesetzt, indem er die Zahl von 70 gleich bei seinem ersten Konsistorium am 15.12.1958 durch die Ernennung 23 neuer Kardinäle deutlich überschritt.

Zwei besondere außenpolitische Ereignisse mögen an dieser Stelle noch Erwähnung finden. Der Untergang der Armada im Kampf gegen England am 30. Juli 1588 leitete den Niedergang der spanischen Vorherrschaft in Europa und den Aufstieg Englands zur Weltmacht ein. Des Weiteren haben wir ja bereits von dem grausamen Massaker in der Bartholomäusnacht im August 1572 in Frankreich gehört – damals wurden 3000 Hugenotten auf übelste Weise zu Tode gebracht. Am 1. August 1589 wurde der französische König

Heinrich III., der Sohn von Caterina de' Medici, ermordet. Da der König kinderlos starb, sollte ein Calvinist auf den französischen Thron aufrücken – es war Heinrich von Navarra, der als Henri IV. König von Frankreich wurde, als *„le bon roi"* in die Geschichtsbücher einging und dem das Wort zugeschrieben wird, dass es sich lohne, katholisch zu werden, um den Thron Frankreichs zu erobern *(„Paris vaut bien une messe")*.

Sixtus starb am 27. August 1590 nach gut fünf Jahren Regierungszeit. Dass er ehedem Franziskanermönch war, erkennt man am Grabmal daran, dass er in den Seitennischen von den beiden großen Heiligen des Franziskanerordens, nämlich links vom Hl. Franz von Assisi im Mönchshabit und mit einem Kreuz in der Hand, rechts vom Hl. Antonius von Padua flankiert wird. Die Bescheidenheit des Papstes sollte durch seine kniende und betende Haltung sowie die abgelegte Tiara zum Ausdruck gebracht werden. Wie beim Grab Pius' V. zeigt auch dieses Grabmal keine allegorischen Figuren mit persönlichen Qualitäten des Bestatteten, vielmehr ist die Gestalt des Papstes von sog. *„res-gestae-Reliefs"* umgeben, also quasi „Leistungsnachweisen" seiner Taten, einer Inszenierung der Erfolgsbilanz gegen die Feinde des Pontifex.

Grabmal Sixtus' V. in der Cappella Sistina

Auf dem Relief rechts unten erkennt man die abgeschlagenen Köpfe von Banditen, links vor ihnen befindet sich die Figur der *iustitia* mit der Waagschale, die rechte Figur hat die Fackel des Aufruhrs ausgelöscht und trägt ein Füllhorn in der Hand als Hinweis auf den Wohlstand, den der Papst durch seine wirtschaftspolitischen Entscheidungen ermöglichte. Ganz am rechten Rand sieht man noch einen Obelisken – er erinnert an die Aufstellung des Obelisken auf dem Petersplatz im Jahre 1586. Über diesem Relief wird an den Frieden zwischen Österreich und Polen erinnert, den der Papst gerade besiegelt. Auf der linken Seite unten erkennt man im Hintergrund die Kuppel des Petersdoms, die unter Sixtus V. vollendet wurde. Die beiden Frauen im Vordergrund erinnern links an die Kirchenbauten des Papstes, rechts mit zwei kleinen Kindern an die Wohltaten für Bedürftige. Darüber ist die Heiligsprechung des hl. Diego in Anwesenheit zahlreicher Kardinäle dargestellt. Über der Papstfigur in der Mitte ist die Krönungszeremonie festgehalten. Ziel der gesamten Anlage war die Darstellung der *„allumfassenden Legitimität, der Oberhoheit des Papstes in weltlichen und geistlichen Belangen durch die unumschränkte Schlüsselgewalt"*.

Auf Papst Sixtus V. geht eine überaus seltsame Tradition zurück, die erst zu Beginn des 20. Jahrhunderts ihr Ende finden sollte. Nach dem Tod eines Papstes wurden seine Eingeweide, die sog. *Praecordia*, dem Körper entnommen und in einer getrennten Urne in der Basilica SS. Vincenzo e Anastasio gegenüber dem Trevibrunnen beigesetzt. Hierzu finden sich nähere Erläuterungen im Kapitel 13 am Ende des Buches (S. 337 ff).

Auf dem Weg zur gegenüberliegenden Cappella Paolina sollten wir rechts vor dem Abgang zur Confessio das schlichte und fast zu übersehende Grab von Gian Lorenzo Bernini (1598-1680) betrachten, kurz in die Confessio hinabsteigen, wo Teile der Krippe von Bethlehem verehrt werden und einen Blick auf das prächtige Apsismosaik mit dem vorgesetzten Triumphbogen aus dem 13. Jahrhundert werfen.

Das folgende Grabmal Clemens' VIII. befindet sich gegenüber im linken Querschiff auf der rechten Seite der Cappella Paolina, die man durch ein bronzenes Gittertor betritt. Wie erwähnt, empfiehlt es sich, der Kapelle einen Besuch abzustatten, wenn dort gerade keine Messfeiern stattfinden. Zudem sollte man sich äußerst ruhig und dezent verhalten – Sakramentskapellen sind in Rom eigentlich grundsätzlich solchen Besuchern vorbehalten, die sich dort zum Gebet zurückziehen.

Zwischen Papst Sixtus V. und Papst Clemens VIII. gab es zwischen September 1590 und Dezember 1591 allein drei Päpste mit extrem kurzer Verweildauer auf dem Stuhl Petri. Zeitlich rücken wir deshalb nur zwei Jahre nach vorne an den Übergang vom 16. zum 17. Jahrhundert.

Clemens VIII. (1592 – 1605) – der Papst des Giordano Bruno

Ippolito Aldobrandini aus Fano (an der Adriaküste)

Nachdem sein Vorgänger Innozenz IX. nur zwei Monate nach seiner Wahl bereits wieder verstarb, suchten die Kardinäle nach einem neuen Anwärter auf den Stuhl Petri und fanden in Kardinal Aldobrandini sozusagen einen „Notkandidaten", der dem spanischen König genehm war. Nach dreiwöchigem Konklave wählten sie diesen *„Sohn eines heimatlosen Flüchtlings"* zum Papst. Er war zuvor von Sixtus V. zum Kardinal erhoben worden – bei den vergangenen Wahlen hatten die von Sixtus ernannten Kardinäle dreimal zurückstehen müssen, weil sie zu viele Feinde im Kardinalskollegium hatten.

Ippolito Aldobrandini hatte in Padua, Perugia und Bologna studiert und wurde als Jurist Leiter der Apostolischen „Datarie" (diese Behörde war u.a. zuständig für die Erteilung von Gnadenerweisen). Er war ein frommer, bescheidener und sittlich anständiger Mann mit tadellosem Lebenswandel und entsprach weitgehend den Idealen der katholischen Reform. Es wird berichtet, dass er täglich die hl. Messe zelebrierte und sein Mittagessen immer im Kreise von 12 armen Leuten einnahm, um an das Abendmahl Jesu mit den zwölf Aposteln zu erinnern.

Mit diesem Papst beginnt das eigentliche Zeitalter des Barock, *„einer gesteigerten Form der Feudalkirche, des neofürstlichen Nepotismus und des barocken Mäzenatentums"*, wie Kühner dies bezeichnet. Eine seiner Hauptaufgaben sah Clemens in der Umsetzung der Beschlüsse des Trienter Konzils, so gab er mehrere liturgische Bücher neu heraus, etwa das *Pontificale* (Gebete und Anleitungen für die Riten im Gottesdienst von Bischöfen oder Prälaten), das *Caerimoniale* (das Zeremonienbuch der Bischöfe, das lediglich Anweisungen und keinerlei Gebete enthält), das *Missale* (das Messbuch für die tägliche Feier der Messe) sowie einen neuen Index der verbotenen Bücher. Beim täglichen Geschäft zeigte sich der Papst äußerst kundig und bestens unterrichtet, so dass er die Vorträge seiner Mitarbeiter häufig gar nicht benötigte. In sein Pontifikat fiel auch das Heilige Jahr 1600, in dem dieser äußerst fromme Papst die sieben Hauptkirchen Roms allein 160mal besucht haben soll, um sich entsprechende Ablässe zu sichern, die für die Pilgergänge gewährt wurden. Als bescheidener Mensch lief er ohne großen Pomp barfuß inmitten der Prozessionen durch die Stadt.

Außenpolitisch kam es zu einem wichtigen Ereignis in Frankreich. Der französische Thron war durch den Tod des kinderlosen Königs Heinrich III. vakant geworden, somit erlosch die Erbfolgelinie des katholischen Hauses Valois. Heinrich von Navarra sollte Nachfolger werden, das einzige Hindernis seiner Wahl zum König war jedoch seine Religion – er war Protestant. Man wollte einen katholischen König, aber natürlich gleichzeitig einen strengen Regenten, der die Ketzer nachhaltig bekämpfen würde. Heinrich suchte die Annäherung zum Papst, der zunächst eher zögerlich auf die Bitte reagierte, die Bannflüche aufzuheben, die seine Vorgänger über „diesen Ungläubigen" verhängt hatten. Im Jahre 1593 konvertierte Heinrich schließlich zum Katholizismus *(„Paris vaut bien messe"),* wenige Monate später wurde er zum König der Bourbonen gesalbt. Am 17. Dezember 1595 erfolgte offiziell die Absolution durch Rutenschlag auf die in Rom anwesenden Vertreter Heinrichs, die päpstliche Anerkennung des neuen französischen Königs Henri IV. und somit die Beendigung der Religionskriege in Frankreich. Rombesucher, die noch in den 1960er Jahren im Petersdom waren, werden sich an die langen Ruten erinnern, die von jedem Beichtstuhl herausragten und mit denen der jeweilige Beichtvater die Absolution nach der Beichte erteilt hat.

Es war klar, dass *„le bon roi",* wie er in Frankreich genannt wurde, seine ehemaligen Glaubensgenossen nicht weiter verfolgen würde. Um endlich Ruhe in die innenpolitischen religiösen Fragen zu bekommen, erließ er im April 1598 das Edikt von Nantes, mit dem den calvinistischen Protestanten

(Hugenotten) im katholischen Frankreich religiöse Toleranz und die vollen Bürgerrechte zugesichert wurden. Gleichzeitig wurde darin der katholische Glaube als Staatsreligion festgeschrieben. Auf diese Weise ermöglichte der König nach 36 Jahren des Bürgerkriegs das friedliche Zusammenleben von Katholiken und Protestanten. Dieses Edikt wurde übrigens im Jahre 1685 durch den Sonnenkönig Ludwig XIV. mit dem Edikt von Fontainebleau auf Druck der Kirche wieder vollkommen aufgehoben *(Révocation de l'Edit de Nantes)*. Der im Mai 1598 geschlossene Friede von Vervins beendete den Krieg zwischen Spanien und Frankreich, der spanische König Philipp II. verzichtete auf sämtliche Ansprüche gegen Frankreich und musste Henri IV. anerkennen.

Clemens hatte gegen jede Art von Häretikern ein verschärftes Vorgehen der Inquisition angeordnet. In diesem Kontext kam es zu einem bitteren Kapitel während seiner Regierungszeit, nämlich zum Prozess gegen Giordano Bruno in Rom. Der Dominikanerpater wird beschrieben als *„lebhaft, relativ klein von Gestalt, wahrscheinlich braunhaarig, möglicherweise bärtig und hektisch auf- und abtretend"*. Sein „Fehler" war es, dass er fundamentale Glaubenssätze der katholischen Kirche in Zweifel zog. Unter anderem zweifelte er an der Dreifaltigkeit und an der Menschwerdung Gottes. Ihm zuzuhören, seinen kühnen Gedanken und seiner rauschhaften Sprache zu folgen, muss jedoch ein Erlebnis der besonderen Art gewesen sein.

Bruno beendete sein Theologiestudium und ließ sich auch zum Priester weihen. Die heimliche Lektüre ‚verbotener' Bücher hatte dann 1576 eine erste Anklage wegen Ketzerei zur Folge. Bruno trat aus dem Dominikanerorden aus und entzog sich einer drohenden Verurteilung durch die Flucht aus dem Kirchenstaat. Es folgte eine 16 Jahre lange Odyssee durch Europa mit Stationen unter anderem in Genf, Toulouse, Paris, London, Wittenberg, Helmstedt und Frankfurt am Main. In dieser Zeit entwickelte Giordano Bruno seine Theorie von einem unendlichen Kosmos, der keinen festen Mittelpunkt mehr besaß. Auch das Göttliche war nur noch Teil einer allumfassenden, von einer Art Weltgeist beseelten Natur. Die Vorstellung von einem persönlichen Schöpfergott, der die Welt von außen regiert, hatte er damit hinter sich gelassen.

Giordano Bruno fand immer wieder neue Freunde, stieß die Menschen mit seinem hitzigen Temperament aber auch oft vor den Kopf. 1591 beging er den Fehler seines Lebens: Er kehrte auf Einladung des venezianischen Adligen Mocenigo nach Italien zurück. Es kam zum Streit, Bruno wurde von seinem Gastgeber bei der Inquisition denunziert, gefangen genommen und nach Rom überstellt. Sieben Jahre dauerte der Prozess. Vergeblich versuchte sich Bruno damit zu verteidigen, dass seine Weltsicht viel zu neu sei, um von den alten Kirchengesetzen erfasst werden zu können. Am 17. Februar 1600 wurde er auf dem Campo de' Fiori in Rom bei lebendigem Leib öffentlich verbrannt – die Statue inmitten

Grabmal für Papst Clemens VIII. in der Cappella Paolina

des Platzes erinnert noch heute an dieses *„berühmteste Opfer der Inquisition vor Galileo Galilei".*

Clemens VIII. starb am 3. März 1605. Sein monumentales Grabmal auf der rechten Seite der Cappella Paolina zeigt in der Mittelnische die segnende Papstfigur auf dem Thron, umgeben wieder von Reliefs mit einigen Begebenheiten aus dem Pontifikat des Papstes: links unten der Sieg über die Aufständischen von Ferrara im Jahre 1597, wodurch das Herzogtum Ferrara wieder vollständig an den Papst zurückfiel und der Kirchenstaat dadurch deutlich vergrößert wurde. Im Hintergrund fallen die Zelte der Soldaten auf, der Sieg selbst wird mit einem Posaunenschall verkündet. Darüber erkennt man den Friedensschluss von Vervins (1598): Heinrich IV. von Frankreich und Philipp II. von Spanien reichen sich die Hand. Auf der rechten Seite ist der Sturm der päpstlichen Truppen auf das damals zum osmanischen Reich gehörende Esztergom im Jahre 1596 zu sehen, über der Szene thronen zwei Engel mit Kreuz und Kelch als Symbole für den Triumph der Kirche. Darüber finden wir die Szene der Heiligsprechung der hl. Giacinto und Raimondo. Das Relief direkt über der Papstfigur zeigt wiederum den Moment der Krönung des Papstes nur wenige Tage nach seiner Wahl.

Die Figuren in den beiden Nischen zeigen rechts einen Bischof mit seinem Bischofsstab, an seiner Seite kauert rechts unten ein Teufel mit schreckverzerrtem Gesicht und Hörnern. Auf der linken Seite erkennt man den Hohenpriester Kajphas mit dem Weihrauchfass in der Hand.

Das genau gegenüberliegende Grabmonument ist seinem eigentlichen Nachfolger, Papst Paul V. aus der römischen Familie Borghese gewidmet. Über dem Altar der Sakramentskapelle befindet sich die alte Ikone „Maria – Salus Populi Romani" – Maria – Heil des römischen Volkes. Dieses Gnadenbild soll der Legende nach vom Apostel Lukas gemalt worden sein, stammt aber wohl aus der Spätantike und erfreut sich in Rom ganz besonderer Verehrung. Der letzte römische Papst Pius XII. feierte am Ostermontag 1899 an diesem Altar die Primizmesse nach seiner Priesterweihe.

Paul V. (1605 – 1621) – der Papst der Fassade des Petersdoms

Camillo Borghese aus Rom

Der direkte Vorgänger dieses Papstes, Papst Leo XI., dessen Grabmal wir im linken Seitenschiff der Petersbasilika gesehen haben, starb bereits 27 Tage nach seiner Wahl. Zu Beginn des Konklaves stand eigentlich fest, dass der später heiliggesprochene Jesuitenkardinal Roberto Bellarmin Träger der Tiara werden sollte, er scheiterte allerdings an der „Exklusive" (also am Einspruch) des spanischen Königs und wegen seiner Haltung im Gnadenstreit zwischen Dominikanern und Jesuiten. So wurde am 16. Mai 1605 der jüngste und gesündeste aller Kardinäle, Camillo Borghese, auf den Stuhl Petri gebracht, weil er wohl die wenigsten Feinde im Kreis der Papstwähler hatte.

Der neue Papst entstammte einer römischen Juristenfamilie, hatte seine Studien in Perugia und Padua absolviert und war ein guter Kenner der Kurie. Zahlreiche Ölgemälde und Büsten des Kardinals und späteren Papstes geben Auskunft über sein Äußeres. Er war hochgewachsen, etwas beleibt, hatte derbe Gesichtszüge, mit seinem hoheitsvollen Auftreten aber durchaus eine majestätische Erscheinung. Einerseits eher bedächtig, ruhig und eher wortkarg, so war er andererseits freundlich, aufrichtig und fleißig; sein sittliches Verhalten war ohne Fehl und Tadel, er war musterhaft fromm und ein großer Marienverehrer, weshalb ihm auch die Bestattung in Santa Maria Maggiore besonders am Herzen lag. Von Nepotismus nicht frei, so war er in seiner Hofhaltung doch eher sparsam und einfach und unterstützte die Armen Roms mit Brot, Kleidung und Geld.

Paul V. war ein großzügiger Kunstmäzen, dem vor allem die Vollendung des Neubaus der Peterskirche ein ganz besonderes Anliegen war – der Bau wurde ja 1506 begonnen und dauerte inzwischen schon 100 Jahre lang. Bereits unter seinem Vorgänger Clemens VIII. war die *Reverenda Fabbrica di San Pietro*, die Dombauhütte von St. Peter, gegründet worden. Der bevorzugte Baumeister des Papstes war Carlo Maderno, der inzwischen zum Chefarchitekten von St. Peter avanciert war. Teile der alten Kirche standen noch, Abbruch und Neubau liefen praktisch parallel, es herrschte ein Nebeneinander zweier völlig heterogener Bauwerke. Im Jahr 1605 begann der Abriss des letzten Teils der alten Basilika in drei Phasen: Zunächst wurden die Papstgräber und Reliquienschreine der alten Kirche geöffnet und in die Grotten der neuen Kirche überführt, hernach wurden alle noch vorhandenen wertvollen Kunstschätze aus Alt-Sankt-Peter geborgen, worauf sich die eigentlichen Abbrucharbeiten anschlossen.

Ein Hauptanliegen des Papstes war die Verlängerung des Mittelschiffes des Petersdoms nach Osten, so dass aus dem ursprünglich von Bramante vorgesehenen Grundriss des griechischen Kreuzes die Form eines lateinischen Kreuzes entstehen konnte – auf diese Weise sollte der Gedanke der lateinischen, der römischen Kirche in Zeiten der Gegenreformation hervorgehoben werden. Die heutige Fassade des Petersdoms mit der Vorhalle wurde im Jahre 1607 begonnen und 1612 vollendet. Bei Fernsehübertragungen vom Petersplatz kann jedermann auf der ganzen Welt heute noch das Wappen und den Namen dieses Papstes in großen Lettern an der Fassade des Petersdoms lesen: *IN HONOREM PRINCIPIS APOST – PAULUS V BURGHESIUS ROMANUS – PONT. MAX. AN MDCXII PONT VII* (zu Ehren des Apostelfürsten – Paul V. aus der römischen Familie Borghese – Pontifex Maximus im Jahre 1612, dem 7. Jahr seines Pontifikates).

Unter Paul V. wurde auch der Zugang zur Confessio des Petersdoms in Form einer Doppeltreppe errichtet und der Mosaikschmuck im Inneren der Kuppel vollendet. Der Papst gilt zudem als Begründer des Vatikanischen Geheimarchivs, in dem alle Dokumente gesammelt werden sollten, die im Zusammenhang mit der Politik und den Leistungen der Päpste von Bedeutung sind – erst ca. 250 Jahre später wurde unter Papst Leo XIII. Historikern aller Konfessionen Zugang zu diesem Wissensschatz gewährt – Ludwig von

Pastor, auf dessen „Geschichte der Päpste" zahlreiche Informationen dieses Buches beruhen, war einer der ersten, der diese Sammlung für seine Recherchen nutzen konnte.

Nicht nur Sankt Peter, auch das Wohlergehen der Stadt hatte der Papst im Blick. So lagen ihm die Regulierung des Tibers zum Schutz gegen Überschwemmungen, die Trockenlegung weiterer Sumpfareale und die bessere Wasserversorgung der Stadt am Herzen. Vom Lago di Bracciano im Norden Roms ließ er eine neue Wasserleitung bauen, deren Ende heute der prächtige Brunnen der *Acqua Paola* auf dem Gianicolo ist und die besonders das östlich davor liegende Stadtviertel Trastevere mit frischem Wasser versorgen konnte. Die heutige Via della Scrofa sollte einen direkten Zugang von der Piazza del Popolo zum Vatikan ermöglichen. Auf Initiative des Papstes gehen schließlich der Bau der Villa Borghese und die Gründung der ersten Bank Roms, des Banco di Santo Spirito, zurück. Zudem gab der Papst den Neubau einiger Kirchen in Auftrag, so den Bau von Sant'Andrea delle Fratte, San Carlo ai Catinari, San Carlo al Corso und San Carlino alle Quattro Fontane zu Ehren des hl. Karl Borromäus, der 1584 im jungen Alter von 46 Jahren gestorben war und den er selbst im Jahr 1610 kanonisiert hat.

Am 23. Mai 1618 kam es zu dem denkwürdigen Fenstersturz von Prag, als protestantische Adlige einige Beamte des böhmischen Königs Ferdinand aus einem Fenster der Prager Burg stießen, weil sie sich gegen Einschränkungen ihrer Glaubensfreiheit wehren wollten. Dies war der Beginn des Aufstandes gegen die Habsburger und der Auftakt des blutigen Dreißigjährigen Krieges, der als Religionskrieg zwischen Katholiken und Protestanten begann und als blutiger Territorialkrieg erst mit dem Westfälischen Frieden im Jahre 1648 ein Ende nahm. Die Päpste waren dabei logischerweise stets auf der Seite der katholischen Liga und mussten am Ende des Krieges akzeptieren, dass neben der lutherischen Kirche auch andere reformierte Glaubensrichtungen im Reich als gleichberechtigt anerkannt waren.

Zu Beginn des 17. Jahrhunderts kam es schließlich auch zum Zusammenstoß der römischen Kirche mit den aufkommenden Naturwissenschaften. Aus damaliger Sicht ging es um die Frage, ob sich Sonne, Mond, Planeten und Sterne um die ruhende Erde drehen, oder ob sich vielmehr die Erde einmal am Tag um die eigene Achse dreht und dabei einmal im Jahr die Sonne umkreist. Die Erde wäre somit nur noch ein Planet wie die anderen auch und nicht mehr in der einzigartigen Rolle einer Mitte des Kosmos. Galileo Galilei war seit 1598 Professor in Pisa und entwickelte dort seine Gesetze der fallenden Körper und schwingenden Pendel, was letztlich zur Vorstellung eines neuen Weltbildes führte. Im Jahre 1611 kam er nach Rom, um seine Erkenntnisse hohen römischen Kreisen vorzustellen und dabei darzulegen, dass sich die Erde um die Sonne drehe und sich selbst um ihre eigene Achse *(eppur si muove)*. Im Jahre 1616 wurde die Lehre des Kopernikus *„De revolutionibus orbium coelestium"* von der Doppelbewegung der Erde von der Inquisition als *„irrige und der hl. Schrift ganz und gar widersprechende Erkenntnis"* verurteilt. Das heliozentrische Weltbild wurde so zur Häresie erklärt und auch die Schriften Galileis kamen auf den Index der verbotenen Bücher. Erst 1633 fand der Prozess gegen den *Dialogo* statt, der ihm bis zu seinem Tode im Jahre 1642 die Strafe des Hausarrestes einbrachte.

Paul V. hatte den Wunsch, in Santa Maria Maggiore bestattet zu werden. Dort war sein Grabmal schon zum Zeitpunkt seines Todes weitgehend vollendet. Der Papst starb am 28. Januar 1621. Bereits ein Jahr später ließ sein Neffe Kardinal Scipione Borghese die sterblichen Überreste nach Santa Maria Maggiore überführen und in dem bereits fertigen Grabmal in der Cappella Paolina zur letzten Ruhe betten. In der zentralen Nische kniet demütig die riesige Marmorgestalt des Papstes, im Relief darüber erkennt man sehr schön die Szene der Krönung des Papstes, wie ihm gerade zwei Diakone die Tiara aufs Haupt setzen, darüber das Wappen des Borghese-Papstes.

Umgeben ist die Papstfigur wieder analog zu den anderen bisher betrachteten Papstgräbern in dieser Kirche mit *res-gestae-Reliefs*, also mit „ruhmreichen Taten" aus dem Pontifikat Pauls V. Unten links ist eine Szene des päpstlichen Heereszuges gegen die Türken in Ungarn festgehalten, oben kann man die Heiligsprechung von Karl Borromäus und Francesca Romana aus dem Jahr 1610 erkennen. Auf der rechten Seite ist der Papst bei einem Besuch in Ferrara dar-

Grabmal Pauls V. in der Cappella Paolina

182

gestellt, wo ihm ein Grundrissplan der geplanten Festung vorgelegt wird. Darüber empfängt der auf dem Thron unter einem Baldachin sitzende Papst eine persische Gesandtschaft, was man sehr schön am Turban des Botschafters erkennen kann.

Auch hier befinden sich beiderseits in den Nischen sinnhafte Figuren: Rechts ist dies König David mit der Harfe, der den Finger auf den Kopf eines kleinen Kindes legt. Gegenüber steht eine Figur, die mit der priesterlichen Casula gekleidet ist und eine Palme als Zeichen des Martyriums trägt.

Leopold von Ranke schreibt über das Selbstverständnis dieses Papstes, *„dass er der einzige Stellvertreter Christi auf Erden sei, dass die Schlüssel des Himmelreiches seinem Gutdünken anvertraut wurden, dass er deshalb von allen Völkern und Fürsten der Welt zu verehren sei und er allein vom göttlichen Geist auf den Stuhl Petri erhoben wurde".* Dieses überaus absolutistische Gehabe lag freilich völlig im Rahmen des Zeitgeistes, wenn man etwa an die Lage in Frankreich denkt, wo nur 40 Jahre später der bedeutendste absolutistische Herrscher Europas, nämlich der Sonnenkönig Ludwig XIV., seine persönliche Regentschaft antrat, nachdem er bereits im Alter von zwei Jahren nach dem Tod seines Vaters auf den französischen Thron gekommen war.

Die hier beschriebenen vier Papstgräber entsprechen sich in Aufbau und Aussage perfekt: Die weltliche Macht der Päpste feiert ihren Triumph, das Amt der Päpste als *„oberste Herren über Könige, Fürsten und Völker der* *gesamten Erde"* und ihre politischen Taten werden in den Reliefs detailfreudig geschildert.

Santa Maria Maggiore wurde aber auch Grablege der Päpste Honorius III. (1216-1227) und Clemens IX. (1667-1669). Das Grabmal von Honorius III. wurde allerdings bei Umbauarbeiten zerstört und ist nicht mehr auffindbar. Der aktuelle Inhaber des Stuhles Petri, Papst Franziskus, will nicht wie seine Vorgänger im Petersdom beigesetzt werden, sondern eben auch hier in Santa Maria Maggiore. Der Papst aus Buenos Aires hat die Kirche mehr als hundertmal besucht, unter anderem am Morgen nach seiner Wahl sowie vor und nach seinen internationalen Reisen, um vor dem dort verehrten Marienbildnis *"Salus Populi Romani"* (Beschützerin des Römischen Volkes) zu beten und ein Blumengebinde niederzulegen. Zudem hat er verfügt, dass es wohl keine öffentliche Aufbahrung seines Leichnams geben wird und eine Bestattung wie die eines jeden Katholiken vorgesehen ist.

Bevor wir die Kapelle verlassen, sollten wir nicht versäumen, einen Blick nach oben über den Altar zu werfen. Dort ist das erwähnte Schneewunder vom August 358 n. Chr. in einem schönen Relief festgehalten: Papst Liberius ist dargestellt, wie er gerade mit seiner Ferula die Grundrisse der ersten Marienkirche in den Schnee ritzt, den er dort am Morgen des 5. August vorgefunden habe.

3. San Giovanni in Laterano

Von der Innenstadt gelangt man mit mehreren Buslinien (u.a. mit dem Bus 85) oder mit der Metrolinie A (Richtung Anagnina) direkt zum Lateran.

Um einen Überblick über die Baugeschichte der Lateranbasilika zu geben, sollte man vorab kurz auf das Leben des Kaisers Konstantin zurückblicken. Dieser wurde um 270 n. Chr. im heutigen Serbien geboren und bestieg bereits im jungen Alter von 33 Jahren den Kaiserthron. Damals gab es in Rom allerdings einen Widersacher Konstantins, der nach der Alleinherrschaft trachtete – es war Maxentius. Die Legende berichtet, Konstantin habe eines mittags am Himmel ein Kreuz mit einer Inschrift gesehen: *IN HOC SIGNO VINCES – in diesem Zeichen wirst du siegen!* Konstantin habe dann sein Heer auf die Schlacht vorbereitet, in der er Maxentius am 28. Oktober 312 bei der Milvischen Brücke im Norden Roms vernichtend schlug – sein Rivale und Tausende der gegnerischen Krieger ertranken im Tiber.

Wie wir bereits gesehen haben, wurde die christliche Religion mit dem Toleranzedikt von Mailand aus dem Jahre 313 aus der Zone des Verbotenen herausgeholt. Seit Kaiser Konstantin sind Kirchen erhabene Orte, in denen die Gegenwart Christi im eucharistischen Opfer aufgezeigt werden sollte. Zwei Gebäudetypen haben bei der Entwicklung der christlichen Basilika Pate gestanden. Da war zunächst einmal der prunkvolle Tempel von Jerusalem, der durch seine

Pracht und seine Raumaufteilung trotz der Zerstörung durch die Römer im Jahre 70 n. Chr. im Bewusstsein der frühen Christen präsent war. Zum anderen war es die kaiserliche Basilika, die festlich geschmückte Gerichtshalle, deren Innenraum durch Säulenreihen in drei oder fünf Schiffe gegliedert war, die der staatlichen Repräsentation diente und in der der *Praetor* auf einem Thron sitzend den Verhandlungen vorstand. Beide Typen gingen eine architektonische Verbindung ein und bildeten das, was wir heute als römische Basilika bezeichnen. Kirchen sind seit dieser Zeit wahre Schatzhäuser der Kunst, und zwar sowohl aus theologischen als auch aus liturgischen Gründen: Nur das Edelste, das Kostbarste war dem Göttlichen angemessen.

Nach der Entscheidungsschlacht gegen Maxentius ließ Konstantin die gegnerischen Kasernen niederreißen und das Gebiet einebnen. Offenbar schenkte er dieses Grundstück dem damaligen Papst Miltiades (311-314) aus Dankbarkeit für den Sieg. Es gehörte ursprünglich der Familie der *Laterani* (daher leitet sich auch der Name Lateran ab) und der Kaiser stiftete so die erste „konstantinische" Basilika mit einer Taufkapelle und einem Palast, in dem die Päpste über 1000 Jahre ihre Residenz hatten. Bis zur Zerstörung durch ein verheerendes Erdbeben im 9. Jahrhundert war die Kirche eine Salvatorkirche, also dem „Allerheiligsten Erlöser" geweiht, nach dem Wiederaufbau wurden sie dem Hl. Johannes dem Täufer und dem Hl. Johannes dem Evangelisten geweiht, daher ihr heutiger Name San Giovanni in Laterano.

Die Kirche erlebte Plünderungen durch die Germanen, Erdbeben, Verfall und Wiederaufbau.

Im Januar 897 fand hier das schaurige Spektakel der sog. „Leichensynode" statt. Es ist der grausige Höhepunkt einer finsteren Periode, die von Intrigen und erbitterten Machtkämpfen in Adel und Klerus geprägt war. Diese Synode war ein kirchlicher Schauprozess gegen Papst Formosus (891-896), weil er gegen das damals geltende „Translationsverbot" verstoßen hatte. Dieses geht auf eine Regelung des Konzils von Nicäa 325 n. Chr. zurück, wonach kein Diözesanbischof zum Papst (Bischof von Rom) gewählt werden darf, weil er damit seine angestammte Diözese veruntreut, die er praktisch sein ganzes Leben hindurch leiten sollte – Formosus war vorher Bischof von Porto-Santa Rufina im Nordwesten Roms, seine Diözese galt als *„Braut des Bischofs",* die er nun veruntreut hat. Einige Zeit nach seinem Tod ließ sein Nachfolger Stephan VI. die bereits stark verweste Leiche exhumieren, in päpstliche Gewänder kleiden und auf den Papstthron der Lateranbasilika setzen. Die Leiche wurde wegen des Verstoßes gegen das Translationsverbot und wegen Meineids angeklagt und nach dem Prinzip der „Spiegelstrafe" verurteilt: Der Leichnam wurde öffentlich entblößt (er war also nie rechtmäßiger Papst), er wurde geköpft (er war also nie Haupt der Christenheit) und die Schwurfinger wurden als Strafe für den Meineid abgehackt. Papst Stephan VI. seinerseits wurde nur wenige Monate nach diesem grauenvollen „Schauprozess" vom römischen Volk ins Gefängnis geworfen und kurz danach erwürgt.

In heutiger Zeit ist die Translation nahezu das übliche Verfahren bei der Besetzung eines vakanten Bischofsstuhls geworden. Die letzten Päpste haben sehr häufig einen Bischof von einer Diözese zur nächsten versetzt. Der Kirchenhistoriker Hubert Wolf bezeichnet dies als *„die Zeit des fortgesetzten Ehebruchs der Kirche".*

Die eigentliche Bausubstanz der Laterankirche blieb über die Jahrhunderte erhalten, was wir heute aber sehen, ist eine fünfschiffige Basilika, die ihr Gesicht hauptsächlich zwischen dem 17. und 19. Jahrhundert erhielt. Insbesondere Francesco Borromini war bei den Umbauten im 17. Jahrhundert federführend. Die 12 Tore des Mittelschiffs, die an die 12 Tore des himmlischen Jerusalems erinnern und 12 riesige Apostelstatuen beherbergen, stammen aus dem Beginn des 18. Jahrhunderts.

Die drei Grabmäler, die uns hier interessieren, befinden sich beiderseits des Hochaltars: im rechten Querschiff das Grab Innozenz' III., im linken Querschiff spiegelbildlich das Grab Leos XIII. Direkt in der Confessio vor dem Papstaltar treffen wir auf das Grab von Papst Martin V.

Innozenz III. (1198 – 1216) – eine schillernde Figur auf dem Papstthron

Lotario di Conti aus Gavignano (südöstlich von Rom)

Nimmt man die absolute Machtstellung des Papsttums zum alleinigen Maßstab, so hat mit Innozenz III. der wohl bedeutendste Papst der ganzen Kirchengeschichte den Stuhl Petri erklommen. Sucht man allerdings nach *„christlichen Elementaranforderungen"*, so bleibt von Größe wenig oder gar nichts übrig. Mit Innozenz III. begegnen wir einem kalten Asketen, der sich als *Verus Imperator Mundi* betrachtete, juristisch, politisch und finanztechnisch alles zur Erweiterung seiner Macht nutzbringend einzusetzen verstand, einem Menschenverächter erster Güte, der kaltblütig gegen alle und jeden vorging, die sich seinem Machtbestreben in den Weg stellten.

Er kam bereits im jungen Alter von 37 Jahren auf den Stuhl Petri und unterstrich sogleich, dass er als Papst zwar

„weniger als Gott, doch mehr als jeder Mensch" sei.
Walther von der Vogelweide klagte über die allzu große Jugend des Papstes (*„owê, der bâbest ist ze junc, hilf, hêrre, dîner cristenheit"*), worin der Minnesänger sich irren sollte, denn Innozenz ging mit kühlem Verstand und ausgesprochenem politischem Talent daran, in kürzester Zeit das Patrimonium Petri, den Kirchenstaat, zu vergrößern und zu konsolidieren. Der Papst hatte als erster die Anerkennung dessen erreicht, was in der sog. Pippinischen Schenkung über 400 Jahre zuvor den Päpsten wirklich oder angeblich zuteilgeworden war. Die katholische Sicht der Dinge behauptet, Papst Stephan II. habe König Pippin III. in der Mitte des 8. Jahrhunderts angefleht, ihn und das römische Volk von den Langobarden in Italien zu befreien. Der Langobardenkönig Aistulf hatte 751 Ravenna erobert und war auf dem Vormarsch auf Rom. König Pippin III. erfüllte den Wunsch des Papstes und besiegte die Langobarden. Das eroberte Land machte er dem Kirchenoberhaupt zum Geschenk. Diese "Pippinische Schenkung" bildete die Grundlage für den Kirchenstaat in Mittelitalien. Es gibt allerdings keine Schenkungsurkunde, so dass sich die Historiker bis heute über den Wortlaut und auch die Rechtmäßigkeit dieser versprochenen Schenkung streiten. Seit dem Pontifikat dieses Papstes hat sich übrigens die Vorstellung durchgesetzt, dass der Papst *Vicarius Christi*, also Stellvertreter Christi auf Erden sei und aus diesem Grund eine absolute Vormachtstellung in allen Fragen beanspruchen könne.

Im Streit um die Nachfolgefragen im Kaiserhaus stand der Papst zwischen den beiden Hauptkonkurrenten, den Staufern auf der einen und den Welfen auf der anderen Seite. Seit dieser Zeit ist es üblich, die Begriffe *Guelfen* (für Papstanhänger) und *Ghibellinen* (für Kaisertreue) zu verwenden. Im Mai 1198 wurde Friedrich II. zum König von Sizilien gekrönt, kurz danach wurde der papsttreue Welfe Otto IV. deutscher Gegenkönig. Dem Papst gelang es, seinen erbitterten Feind Friedrich II. im Jahre 1213 zur Akzeptanz der Goldbulle von Eger zu bewegen, in der im römisch-deutschen Reich die freie Bischofswahl zugesichert wurde. Der König verzichtete somit vollständig auf seine Rechte und überließ den Bischöfen und Landesfürsten auch die Nachfolgeregelungen.

Innozenz war zeitlebens ein großer Fanatiker von Kreuzzügen und Eroberungen. So rief er im Jahre 1202 zum 4. Kreuzzug auf, dessen Ziel es war, durch die Eroberung Ägyptens den muslimischen Einflussbereich zurückzudrängen. Französische Ritter und venezianische Matrosen stachen unter Anführung des greisen Dogen Enrico Dandolo in See, eroberten und plünderten das christlich-orthodoxe Konstantinopel letztlich aus reiner Machtgier, wobei die Frage des Islam völlig in den Hintergrund gedrängt wurde. Innerhalb von zwei Jahren vernichteten sie dabei unersetzbare Kunstschätze und schürten den Hass des Ostens gegen den Westen erneut. Steven Runciman, einer der führenden Historiker der Kreuzzüge, schreibt darüber, *„dass es niemals ein größeres Verbrechen an der Menschheit gegeben* *habe als den Vierten Kreuzzug, der zugleich ein Akt gigantischer politischer Torheit war".*

Ein neuer Kreuzzug sollte nur wenige Jahre später beginnen. Obwohl dieses barbarische Unterfangen nicht in die offizielle Zählung der Kreuzzüge einging, dauerte es länger als alle anderen Unternehmungen dieser Art – volle 35 Jahre. Die Rede ist vom Kreuzzug gegen die katharischen Albigenser, der im Juni 1209 begann. Das Papsttum rief zum Kampf gegen die nonkonformistischen Christen Südfrankreichs als Gegner der hochmittelalterlichen Feudalkirche auf und verursachte so einen regelrechten Genozid an einer religiösen Minderheit. Die päpstlichen Truppen erhielten vom Papst persönlich die *„uneingeschränkte Vollmacht, zu zerstören, zu vertilgen und auszureißen"*, was nur möglich war. Vor allem ihr Anführer Graf Simon von Montfort offenbarte eine geradezu unfassbare Grausamkeit und verwandelte ein Land, in welchem Katholiken und Katharer bislang friedlich zusammengelebt hatten, in einen rauchenden Scheiterhaufen. Drei Jahre später setzte sich in Frankreich der sog. „Kinderkreuzzug" in Bewegung, wo fanatisch aufgehetzte Kinder gegen Ungläubige ins Feld gezerrt wurden. Der Papst lehnte diesen „Kreuzzug", an dessen Ende nordafrikanische Sklavenhändler und Bordelle warteten, zwar ab, war sich aber nicht bewusst, dass er selbst diesen Kriegswahn losgetreten hatte.

Innerkirchlicher Höhepunkt des Pontifikats war die Einberufung des Vierten Laterankonzils im November 1215. Es erklärte u.a. die Transsubstantiation, also die Wesensverwandlung von Brot und Wein in Leib und Blut Christi, zur nunmehr gültigen Lehre, beschloss den Pakt geistlicher und weltlicher Gewalt im Kampf gegen Häretiker und gipfelte in der endgültigen Ausgrenzung der Juden aus allen Bereichen des menschlichen Zusammenlebens. Der Papst hasste die Juden abgrundtief und zwang sie bereits damals, den diffamierenden „gelben Fleck" zu tragen – so nahm das Konzil die „Nürnberger Gesetze" Hitlers *pseudotheologisch voraus"*, wie Kühner dies formuliert. In mehreren Bullen verteufelte der Papst die Juden als *„gottverdammte Sklaven"* – Judenhass gehörte fortan zum festen Programm der Kirche. Im damals gültigen Kirchlichen Gesetzbuches wurde u.a. verfügt, dass sich Juden am Gründonnerstag und Karfreitag nicht in der Öffentlichkeit zeigen durften, weil sie durch ihre Präsenz die Erinnerung an die Einsetzung des Abendmahls und an die Passion Jesu Christi *„beschmutzen"* würden.

Im Streit um die Besetzung des erzbischöflichen Stuhls von Canterbury kam es zum Zusammenstoß zwischen dem Papst und dem in England tyrannisch herrschenden Johann ohne Land. Der Papst weihte einen dem König nicht genehmen Kandidaten, jener verweigerte dem neuen Primas die Einreise nach England und so kam es zur größten innerkirchlichen Erschütterung seit Canossa. 1215 flammten die Zerwürfnisse zwischen England und dem Kirchenstaat erneut auf. Nachdem König Johann von England eine Reihe alter Gesetze und Bräuche verletzt hatte, nach denen sein Land bislang regiert worden war, zwangen ihn seine

Untertanen im Juni 1215, die Magna Carta zu unterzeichnen. Darin ist das bereits aufgezeichnet, was wir später als „Charta der Menschenrechte" kennen. Der Papst hingegen erklärte die Magna Carta zwei Monate später für ungültig.

In diesen von Machtgelüsten geprägten Zeiten trat im Jahre 1209 ein Mann auf den Plan, der die Skrupellosigkeit und Machtgier von politischen und geistlichen Führern mit harten Worten anprangerte und sich auf die Lehre Christi berief. Für Franz von Assisi waren Menschen, Tiere, Dinge und die Natur Brüder und Schwestern. In seinem berühmten Sonnengesang spricht er *„vom Bruder Sonne und der Schwester Mond, vom Bruder Wind und der Schwester Wasser".* Ursprünglich war es nicht sein Ziel, einen Orden zu gründen. Er wollte vielmehr mit einigen Getreuen vollständig in der Nachfolge Christi gemäß dem Gebot des Evangeliums in Armut leben. Da er jedoch begeisterte Anhänger fand, gründete er 1210 den Bettelorden der Franziskaner, der von Innozenz III. genehmigt und 1223 von Papst Honorius III. mit der Bulle *Solet annuere* bestätigt wurde.

Ein anderer Bettelorden war derjenige des hl. Dominikus, der aus den Gräueln der Albigenserkriege hervorging. Dieser Predigerorden (OP) wurde später zum Inquisitionsorden *par excellence* und entwickelte sich zur furchtbarsten Exekutive des päpstlichen Hasses gegen alle „Ungläubigen" – auch die Gemeinschaft der *patres dominicanes (*„*Domini canes" – die Hunde des Herrn)* wurde von diesem Papst im Jahre 1206 approbiert.

Ferdinand Gregorovius schreibt über Innozenz III.: *„Er war ein vollendeter Herrscher, ein Hohepriester voll wahrhaftiger Glaubensglut und zugleich von unermesslichem Ehrgeiz und von Furcht verbreitender Willenskraft. Durch kluge Ausbeutung der geschichtlichen Verhältnisse, geschickte Erdichtungen und der Leitung des religiösen Gefühls der Massen gab er dem Papsttum eine so gewaltige Kraft, dass es in seiner Machtströmung die Staaten, die Kirchen und die bürgerliche Gesellschaft unwiderstehlich mit sich fortriss. Der Heilige Stuhl wurde durch Innozenz III. zum politischen Völkertribunal Europas".*

Papst Innozenz III. starb nach einem längeren Aufenthalt in Orvieto am 16. Juli 1216 in Perugia. Wie nicht selten in der mittelalterlichen Papstgeschichte, wurde sein Leichnam der kostbaren Gewänder beraubt. Bereits einen Tag nach seinem Tod wurde er in der Kathedrale von Perugia beigesetzt. Diese Grabstätte wurde im 16. Jahrhundert zerstört. Seine sterblichen Überreste lagerte man in einer Metallkiste in der Sakristei des Domes, später wurden sie in einen rosafarbenen Marmorsarkophag umgebettet. Erst im Jahre 1883 ordnete Papst Leo XIII. die Übertragung der Gebeine nach Rom an. Die neue Grabstätte errichtete Giuseppe Luchetti 1891. Seither ruht Papst Innozenz III. in der Lateranbasilika gleich am Eingang zu rechten Querschiff. Über der

Von Papst Leo XIII. neu errichtetes Grab für Papst Innozenz III.

auf einem Paradebett liegenden Papstgestalt sieht man in einer Lünette Christus, umgeben von den beiden großen Ordensgründern der Zeit: links den Hl. Franz von Assisi mit dem Kreuz, rechts den Hl. Dominikus mit dem Rosenkranz. Die Statuen in den Nischen neben der Tür zeigen rechts einen Kreuzritter in Kettenrüstung als Hinweis auf die Kreuzzüge, die der Papst initiiert hat. Er deutet auf die christliche Fahne des Sieges. Links trägt eine Frau eine Öllampe und ein Buch – die Inschrift verrät, dass es sich um die Weisheit (sapientia) handelt. Unter dem Mausoleum steht in goldenen Lettern: LEO XIII INNOCENTIO III MDCCCXCI [Leo XIII (stiftete dies) Innozenz III. (im Jahr) 1891].

Wenn wir nun die Stufen hinuntergehen und direkt vor dem riesigen gotischen Baldachin stehen, der sich über dem Papstaltar erhebt, befinden wir uns vor einer vergitterten Confessio – wir sind am Grab Papst Martins V. angelangt und zeitlich nun im ersten Drittel des 15. Jahrhunderts.

Martin V. (1417 – 1431) – der Überwinder des abendländischen Schismas

Oddo Colonna aus Genazzano bei Rom

Nach der Rückkehr der Päpste aus Avignon im Jahr 1378 war das Chaos in der Kirche groß. Es kam zur Wahl mehrerer Päpste und Gegenpäpste, bis schließlich der römisch-deutsche König Sigismund im Jahre 1414 ein Konzil nach Konstanz einberief, um durch Verhandlungen diese missliche Lage der Kirche endgültig zu überwinden und die Einheit aller Christen zu erreichen. Die Zerstrittenheit der Konzilsteilnehmer brachte eine Sedisvakanz von über zwei Jahren mit sich. Der moralische Zerfall der „Konzilsväter" findet heute noch sein beredtes Zeugnis am Konstanzer Hafen: Die provokante Konzilshure *Imperia*, geschaffen von Peter Lenk im Jahre 1993, dreht seither ihre frivolen Runden und hält zwischen opulenten Brüsten zwei mickrige nackte Männlein in ihren ausgebreiteten Händen. Der Künstler selbst nennt sie *„Gaukler, die sich die Insignien der weltlichen und geist-*

lichen Macht angeeignet hätten". Vielleicht handelt es sich dabei aber doch satirisch gesehen um die Figuren des später zum Kaiser gesalbten Sigismund und des Papstes Martin V. – *honi soit qui mal y pense!*

Nach 45 Sitzungen und einem komplizierten Wahlverfahren fand das Konzil schließlich einen tatkräftigen Mann aus einer der vornehmsten und mächtigsten Familien Roms, der Familie Colonna: den unehelichen Sohn des Kardinals Agapito Colonna und seiner Mätresse Caterina Conti. Der 49jährige Oddo war – so von Pastor – ein einfacher, persönlich bescheidener, nüchtern denkender, gerechtigkeitsliebender, intelligenter und unparteiischer Mann und schien deshalb die ideale Wahl, um die Kirche wieder in eine neue Zukunft zu führen. Drei Gegenpäpste in Pisa, Rom und Avignon wurden abgesetzt, der neu Erwählte nannte sich Martin V., weil er am Martinstag des Jahres 1417 gewählt worden war. Der König wollte den Papst eigentlich dazu bewegen, seinen Sitz definitiv in Deutschland zu nehmen, unter anderen standen Basel, Mainz oder Straßburg als Amtssitze zur Wahl, Martin jedoch wollte keinerlei Abhängigkeit von nationalen Interessen und war der Ansicht, *„allein Rom sei Mutter und Haupt der Kirche, nur dort habe der Papst als Steuermann am Ruder seinen Platz".*

Da Rom zu jener Zeit von den Truppen Neapels besetzt war, zog sich die Rückkehr des Papstes deutlich in die Länge. Unterwegs weihte er in Mailand noch den Hochaltar des Domes, nahm danach zunächst Residenz in Mantua, dann in Florenz und konnte erst am 29. September 1420 seinen

Einzug in Rom halten. Was er dort antraf, schildern die verschiedenen Quellen überaus drastisch: eine völlig heruntergekommene und verwahrloste Stadt, in der überall Trümmer herumlagen, in die behelfsmäßige Behausungen eingebaut waren. Am Kapitolshügel grasten die Ziegen, auf dem Forum suchten Kühe nach kümmerlichem Futter, weshalb beide Lokalitäten im römischen Volksmund bis zum heutigen Tag die Bezeichnung *Monte Caprino* (Ziegenberg) und *Campo Vaccino* (Rinderfeld) tragen. In den schmutzigen Gassen trieben Räuber ihr Unwesen, aus dem Schutt wuchs überall Gras und Gebüsch.

Viele Kirchen hatten kein Dach mehr oder waren als Pferdeställe genutzt, so auch die Basilika von St. Paul, wohin die Hirten der Campagna abends ihre Herden zum Übernachten trieben. Halb verwüstet war auch die Città Leonina, also der Bereich innerhalb der Vatikanischen Mauern, wo nachts Wölfe in die Gärten eindringen und Leichen aus dem Campo Santo Teutonico zerren konnten. Der Kirchenstaat war völlig marode und zersplittert: Bologna war inzwischen eine eigene Republik, andere Teile wurden von mächtigen lokalen Dynastien beherrscht. Ziele des Papstes waren die Wiederherstellung des Kirchenstaates, die Rückführung der Stadt Rom zu Normalität und Effizienz und vor allem die erneute Festigung des Primates des Bischofs von Rom. Er wies die lokalen Machthaber in ihre Schranken und erreichte es so, dass viele Städte nach und nach unter die Herrschaft des Papstes zurückkehrten.

In Rom ließ Martin mehrere Basiliken wieder herstellen, Tiberbrücken instandsetzen und ergriff energische Maßnahmen gegen die Plage des Räuberunwesens. So brachte er eine gewisse Sicherheit in die Stadt und gewann den Kirchenstaat zurück – aus diesem Grund hat man ihn schon zu Lebzeiten als *„Vater des Vaterlandes"* bezeichnet. Gleichwohl war er nicht frei von starkem Drang zum Nepotismus. Durch seine maßlos übertriebene Verwandtschaftsliebe und seine Geldgier gelang es ihm, seine Familie enorm zu bereichern und große Teile im südlichen Latium in den Besitz der Colonna zu bringen. Diese Anhäufung von Macht und Reichtum war aus damaliger Sicht auch erforderlich, hatte der Papst in Rom doch zahlreiche Feinde. Selbst eher bescheiden, so trat er bei Gottesdiensten in größtem Prunk mit reich besticktem Pluviale und prächtiger Tiara auf, für die der Florentiner Goldschmied Lorenzo Ghiberti eigens acht zierliche Figürchen aus massivem Gold anfertigte (vom selben Künstler stammt ja die berühmte Paradiesespforte am Baptisterium von Santa Maria del Fiore in Florenz).

Eine wichtige Zeitgenossin Martins war die vornehme Römerin Francesca Romana (siehe hierzu auch das Kapitel 11 zur gleichnamigen Basilika). Als „armes Weib von Trastevere" besuchte sie regelmäßig die Kirche Santa Maria Nuova, in der sie später als Heilige bestattet wurde.

An der Kurie beschäftigte Martin schon damals zahlreiche ausländische Mitarbeiter, darunter Spanier, Franzosen, Engländer und besonders auch Deutsche. Letztere standen ganz besonders in der Gunst des Papstes und so gab es damals eine große Anzahl deutscher Künstler, Kaufleute und Handwerker (Schneider, Bäcker, Sattler oder Weber) in der Ewigen Stadt. Aus diesem Grund verzeichnete man auch sehr viele deutsche Besucher in Rom – von Pastor schreibt, dass *„kein Volk zu allem Zeiten einen solchen Zug und Drang nach Rom bewahrt hat wie das Deutsche".* Zur Fasten- und Osterzeit zählte man 40.000 bis 50.000 Pilger, so dass man von einem ausgeprägten Fremdenverkehr schon in damaliger Zeit sprechen konnte. Der Papst betrachtete Rom als *„gemeinsame Heimat aller Christen"* und gründete deshalb auch mehrere Nationalstiftungen.

An innerkirchlichen Reformen war Martin indes weniger interessiert. Auch die vom Konstanzer Konzil geforderte Umwandlung der monarchistischen Verfassung der Kirche in eine Konstitutionelle lehnte er strikt ab, wäre damit doch eine Schwächung der Macht des Papsttums einhergegangen. So ist es folgerichtig, Martin V. als Neubegründer des Papst-Königtums und Restaurator der Stadt zu bezeichnen. Als Römer lag ihm viel am Wiederaufbau der heruntergekommenen Stadt, freilich ohne dabei ein klares urbanistisches Konzept zu verfolgen.

Sein Grabmal befindet sich in der Confessio der Lateranbasilika. Der Papst ruht unter einer bronzenen Grabplatte, die in Florenz gegossen und mit einem päpstlichen Schiff nach Rom gebracht wurde. Darauf ist die Figur des Papstes im päpstlichen Ornat mit Pallium und Tiara zu sehen, umrahmt von drei Darstellungen des Wappens der Colonna (eine

Säule, darüber die Schlüssel und die Tiara als Zeichen der Päpste). Die letzte Zeile der Inschrift darunter lautet:

TEMPORUM SUORUM FELICITAS – das Glück seiner Zeit. Der Papst wurde absichtlich im Lateran bestattet, wollte man dadurch doch unterstreichen, dass die Kontinuität des

Bischofs von Rom als Papst der Weltkirche von nun an gesichert war – die Laterankirche gilt *„als Mutter und Haupt aller Kirchen der Stadt Rom und des Erdkreises"*, woran zwei Tafeln an der Kirchenfassade erinnern.

Bis zum heutigen Tage ist es üblich, dass neugewählte Päpste nach ihrer Wahl in feierlicher Form von ihrer Bischofskathedrale Besitz ergreifen. Im Laufe der Jahrhunderte wurde es Brauch, dass Pilger und Besucher der Basilika Geldscheine und Münzen auf die Grabplatte werfen, wie man es auf dem Bild bis zum heutigen Tag erkennen kann. Ob die Besucher dem Papst damit danken wollen, dass er das abendländische Schisma überwunden hat, ist sicherlich fraglich.

Geht man nun links weiter die Stufen Richtung Apsis empor, so gelangt man in das linke Querschiff, wo wir über dem Eingang zur Sakristei das Grabmal von Papst Leo XIII. antreffen. Zeitlich machen wir einen großen Sprung vom 15. Jahrhundert an den Übergang vom 19. zum 20. Jahrhundert.

Leo XIII. (1878 – 1903) – der Gründer der katholischen Soziallehre

Gioacchino Pecci aus Carpineto (bei Anagni in der Nähe Roms)

Zu Beginn des Jahres 1878 traten zwei Protagonisten von der Bühne des öffentlichen Lebens in Italien ab: Der erste König des geeinten Königreichs Italien Vittorio Emanuele II. starb am 9. Januar, nur einen Monat später folgte ihm Papst Pius IX., der mit 32 Jahren das längste Pontifikat der Kirchengeschichte und die weltliche Macht der Päpste durch die gewaltsame Besetzung des Kirchenstaates verloren hatte. Durch die harte und unnachgiebige Haltung dieses Papstes, der auf alle Vermittlungs- und Aussöhnungsvorschläge mit einem bitteren *Non possumus* reagierte, hatte sich das Verhältnis zwischen Kirche und Staat in Italien derart verhärtet, dass eine Lösung der *„questione romana"* in weiter Ferne lag. Noch im Jahre 1874 hatte der Papst den Italienern unter Androhung der Exkommunikation verboten, an den Wahlen zum italienischen Parlament teilzunehmen.

In dieser angespannten Situation fanden die Kardinäle nach einem sehr kurzen Konklave in Kardinal Pecci, dem Erzbischof von Perugia, einen Nachfolger, der zwar die politischen Fakten nicht akzeptieren konnte, dennoch aber versuchte, ein erträgliches Verhältnis zwischen Italien und der Kirche herzustellen. Leo XIII. entstammte dem niedrigen Landadel, war als Kind schon durch seine Begabung und Liebe für die lateinische Sprache und die antike Kultur aufgefallen und hatte bei den Jesuiten am Collegium Romanum, der späteren Università Gregoriana, studiert. Nach kurzer Zeit als päpstlicher Nuntius in Belgien war er 32 Jahre Bischof im umbrischen Perugia und leitete als Kardinal-Camerlengo das Konklave, das zum ersten Mal in der Sixtinischen Kapelle im Vatikan stattfand und aus dem er als Papst hervorging. Er zeigte seine Wahl allen Staatsoberhäuptern an, lediglich den italienischen König ließ er außen vor, um sich auf diese Weise nicht dem Verdacht auszusetzen, er würde damit das Königreich Italien offiziell anerkennen. Es wird berichtet, dass der neue Papst selbst Gedichte in lateinischer und italienischer Sprache verfasste, in den Werken von Vergil, Horaz, Sallust und Tacitus bewandert war und offensichtlich die Divina Commedia Dantes mit über 14.000 Versen auswendig beherrschte.

Eine seltsame Begebenheit mag hier noch Erwähnung finden. Es war seit jeher Tradition, dass der dienstälteste Kardinaldiakon, der sog. Kardinal-Protodiakon, sowohl die

Wahl des neuen Papstes der Öffentlichkeit verkündete (*„Habemus papam"*) als auch die Krönung des neuen Kirchenoberhauptes vollzog. Im Februar 1878 erkrankte der zuständige Kardinal kurzfristig, so dass Leo XIII. von Kardinal Theodulf Mertel, einem bayrischen Bäckerssohn, mit der Tiara gekrönt wurde.

Von seinem Vorgänger hatte Leo das zentrale Problem der *„questione romana"* geerbt – nach wie vor war eine Lösung des Konfliktes zwischen Italien und der Kirche nicht in Sicht. Der Papst war praktisch ein *„König ohne Land"* und folgte der Haltung Pius IX., sich als *„Gefangener im Vatikan"* zu bezeichnen und aus Protest den Vatikan nach seiner Wahl nicht mehr zu verlassen.

Eine ganze Reihe von Entscheidungen des Papstes zeigen jedoch, wie er versuchte, die katholische Tradition mit dem modernen Zeitgeist zu versöhnen. Zwar betonte er nach wie vor die universale Stellung des Papsttums, machte aber dem deutschen Reichskanzler Otto von Bismarck Zugeständnisse und konnte so zum Ende des Kulturkampfes in Deutschland beitragen. Am 12. Oktober 1882 empfing der Papst den protestantischen deutschen Kaiser Wilhelm II. im Vatikan. Der französische Premierminister Léon Gambetta traute es Leo zu, *„die Verstandesehe der Kirche mit dem modernen Staat zustande zu bringen",* ein Unterfangen, das leider unter seinem Nachfolger wieder zusammenbrach. Er legte auch energischen Protest in der Dreyfus-Affäre in Frankreich ein. Im Jahre 1894 kam es dort zu einem politischen Skandal, weil der jüdische Artilleriehauptmann Alfred

Dreyfus fälschlicherweise der Spionage für den Erzfeind Deutschland beschuldigt und zu lebenslanger Haft verurteilt worden war. Der Papst stellte sich dabei auf die gleiche Linie wie der große französische Naturalist Emile Zola mit seinem Brandbrief *„J'accuse"* an den damaligen französischen Staatspräsidenten Félix Faure.

Im August 1883 ließ Leo das vatikanische Geheimarchiv öffnen und ermöglichte so zahlreichen Gelehrten aller Konfessionen den Zugang zu Quellen, die bislang verschlossen waren. Auch Ludwig von Pastor, der dem Papst aus Dankbarkeit seine *„Geschichte der Päpste seit dem Ausgang des Mittelalters"* widmete, konnte so unzähliges Detailwissen und eine ungeheure Fülle von Informationen verwenden, von denen eine Vielzahl in dieses Buch eingegangen sind (siehe Einleitung und Quellenverzeichnis).

Der Papst gilt als Begründer der katholischen Soziallehre, weil er im Jahre 1891 die Enzyklika *Rerum Novarum* veröffentlichte, in der er sich mit den Problemen der Verarmung großer Teile der arbeitenden Bevölkerung im blühenden Zeitalter der Industrialisierung befasste. Er betonte darin die Menschenrechte, die Pflichten des Staates zur Eindämmung der fortschreitenden Ausbeutung der einfachen Fabrikarbeiter und verurteilte die zunehmende Gewinnsucht der besitzenden Klasse. Häufig wird Leo deshalb auch als „Arbeiterpapst" bezeichnet: *"Im Allgemeinen ist in Bezug auf den Lohn wohl zu beachten, dass es wider göttliches und menschliches Gesetz geht, Notleidende zu unterdrücken und auszubeuten, um des eigenen Vorteils Willen. Dem*

Arbeiter den ihm gebührenden Verdienst vorzuenthalten, ist eine Sünde, die zum Himmel schreit". Das sind klare Worte, die 10 Jahre nach Erscheinen des KAPITALS von Karl Marx aus päpstlichem Mund fast revolutionär wirken, aber die tiefe Überzeugung des Papstes zeigen, dass die Menschenrechte ein unveräußerliches Gut und Basis des christlichen Glaubens sind. Leo verehrte auch Naturwissenschaftler wie Galileo Galilei und Alessandro Volta und ließ in seiner Sommerresidenz Castel Gandolfo eine Sternwarte errichten.

Der Papst versuchte zudem, sich für eine Beendigung des Schismas mit den orthodoxen Kirchen und den Anglikanern Englands einzusetzen, dieses Engagement blieb freilich erfolglos, weil er die Unterwerfung aller Kirchen unter den Primat des Papstes zur Bedingung machte. Unter seiner Regierungszeit erlebten der Marienkult und das Rosenkranzgebet eine neue Blüte – Maria wurde dabei als Mittlerin zwischen Gott und den Menschen in den Mittelpunkt gestellt. Im Jahre 1899 weihte der Papst das gesamte Menschengeschlecht dem Heiligsten Herzen Jesu. Dies war der Beginn einer intensiven Herz-Jesu-Verehrung, die vor allem in Italien und Südamerika bis zum heutigen Tage nachwirkt.

Leo XIII. verstand es, die Entwicklung der Massenmedien für die Verbreitung seiner Botschaften und die Positionierung seines Amtes in der Weltöffentlichkeit zu nutzen. Er schätzte die technologischen Errungenschaften seiner Zeit: So ist er der erste Papst, dessen Stimme auf Tonband existiert und der sich hat filmen lassen. Auf etwas wackligen Filmchen aus dem Jahr 1896 sieht man den greisen, gegenüber der Kamera etwas unsicher wirkenden Leo XIII. bei einer Kutschfahrt in den Vatikanischen Gärten mit seiner Entourage, die ihn immer wieder auffordert, Segenszeichen in Richtung der Kamera zu machen. Leo XIII. ist auch der erste Papst, der einer Journalistin – Madame Séverine, einer nichtkatholischen, französischen Feministin – ein Interview gab. Dabei hielt er keinen Monolog, sondern ging auf die Fragen der Frau ein. Der Augsburger Kirchenhistoriker Jörg Ernesti bezeichnet ihn daher als ersten "Medienpapst".

25, 86, 93 – das sind die Zahlen, die das Pontifikat Leos XIII. beschreiben. Seine Amtszeit dauerte 25 Jahre, was ihm in der Rangliste der am längsten regierenden Päpste Platz drei nach seinem Vorgänger mit 32 und Papst Johannes Paul II. mit 27 Jahren beschert. In dieser Zeit verfasste er insgesamt 86 Rundschreiben, sogenannte Enzykliken – bis heute ein absoluter Rekord. Und er starb im gesegneten Alter von 93 Jahren: Kein amtierender Papst war zum Zeitpunkt seines Todes älter. Zu seinen Lebzeiten erfreute er sich großer Beliebtheit. Seine Ausstrahlung, seine Liebenswürdigkeit sowie seine Neugier für Neues kamen sowohl bei einfachen Gläubigen als auch bei Staatsgästen gut an.

Der Papst starb am 20. Juli 1903, am Abend des 25. Juli fand seine Beisetzung statt. Sein Leichnam wurde in einen Zypressensarg gelegt, dieser kam in einen zweiten Sarg aus Blei (mit einem Gewicht von vier Zentnern) und schließlich

in einen dritten Sarg aus hellem Ulmenholz. Nachdem alle Särge verschlossen und versiegelt waren, erfolgte die Beisetzung in der Nische einer Chorkapelle des Petersdoms.

Da Leo aber den Wunsch hatte, in der Basilika S. Giovanni in Laterano bestattet zu werden, war sein Grab in St. Peter lediglich ein Provisorium. In der Nacht vom 22. auf den 23. Oktober 1924 wurden seine sterblichen Überreste unter strengstem Stillschweigen endlich in die Lateranbasilika transferiert. Nach einem Totenamt wurde der Leichnam am 4. November in dem neuen Grabmal des Künstlers Giulio Tadolini beigesetzt, das von den Kardinälen, die er ernannt hatte, gestiftet wurde und das heute rechts am Zugang zum linken Querschiff der Basilika steht.

Die segnende Papstfigur mit der Tiara steht auf einem schwarzen Marmorsarg mit der schlichten Aufschrift LEONI XIII., darunter das Wappen des Papstes. Links erkennt man einen Mann im Arbeitergewand, ein Hinweis darauf, dass sich der Papst den sozialen Fragen seiner Zeit annahm, auf der rechten Seite beugt sich eine Frau mit einem Kreuz über den Sarkophag, Sinnbild der Kirche, die ermattet erkennt, dass sich die Zeiten inzwischen geändert haben. Die Inschrift links des Eingangs zur Sakristei weist auf die Haltung der Kirche hinsichtlich der modernen Entwicklung in der ganzen Welt hin, auf der rechten Seite zeigt sie sich zuversichtlich, dass aus allen Regionen der Erde die Menschen zum Herrn der Kirche finden.

Leo XIII. war der letzte Papst, dem man die Eingeweide (*„praecorida"*) entnahm und sie in der Kirche SS. Vincenzo e Anastasio gegenüber dem Trevibrunnen in einer Urne beisetzte (siehe dazu Näheres in Kap. 13).

Was man in der Lateranbasilika noch anschauen könnte:

- gleich in der Nähe des Eingangs im ersten rechten Seitenschiff ein **Fresko von Giotto**, das Papst Bonifatius VIII. zeigt, wie er gerade das erste Heilige Jahr 1300 verkündet – diesem Papst hat Dante Alighieri im 19. Gesang des Inferno in der Divina Commedia (übrigens zu dessen Lebzeiten) einen Platz in der Unterwelt reserviert

- das Mittelschiff mit den **12 riesigen Apostelfiguren** und ihren jeweiligen Attributen (z.B. die abgezogene Haut des hl. Bartholomäus)

- darüber befinden sich herrliche Basreliefs, die die **„biblische Konkordanz"** zum Thema haben: Was im Alten Bund vorausgesagt wurde, wird sich im Neuen Bund erfüllen. Direkt über dem Eingang erkennt man z.B. Jonas mit dem Walfisch, gegenüber die Auferstehung Christi („wie Jonas drei Tage und drei Nächte im Maul des Walfischs verbrachte, so wird der Menschensohn drei Tage und drei Nächte im Schoß der Mutter Erde liegen")

- den **gotischen Baldachin** über dem Hochaltar, der oben hinter einem Gitter die mit einer Silbermaske überzogenen Häupter der beiden Apostelfürsten Petrus und Paulus beherbergt

- das **Apsismosaik** mit dem Siegeszeichen des Kreuzes auf dem Vierstromberg, darunter der Papstthron mit kostbaren Einlegearbeiten

213

- den **Sakramentsaltar** *am Ende des linken Quer-schiffs: Oben befindet sich eine Darstellung des Letzten Abendmahls, dahinter ist ein Teil einer Tischplatte sichtbar, an der Christus das Sakrament der Eucharistie am Gründonnerstag in Jerusalem eingesetzt haben soll*

Dem interessierten Besucher empfehle ich zusätzlich drei interessante Sehenswürdigkeiten, die sich ideal mit dem Besuch der Lateranbasilika verbinden lassen.

Schräg gegenüber dem Hauptportal der Basilika befindet sich ein unscheinbares Gebäude, das die **Scala Santa**, die Heilige Stiege, beherbergt. Das Gebäude ließ Papst Sixtus V. von seinem Lieblingsarchitekten Domenico Fontana Ende des 16. Jahrhunderts zu Ehren der Passion Christi erbauen. Wenn man eintritt, so erhebt sich vor einem in der Mitte eine 28 Stufen lange Marmortreppe, die mit Holz verkleidet ist. Nach christlicher Überlieferung soll es sich angeblich um die Treppe handeln, über die Jesus nach seiner Geißelung im Palast des Pontius Pilatus hochgestiegen sei. Kaiserin Helena, die Mutter des Kaisers Konstantin, soll sie 326 n. Chr. nach Rom gebracht haben. Sie gehört zu den ältesten und verehrtesten Heiligtümern Roms und darf nur kniend und betend erklommen werden. Unter den in das Holz eingelassenen Glasscheibchen vermutet man, Spuren des Blutes Christi erkennen zu können. Die Treppe führt heute zu einer ehemaligen Privatkapelle der Päpste empor. Bei meinem Besuch im Oktober 2024 war die Treppe von unten bis oben mit gläubigen Betern voll.

Nur wenige hundert Meter zu Fuß Richtung Colosseum erreicht man die Kirche SS. Quattro Coronati. Im Vorhof dieser Kirche befindet sich rechts die **Silvesterkapelle**, in der man sehr gut erhaltene Fresken aus dem 13. Jahrhundert bestaunen kann. Sie erzählen dem des Lesens und Schreibens unkundigen mittelalterlichen Gläubigen in überaus anschaulicher Weise die Silvesterlegende bzw. die sog. Konstantinische Schenkung. Wenn man Glück hat, ist die Kapelle geöffnet. Sollte dies nicht der Fall sein, so kann man im zweiten Vorhof rechts beim Kloster der „Monache agostiniane" klingeln und um den Schlüssel für die gegenüberliegende Kapelle bitten – ein kleiner Obolus wird für die Herausgabe gerne genommen.

Nur wenige Meter bergab trifft man rechts auf eine der schönsten und ältesten Basiliken Roms, nämlich die **Basilica San Clemente**. In der Oberkirche hat man einen exzellenten Eindruck einer altrömischen Basilika mit einer sog. Schola Cantorum, wo die beiden Ambonen (Lesepulte) und der Raum der Sänger mit Marmorschranken ummauert sind. Das Apsismosaik aus dem 12. Jahrhundert mit dem Triumph des Kreuzes ist eines der schönsten in ganz Rom. Rechter Hand geht es durch einen kleinen Andenkenladen hinunter in die Unterkirche, die erst in der Mitte des 19. Jahrhunderts freigelegt wurde. Hier kann man wunderschön erhaltene Fresken aus dem 9. Jahrhundert bestaunen. Und schließlich führt eine steile Treppe nochmals ein Stockwerk tiefer zu einem uralten Mithras-Heiligtum – dort unten befindet man sich tatsächlich auf dem Straßenniveau des alten Rom im ersten christlichen Jahrhundert.

Für weiterführende Beschreibungen verweise ich gerne wieder auf den Pilgerbegleiter von P. Martin Ramm FSSP (siehe Quellenverzeichnis).

4. Santa Maria di Monserrato

Die Kirche Santa Maria di Monserrato liegt in der Via di Monserrato 115, nur wenige Meter vom Campo de' Fiori entfernt.

Der Bau wurde schon zu Beginn des 16. Jahrhunderts im Auftrag des Borja-Papstes von Antonio da Sangallo d.J. als Nationalkirche der Aragonesen und Katalanen begonnen, aber erst zu Beginn des 19. Jahrhunderts vollendet. Seit 1807 ist die einschiffige, mit einem Tonnengewölbe überspannte Kirche spanische Nationalkirche. In der ersten Kapelle rechts befindet sich das Grabmal, das uns hier besonders interessiert. Es ist ein Doppelgrabmal für die beiden aus der spanischen Familie Borja stammenden Päpste Callixtus III. (1455-1458) und seines Neffen Alexanders VI. (1492-1503).

Alexander VI. (1492 – 1503) – die Inkarnation des Teufels

Rodrigo de Borja aus Jativa bei Valencia

In seinen *Promenades dans Rome* schreibt Stendhal, dass dieser Papst *„sur la terre la moins imparfaite incarnation du diable"* gewesen sei (zitiert nach Kühner S. 242). In der Tat war diese Figur auf dem Stuhl Petri eine ganz besonders unrühmliche, sittenlose Ausnahmeerscheinung. Die Papstwahl nach dem Tod Innozenz VIII. wurde von allen Seiten beeinflusst. Damals bereits galt Giuliano della Rovere als *papabile* und den Umstand, dass Borja Spanier war, empfanden viele Kardinäle im Konklave zunächst als Nachteil. Unter dem Einfluss seines späteren Nachfolgers Julius II. versprach er den Kardinälen allerdings enorme Vergünstigungen im Falle seiner Wahl und konnte so bereits nach kurzer Sedisvakanz am 11. August 1492 den Stuhl Petri besteigen. Seine Wahl zum Papst ist ausschließlich durch Simonie zustande gekommen. Zu seiner Krönung arrangierte man ein glänzendes Fest, die Straßen wurden mit Teppichen

ausgelegt und mit Blumen, Girlanden, Fahnen und Triumphbögen geschmückt. Im ganzen Land erklang Glockengeläut,
Freudenfeuer wurden entzündet und es kam zu enormer,
fast blasphemischer Lobhudelei des Neugewählten:

„Rom hat groß ein Cäsar gemacht, nun hebt Alexander kühn es
zum Gipfel empor, Mensch der, dieser ein Gott".

Mit der Wahl seines Papstnamens wollte Alexander seinen
Machtanspruch unterstreichen, verglich er sich doch auf
diese Weise mit Alexander dem Großen. Er verstand sich als
weltlicher Territorialfürst, galt als geschickter Politiker, ein
Mann *„von hochstrebendem Sinn, mäßiger Bildung, ver-*
schlagen von Natur aus, herablassend, mit würdevollem
Auftreten und einer majestätischen Gestalt". Seine *„hervor-*
ragende Schönheit und seine enorme Körperkraft" wurden
gegen Geld und Privilegien gerühmt, in Wirklichkeit war er
hässlich wie die Nacht und hatte einen extrem übersteiger-
ten Sexualtrieb, den er auch als Papst nicht zu zügeln vermochte. Die Beschreibungen über ihn stimmen weitgehend
überein, dass er einen derart unsittlichen Lebenswandel
führte, so dass er eigentlich nicht einmal die unterste Kleri-
kerstufe hätte erreichen können – allein war das in der damaligen Zeit den Leuten weitgehend egal, so dass der Papst
seinen ausschweifenden Lebensstil nicht einmal verheimli-
chen musste.

Papst Borja hatte insgesamt neun Kinder: drei zeugte er bereits als junger Kardinal; mit seiner langjährigen Geliebten
Vanozza de' Cattanei hatte er vier Kinder, darunter die beiden Bekanntesten, Cesare und Lucrezia, in späteren Jahren

kam zwei weitere Kinder hinzu. Den Bruder seiner über 40 Jahre jüngeren Mätresse Giulia Farnese, Alessandro Farnese, erhob er in den Kardinalsstand. Dieser wurde vom Volk als *„cardinale della gonnella"* (Röckchenkardinal) oder *„cardinale fregnese"* (Mösenkardinal) bezeichnet, während die Mätresse selbst als *„sponsa Christi"* verhöhnt wurde. Die „Hauptgeliebte" Vanozza de' Cattanei lebte übrigens mit den drei unehelichen Söhnen des Papstes am *Vicus Sceleratus*, heute ein herrlich mit Efeu bewachsener Palast direkt an der steilen Treppe, die von der Via Cavour hinauf zum Vorplatz der Basilica San Pietro in Vincoli führt.

War es anfangs sein erklärtes Ziel, Ruhe in den Kirchenstaat zu bringen und die drohende Türkengefahr abzuwenden, so wandte sich Alexander bald nur noch seinen ausschweifenden Orgien und seiner Verwandtenbegünstigung zu. Er wollte das hohe Amt genießen, vergnüglich leben, seine Gelüste und seinen Ehrgeiz befriedigen – in diesem Tun schien er täglich jünger zu werden. Durch Nepotismus sollte das Haus Borja zu dauerhafter Macht und enormem Reichtum kommen: Pastor schreibt, dass *„nicht zehn Papsttümer ausreichen würden, um die gierige Sippschaft seiner Familie zu befriedigen".* Die Korruptheit unter diesem Pontifikat schien grenzenlos, Kardinalsämter wurden den Meistbietenden zum Kauf angeboten. Zudem war der Papst des Italienischen nicht mächtig; durch die zahlreich in Rom anwesende Verwandtschaft verbreitete sich sein Heimatdialekt Valencianisch, was vom Volk freilich nicht gerne gesehen wurde.

Seiner Tochter Lucrezia werden in der Literatur zahlreiche Verbrechen und Skandale zugeschrieben, was wohl zum Teil nicht der Wirklichkeit entspricht. Lucrezia war eine hübsche, graziöse, liebenswürdige und heitere junge Frau mit langwallendem goldenem Haar. Bereits im Alter von 11 Jahren wurde sie verlobt. Die erste Hochzeit mit einem Gatten aus dem Hause Sforza wurde mit riesigem Pomp im Vatikan gefeiert, später aber wieder geschieden, weil die Ehe offensichtlich „nicht vollzogen" wurde, wie man das in kirchlichen Kreisen bis heute nennt. Aus politischen Gründen musste sie dann Alfonso von Aragon heiraten, dieser Gatte wurde aber nur zwei Jahre später im Auftrag ihres Bruders Cesare erwürgt, so dass eine dritte Hochzeit mit Alfonso d'Este aus Ferrara anstand. In dieser Zeit wird von einem tadellosen Lebenswandel der Papsttochter berichtet.

Lucrezia ist Stoff unzähliger Bücher und Romane. Gaetano Donizetti schrieb nach dem Drama von Victor Hugo eine Oper über ihr Leben, die im Dezember 1833 an der Mailänder Scala uraufgeführt wurde. Die oft betörend schöne Musik, die sie in der Oper zu singen hat, macht sie dem Publikum geradezu sympathisch. Sie erscheint als eine extrem schillernde, unberechenbare, eigentlich unglückliche, bemitleidenswerte und sensible Frau, die in einem gefährlichen Umfeld aufgewachsen ist und mit einem mordlustigen Mann verheiratet wurde. Frühere Untaten scheint Lucrezia zu bereuen, trotzdem ist sie rachsüchtig und ermordet im Delirium schließlich ihren ungeliebten Gemahl. Ihre berühmte „Wahnsinnsarie" zählt zum Schönsten, was die Opernmusik des 19. Jahrhunderts hervorgebracht hat.

Ihr Bruder Cesare hingegen war ein typischer Fürstensohn, zwar vielseitig gebildet und überaus extravagant, vor allem aber wollüstig, herrschsüchtig, blutrünstig, falsch und verschlagen genau wie sein Vater. Er entwickelte sich zu einem skrupellosen Tyrannen und Machtmenschen, wurde vom Vater zum Bischof von Valencia und Kardinal ernannt, legte diese Würde aber später ab, um heiraten zu können. Bei Pastor heißt es, dass *„er mit seinem hübschen Gesicht und seinem athletischen Körper die gleiche Anziehung auf Frauen ausübte wie sein Vater".* Seine sexuellen Ausschweifungen brachten es unweigerlich mit sich, dass er an Syphilis erkrankte. Cesares Hobbies waren neben dem Sex Krieg und Politik. In den von ihm eroberten Gebieten herrschte er mit äußerster Strenge und brutalster Grausamkeit. Wer sich nicht fügte, musste damit rechnen, erdrosselt oder erdolcht zu werden. *„Jede Nacht findet man in Rom vier, fünf Ermordete – Bischöfe, Prälaten und einfache Leute; die ganze Stadt zittert vor dem Herzog"* – so berichtete ein Botschafter nach Hause. Seinem päpstlichen Vater wurde vorgeworfen, *„er habe dem Antichristen den Weg gebahnt".*

Ein besonders wichtiges weltpolitisches Ereignis darf hier nicht unerwähnt bleiben. Ein Seefahrer aus Genua stach im August des Jahres 1492 in See, um bei dieser Expedition den Seeweg nach Indien und China zu finden, sein Name war Christoph Columbus. Auf dieser westwärts gerichteten Reise stellte sich ihm aber ein neuer Kontinent entgegen, den man später nach dem Italiener Amerigo Vespucci Amerika nannte. Schon sehr früh kam es zwischen den damals konkurrierenden Seemächten Spanien und Portugal zu Streitigkeiten, wem nun welcher Teil der eroberten Neuen Welt gehören solle. So lag es für katholische Nationen nahe, einen Schiedsspruch des regierenden Papstes einzuholen. Im Vertrag von Tordesillas (einer Kleinstadt zwischen Valladolid und Salamanca) legte Papst Alexander VI. förmlich und öffentlich am 7. Juni des Jahres 1494 die kolonialen Hoheitsgebiete der Spanier und Portugiesen in der Neuen Welt mit einer Demarkationslinie quer durch den Atlantik fest – eine Folge dieses Schiedsspruches ist heute noch die Tatsache, dass in Brasilien Portugiesisch, im Rest Südamerikas aber Spanisch gesprochen wird.

Einer der Hauptwidersacher des Papstes war der Prior des Dominikanerklosters von San Marco in Florenz, Girolamo Savonarola. Mit harten Worten tadelte *„das lebende Gewissen der Kirche"* (Kühner) in seinen Predigten den Papst und die Kurie: *„Tritt her, du verruchte Kirche! Die Wollust hat aus dir eine schamlose Dirne gemacht ... du bist ein abscheuliches Wesen, dein Pesthauch steigt zum Himmel auf".* Er warf dem Papst und den hohen kurialen Prälaten öffentlich die Unzucht und das ausschweifende Leben vor (*„ihr Kirchenführer geht nachts zu den Konkubinen und morgens zu den Sakramenten").* Im Jahre 1495 lud ihn Alexander nach Rom vor. Es wurde versucht, den Mönch zum Schweigen zu bringen, indem man ihm die Kardinalswürde antrug, er lehnte die Erhebung indessen ab und predigte weiter

(*„das Schwert des göttlichen Zorns wird sich auf die Erde senken"*). Im Mai des Jahres 1497 wurde er exkommuniziert, auf der Piazza della Signoria in Florenz zusammen mit zwei Mitbrüdern öffentlich erhängt und anschließend verbrannt, seine Asche wurde in den Arno geschüttet. Martin Luther bezeichnete Savonarola als *„heiligen Mann".*

Dass ein Papst dieses Schlages keinerlei Sinn für dringend nötige kirchliche Reformen hatte, versteht sich von selbst. Ein im Jahre 1497 vorgelegter großer Reformversuch blieb im Nichts stecken, ein Skandal folgte auf den anderen. Am *Pasquino*, dem Torso ganz in der Nähe der Piazza Navona in Rom, gab es zahllose Spottverse auf den Papst und seine Kurie. Trotz seines üblen Lebenswandels scheint Alexander aber ein wahrer Marienverehrer gewesen zu sein. Er habe dem *Ave Maria* die Textzeile *„ora pro nobis peccatoribus nunc et in hora mortis nostrae"* hinzugefügt, was wohl auch aus der zeitbedingten Weltuntergangsstimmung jener Jahre verständlich wird.

In Rom selbst fiel der Papst vor allem durch Bautätigkeiten jenseits des Tibers um die Città Leonina auf: Der Stadtteil in der Nähe des Vatikans wurde völlig umstrukturiert, neue Straßen wurden angelegt, damit pompöse Prozessionen, Faschingsumzüge, Turniere und Stierkämpfe stattfinden konnten – weltliche Vergnügungen und profaner Pomp überwucherten das geistliche Leben. Die Engelsburg wurde zu einer wahren Festung mit Wall, Wassergraben und dicken Außenmauern umgebaut sowie im Inneren mit einer breiten ansteigenden Treppe versehen, auf der man hinaufreiten konnte. Waffenmagazine und allein fünf Gefängnisse wurden im Mausoleum des Kaisers Hadrian eingerichtet – es ist ja bekannt, dass die Engelsburg in der Geschichte niemals eingenommen wurde.

Alexander sorgte auch für den Ausbau seiner Privatgemächer im Apostolischen Palast und ließ das Appartamento Borgia direkt unter den Stanzen Raffaels mit herrlichen Fresken Pinturicchios ausmalen – ein berühmtes Gemälde zeigt den Papst demütig kniend und betend, was freilich *„kaum sein wahres Wesen voll leidenschaftlicher Gewalttätigkeit verbergen konnte",* wie Fuhrmann dies formuliert: *„Das strenge Profil* (auf dem Bild) *bekennt ohne Zögern die Laster und Vorzüge dieses außerordentlichen Menschen: Kalte Intelligenz, unbändiges Wollen, Raffinement und Sinnlichkeit".* Unter Alexander wurde im Jahre 1498 auch die herrliche Kassettendecke in Santa Maria Maggiore mit dem ersten Gold verziert, das aus der inzwischen eroberten Neuen Welt Südamerikas nach Rom gekommen war. Mehrere Kirchenneubauten, darunter Trinità dei Monti auf dem Pincio, Santa Maria di Loreto (als Kirche der Bäckerszunft) und Santa Maria in Monserrato, in der wir uns ja gerade befinden, gehen auf Initiative dieses Papstes zurück.

Noch während seines Pontifikats kam Donato Bramante 1499 im Alter von bereits 55 Jahren nach Rom und begeisterte sich hier für den Baustil der Antike. Ein traumhaftes Beispiel seines Könnens lieferte dieser Künstler mit dem 1502 vollendeten *Tempietto* im Hof der Kirche San Pietro in Montorio, die am Aufstieg von Trastevere zum Gianicolo

gelegen ist. Wenig später wurde Bramante dann erster Baumeister der neu zu errichtenden Petersbasilika, wozu er von
Papst Julius II. berufen wurde.

Im Sommer des Jahres 1503 stand es um die Gesundheit
des Papstes immer schlechter, die enorme Hitze in Rom
machte ihm zunehmend zu schaffen und er starb schließlich
am 18. August 1503. Ein junger Geistlicher, der im Sterbe-
zimmer Alexanders zugegen war, bezeugt, *„der Teufel persönlich habe den Papst abgeholt".* Man berichtet, dass sich
sein Leichnam nach Eintreten des Todes schnell schwärzlich
verfärbt hätte, unnatürlich stark aufgequollen wäre und
übelriechende Sekrete abgesondert habe. Diese Umstände
nährten Gerüchte, wonach der Papst an einem Gifttrank gestorben sei, den er für einen Gegner hatte zubereiten lassen
und irrtümlich selbst zu sich nahm. Eine zweite Theorie ist
eher der Meinung, der Papst sei der Malaria erlegen, die
damals in Rom und in den küstennahen Gebieten des Kirchenstaates gewütet hatte. Aufgrund seines schlechten
Rufs im Volk wurde dem Papst ein ehrenvolles Begräbnis
verwehrt. Erst im Jahre 1610 wurden seine Gebeine in die
spanische Nationalkirche überführt – dort ruhen sie bis zum
heutigen Tag in einem überaus schlichten Doppelgrab. Hier
wird auch an seinen Onkel, den früheren Papst Callixtus III.
erinnert. Dieser war im Jahre 1455 als erster Borja-Papst

nur deshalb auf den Apostolischen Stuhl gekommen, weil
sich die Rivalen der Familien Colonna und Orsini gegenseitig
blockierten. Über dem Sarkophag ist auf einem Kissen die
päpstliche Tiara abgelegt, im Tympanon erkennt man das
Wappen der Borja. Darunter sind gekreuzt ein Bischofsstab

und eine päpstliche Ferula zu erkennen. Unter dem Grabmal befindet sich eine Marmortafel, die daran erinnert, dass König Alfonso XIII. von Spanien (1886-1941) ursprünglich hier bestattet war und nach der Wiederherstellung der Monarchie in das Pantheon der spanischen Könige im Escorial bei Madrid im Jahre 1980 umgebettet wurde.

Will man ein Fazit des Pontifikats Alexanders VI. ziehen, so eignen sich die Ausführungen Kühners (S. 244): *„Die Religion spielte in seinem Leben nur die Rolle einer Phrase, die Kirche war für ihn nur eine Kostümfrage. Schon Zeitgenossen erklärten ihn zum Atheisten. Vom Dämon Cesares getrieben … steuerte er auf die völlige Säkularisierung des Papsttums zu. Er war Cesare bis in jeden einzelnen verbrecherischen Plan zur Steigerung der Macht hörig … bis ans Ende blieb er Sklave seiner Laster – noch kurz vor dem Tode wurde sein letzter Bastard Rodrigo geboren. Der Papst hat die Kirche an den Rand des Ruins gebracht".*

Nach dem Tod dieses unseligen Papstes hätte kein spanischer Kardinal mehr die geringste Aussicht auf den Stuhl Petri gehabt. Die Panik, die Cesare Borja jedoch immer noch in Rom auslöste, brachte die versammelten Kardinäle dazu, den gefährlichen Papstsohn mit Hilfe der Botschafter Deutschlands, Spaniens, Frankreichs und Venedigs aus Rom zu verjagen. Die Wahl des Nachfolgers fiel auf Francesco Todeschini-Piccolomini, einen selbstlosen, reformeifrigen und gebildeten Mann. Leider war ihm nur eine Regierungszeit von knapp einem Monat beschieden, so dass die Kardinäle im Oktober erneut zusammentreten mussten. Endlich war der Weg für Giuliano della Rovere frei, der als Julius II. zum überragenden Muster eines Renaissancepapstes werden sollte. Sein berühmtes Grabmal finden wir in seiner ehemaligen Titelkirche San Pietro in Vincoli (siehe dazu Kapitel 10).

5. Sant'Agnese in Agone

Die Kirche liegt direkt an der berühmten Piazza Navona. Ein erster Blick auf diesen langgestreckten, ovalen Platz lässt bereits erkennen, was hier in der Antike los war: Julius Cäsar ließ im Jahre 46 v. Chr. ein Stadion für athletische Wettkämpfe errichten. Kaiser Domitian erweiterte es Ende des 1. Jahrhunderts n. Chr. zu einer monumentalen Zirkusanlage, so dass es damals Platz für 30.000 Zuschauer bot, die sich an den *agones* (Kampfspielen) erfreuen konnten – der Name Sant'Agnese in Agone geht darauf zurück.

Die Tradition berichtet, dass die hl. Agnes zu Beginn des 4. Jahrhunderts in diesem Zirkus des Kaisers Domitian das Martyrium erlitten haben soll. Der Tochter aus reicher römischer Familie wurde vorgeworfen, sich gegen die Heirat mit einem älteren Mann gewehrt zu haben, weil sie bereits mit Christus verlobt sei. Als Symbol der Reinheit und Sanftmut trägt sie in Darstellungen häufig ein Lämmchen im Arm. Seit dem 8. Jahrhundert ist eine Kultstätte für die Heilige an dieser Stelle bezeugt, später stand hier eine Kirche aus dem 12. Jahrhundert. Aber erst im 17. Jahrhundert ließ die Familie Pamphilj die Kirche vollständig im Barockstil von Francesco Borromini neu erbauen, eingeweiht wurde sie am 17. Januar 1672. Der Innenraum ist prunkvoll mit Marmor und zahlreichen Fresken ausgestattet, das Kuppelgemälde zeigt die Verherrlichung der Hl. Agnes. Borromini als Baumeister der Kirche und Bernini als Schöpfer des in der Mitte des Platzes befindlichen Vier-Flüsse-Brunnens wurden beide von der Familie des Papstes Innozenz' X. mit Aufträgen versorgt – den Vorzug erhielt dabei aber meist Bernini, weshalb der aus dem Tessin stammende Francesco Borromini aus Gram und Enttäuschung häufig an Depressionen litt und im Jahre 1667 Selbstmord beging. Das Grab Borrominis finden wir übrigens in der Basilica San Giovanni dei Fiorentini unmittelbar rechts, wenn man vom Vatikan kommend den Tiber überquert und in den Corso Vittorio Emanuele einbiegt. Es befindet sich unter einer einfachen Marmorplatte links am vorderen Ende des Kirchenschiffes: Franciscus Borromini 1599-1667.

Die Kirche Sant'Agnese ist bis heute eine beliebte Titelkirche der Kardinäle. Aktuell ist der deutsche Kurienkardinal Gerhard Ludwig Müller, früher Bischof von Regensburg und Präfekt der Glaubenskongregation, Inhaber der Titeldiakonie von Sant'Agnese.

Innozenz X. (1644 – 1655) – ein Papst unter der Fuchtel der „*papessa*"

Giambattista Pamphilj aus Rom

Wir befinden uns mitten in der Barockzeit und dem Wirken zweier sehr unterschiedlicher Künstler in Rom: Gian Lorenzo Bernini, der gefeierte, weltgewandte Bildhauer und Francesco Borromini, der mürrische, einsilbige Steinmetz und „*Gehilfe des großen Meisters*". Als Papst Urban VIII. am 29. Juli 1644 nach langer Regierungszeit starb, war das Kollegium der Kardinäle wie so oft äußerst zerstritten und es dauerte fast sechs Wochen, bis Kardinal Pamphilj im Alter von 70 Jahren gewählt war und als Innozenz X. die Nachfolge des Barberini-Papstes antrat. Der neue Papst galt schon früher als *papabile*, scheiterte aber immer wieder am deutlichen Widerstand von Kardinal Mazarin aus Frankreich, weil er zu sehr auf der Seite Spaniens stand. Unmittelbar nach seiner Wahl musste der Papst – wie es damals üblich war – auf der „*sedia stercoraria*" Platz nehmen, wo ein junger Kardinal seine Geschlechtsteile prüfte um sicher zu sein, dass wirklich ein Mann auf den Stuhl Petri gewählt worden waren. Dieser Brauch scheint auf das 9. Jahrhundert zurückzugehen, als mit Papst Johannes VIII. in Wirklichkeit eine als Mönch verkleidete Frau den Apostolischen Stuhl bestiegen habe – ein Legendenstoff, den seriöse Historiker bis heute anzweifeln. Fuhrmann deutet die *sedia stercoraria* als *„Kotstuhl, der vor dem neugewählten Papst aufgestellt wurde, um ihm zu verdeutlichen, dass er mit dem Aufstieg auf den Stuhl Petri auch aus dem Dreck [der einfachen Menschheit] aufsteige".* Erst spätere Legenden haben diesen Stuhl wohl zum „Greifstuhl" umgedeutet, an dem ein Kardinal mit dem Griff zu den Genitalien und den Worten *„testiculos habet"* die Männlichkeit des neuen Papstes bestätigt hätte.

Papst Innozenz wird beschrieben als Mensch mit derben Gesichtszügen, einem durchbohrenden Blick, überaus misstrauisch, argwöhnisch und verschlossen. Ludwig von Pastor fährt fort: *„Innozenz war bester Gesundheit, hatte eine große, hagere Gestalt, kleine Augen, große Füße und einen spärlichen Bartwuchs – er war ebenso hässlich wie Leo X."* Der spanische Maler Diego Velasquez kam im hl. Jahr 1650 nach Rom und malte den Papst, offenbar ohne dass dieser ihm je auch nur eine Stunde Portrait gesessen hätte. Das berühmte Gemälde ist ein echtes Portrait, das heute in der Galleria Doria Pamphilj hängt. Es zeigt den Papst auf einem roten Thronsessel, seine Rechte mit dem Fischerring hängt nach vorne, er trägt ein blendend weißes Rochett und eine

Mozzetta aus roter Seide. Als Kopfbedeckung trägt er den damals üblichen Camauro, eine rote Samtmütze mit weißem Fellrand. Hinter ihm hängt ein karmesinroter Vorhang, der dem gesamten Gemälde eine außerordentliche Würde verleiht – der Papst selbst habe dieses Bild als *„troppo vero"* bezeichnet.

Ein ganz besonderes Kennzeichen der Regierungszeit dieses Papstes war der überaus große und unselige Einfluss seiner Schwägerin, der Donna Olimpia Maidalchini. Sie war eine kluge, energische, selbstbewusste, habgierige, geizige und extrem herrschsüchtige Frau. Sie entstammte dem Stadtadel von Viterbo, hatte einen Sohn und zwei Töchter vom Bruder des Papstes, brachte durch die Heirat sehr viel Geld mit in die Familie und stieg so zum Familienoberhaupt der Pamphilj auf. Die Maidalchini war eine schlaue Intrigantin bei Hof und verstand es, die Kardinäle gegeneinander auszuspielen. Sie konnte ihren Schwager so lenken, wie es ihren persönlichen Interessen entsprach, so dass Innozenz ihren Sohn Camillo zum Kardinalnepoten ernannte und sie als Alleinerbin einsetzte. Sie hatte eine fast offizielle Stellung am päpstlichen Hof und wurde rasch zur unbestrittenen Regentin des Kirchenstaates. Sie organisierte große Feste, ließ Komödien aufführen und kaufte viele Güter auf. Das Volk hingegen zerriss sich das Maul mit Schmähschriften am *Pasquino*, der antiken Statue, die nur wenige Meter vom Familienpalast der Pamphilj entfernt steht. Man nannte sie die *olim pia* (= die einst Fromme), *la pimpaccia di Piazza Navona* (= die Aufgetakelte von der Piazza Navona) oder die *papessa* (= die Päpstin). Der Einfluss dieser Frau war nur möglich, weil der Papst selbst sehr wankelmütig und schwach war, er fasste zu niemandem Vertrauen. Andererseits war er fromm und bescheiden. Als im hl. Jahr 1650 Massen von Pilgern nach Rom strömten – man spricht von 700.000 Besuchern – habe der Papst selbst in der Kirche SS. Trinità dei Pellegrini am Gründonnerstag zwölf armen Pilgern die Füße gewaschen.

Innozenz war ein großer Förderer Berninis. Ihm erteilte er u.a. den Auftrag, die Piazza Navona, quasi den Privatplatz der Familie Pamphilj vor deren Haustür, mit Brunnenanlagen zu verschönern. Ursprünglich ging der Auftrag an Borromini, dessen Entwurf gefiel dem Papst aber nicht. So legte Bernini seine Idee eines monumentalen Vier-Flüsse-Brunnens vor mit der Schwierigkeit, den Brunnen aus Travertin mit Statuen aus Marmor so zu bauen, dass der antike Obelisk aus dem Zirkus des Kaisers Domitian auf der Spitze errichtet werden konnte, wie dies vom Papst ausdrücklich gewünscht worden war. Bernini entwarf eine Felsgrotte, aus der symbolisch das Wasser der bedeutenden Ströme der damals bekannten Erdteile fließen sollte: der Nil für Afrika mit verhülltem Haupt (Hinweis auf die noch unerforschten Nilquellen), Palme und Löwe; die Donau für Europa, die den Obelisken bestaunt und als Tierkennzeichen ein Pferd bei sich stehen hat; der Ganges für Asien hält ein langes Ruder in der Hand (Hinweis auf die Schiffbarkeit dieses riesigen Flusses); der Rio de La Plata für (Süd)amerika ist als Mohr

Detail des Vier-Flüsse-Brunnens von Bernini – hier die Figur des
Rio de la Plata, die ihre Hand gegen die von Borromini erbaute
Kirche Sant'Agnese erhebt, aus Furcht, sie könne einstürzen.

dargestellt, neben ihm sieht man Feigenkakteen, einige Münzen (wohl ein Hinweis auf den Metallreichtum Südamerikas) und ein phantastisches Ungeheuer in Form eines Drachens. Für den Wasserabfluss in der Brunnenschale sorgen „trinkende Delphine". Der krönende Obelisk mit dem Wappen des Papstes (der Friedenstaube mit dem Ölzweig) sollte den Sieg des Christentums über das Heidentum symbolisieren.

Der Brunnen wurde im Jahre 1647 begonnen und vier Jahre später vollendet – es ist die bildnerische Darstellung der Urgewalt des Wassers. Der Mohrenbrunnen im Süden des Platzes stammt von Giacomo della Porta, der Neptunbrunnen auf der nördlichen Seite wurde erst in der 2. Hälfte des 19. Jahrhunderts fertiggestellt und ist ein Werk des Künstlers Antonio della Bitta.

In die Regierungszeit des Papstes fiel auch der sog. „Westfälische Friede" vom 24. Oktober 1648, der in zwei Verträgen in Münster und Osnabrück unterzeichnet wurde und das Ende des grausamen Dreißigjährigen Krieges besiegelte. Damit wurde der Herrschafts- und Einflussbereich der Protestanten festgeschrieben. Der Legat des Papstes Fabio Chigi, der spätere Papst Alexander VII., nahm an den Beratungen im Vorfeld teil. Er versuchte sich als Vermittler zwischen den beiden Hauptgegnern Habsburg-Spanien und Schweden-Frankreich, hatte dabei aber keinen wirklichen Erfolg. Heraus kam ein Friedensschluss *„um jeden Preis"* mit sehr nachteiligem Ergebnis für die katholische Kirche: die Augsburger Konfession wurde anerkannt, ebenso alle

Säkularisationen zu Lasten der katholischen Seite. Der Papst hat gegen diesen Friedensschluss vergebens protestiert und die religiösen Bestimmungen kurz danach mit der Bulle *Zelo Domus Dei* für null und nichtig erklärt. In der Pax Westphalica wurde auch der Grundsatz *„cuius regio eius religio"* aus dem Jahre 1555 bekräftigt, wonach der jeweilige Regent die Religion seines Landes bestimmen konnte.

Mit seiner Bulle *Cum occasione* vom 31. Mai 1653 verurteilte der Papst die Lehren des Jansenismus als Häresie. Es ging dabei um eine moralisch-asketische Bewegung, eine *„leibfeindliche Erneuerungsbewegung",* die Spiritualität und anspruchslose Lebensführung propagierte und sich auf die Gnadenlehre des hl. Augustinus berief. Zentrum dieser Bewegung war das Kloster Port-Royal bei Versailles, benannt wurde sie nach dem Bischof von Ypern (einer Stadt im südlichen Belgien, nördlich von Lille) Cornelius Jansen, der dazu aufrief, sich auf die ursprüngliche christliche Lehre zurückzubesinnen: Der Mensch sei dem göttlichen Gnadenwillen allein ausgeliefert – er könne selbst nichts zur Erlangung der göttlichen Vergebung bewirken. Die Jansenisten als Beichtväter legten den Gläubigen u.a. sehr hohe Bußen auf, weshalb sich viele Familien und ganze Dörfer dem Calvinismus zuwandten und der katholischen Kirche den Rücken kehrten. Unter anderen standen berühmte französische Schriftsteller wie Racine, Pascal und La Rochefoucauld der Bewegung nahe, die später auch vom französischen Staat verfolgt wurde.

Ende 1654 erkrankte der Papst schwer, seine Schwägerin ahnte das bevorstehende Ende und brachte noch einige Schätze in Sicherheit, bevor der Papst am 7. Januar 1655 starb. Obwohl man versuchte, sie am Eindringen in die päpstlichen Gemächer zu hindern, gelang es ihr, zwei Kisten mit Gold zu entwenden. Sie selbst bezeichnete sich als *„arme Witwe, die kein Geld für eine würdige Bestattung ihres Schwagers aufbringen könne"*. Der Leichnam des Papstes blieb so mehrere Tage in einer Abstellkammer liegen, weil sich niemand um sein Begräbnis kümmern wollte. Schließlich wurde der Papst zunächst in St. Peter beigesetzt, 1677 kamen seine sterblichen Überreste in die „Familienkirche" der Pamphilij an der Piazza Navona. Als der Nachfolger Innozenz' X. gewählt war, war seine erste Handlung, die Maidalchini aus Rom zu verbannen und damit endgültig den Einfluss dieser Frau am päpstlichen Hofe zu unterbinden.

Das Grabmal, das wir heute über dem Haupteingang der Kirche sehen können, wurde erst im Jahre 1729 von Giovanni Battista Maini geschaffen. Die mit der Tiara bekrönte, segnende Papstgestalt erhebt sich quasi aus dem Sarkophag, links deutet eine Frau mit goldenem Kreuz, Kelch und Hostie als Symbol des wahren katholischen Glaubens auf die Papstfigur, auf der rechten Seite erkennen wir eine Frau mit goldenem Schwert und einem Liktorenbündel, dem Symbol des Mutes und der Macht. Diese Frau könnte auch eine Anspielung auf die mächtige Schwägerin Olimpia Maidalchini sein. Über dem Haupt des Papstes ist das Wappentier der Pamphilj, die Taube mit dem Ölzweig, dargestellt. Der Sarkophag trägt die Inschrift: INNOCENTIUS X PAMPHILIUS ROMANUS PONT OPT MAX.

Grab Innozenz' X. über dem Haupteingang in Sant'Agnese an der Piazza Navona

6. Santa Maria dell'Anima

Die Nationalkirche der Deutschen, die nur wenige Schritte von der Piazza Navona entfernt liegt, geht eigentlich auf die private Hospizstiftung eines niederländischen Ehepaars zu Ehren der Muttergottes unter dem Titel „beatae Mariae animarum" im 14. Jahrhundert zurück. Die einst kleine Kapelle wurde im Jahre 1444 durch einen gotischen Kirchenbau ersetzt, der aber Ende des 16. Jahrhunderts, als der Tiber wieder einmal über seine Ufer trat, sehr stark in Mitleidenschaft gezogen wurde. Im 17. Jahrhundert wurde sie renoviert und erhielt ihre barocke Ausstattung. Als die Franzosen im Jahre 1795 die Stadt besetzten, dienten die dreischiffige Halle ohne Querhaus als Baracke der französischen Kavallerie und die Sakristei als Pferdestall. Nach dem Wiener Kongress 1815 war zunächst unklar, welcher Nation die Kirche zugeordnet werden sollte. Erst seit 1909 ist sie nun die Kirche der deutschsprachigen Katholiken Roms und wird von der Bruderschaft der Anima betreut. Die Anima ist auch Sitz eines Priesterkollegs, aus dem namhafte spätere Bischöfe hervorgingen. Für die Besetzung der Stelle des Rektors der Anima sind die Bischofskonferenzen Deutschlands und Österreichs zuständig.

Der Kirchenraum wirkt extrem steil, weil Höhe und Breite sich einander fast entsprechen. Er wirkt wie ein nahezu gleichseitiger Kastenraum, wie man ihn in deutschen Hallenkirchen häufig findet. Ihren Namen hat die Kirche von einer Marmorgruppe der Muttergottes mit zwei um ihren Beistand flehenden Seelen, die man an der Renaissancefassade betrachten kann.

Das monumentale Grabmal des „letzten deutschen Papstes" vor Benedikt XVI. befindet sich rechts im Chor der Kirche. Wenn man die Kirche verlässt, befindet sich rechts neben dem Hauptportal das Grabmal seines engsten Vertrauten, des Kardinals Willem van Enckenvoirt, der auch das Grabmal des Papstes gestiftet hat. Die liegende Figur zeigt ihn auf den rechten Arm gestützt und mit der Mitra bekleidet. Der Sarkophag wird von zwei Adlern flankiert, in der Mitte erkennt man das Wappen des Kardinals. Über allem erhebt sich ein Relief mit Gottvater als Schöpfer des Universums mit der Weltkugel.

Zeitlich befinden wir uns nun im ersten Viertel des 16. Jahrhunderts – der Thesenanschlag Martin Luthers lag nur fünf Jahre zurück und die Reformation in Deutschland nahm langsam Fahrt auf.

Hadrian VI. (1522 – 1523) – vielleicht der „Einsamste" aller Päpste

Adriaan Floriszoon aus Utrecht (die Stadt gehörte damals zum Hl. Römischen Reich Deutscher Nation)

Nach dem unverhofft schnellen Tod Leos X. und seiner für die Kirche verheerenden Amtszeit galt eigentlich zunächst der Schweizer Kardinal und Bischof von Sitten Matthäus Schiner als geeigneter Nachfolger. Unter den Kardinälen bestand wie so oft große Uneinigkeit, der steinreiche Giulio de' Medici war zwar ebenfalls *papabile*, hatte aber zu viele Gegner unter den Papstwählern. Die Kontrahenten waren sich ohnehin einig, dass nicht schon wieder ein Medici auf den Stuhl Petri gelangen sollte. Auch der englische Kardinal Wolsey strebte nach der Tiara und bot für seine Wahl 100.000 Dukaten an. Ein Papst englischer Herkunft konnte dem Kaiser freilich nicht genehm sein, so dass dessen Kandidatur aussichtslos war. In dieser misslichen Lage machte ausgerechnet Kardinal Medici, der zum Konklave extra sein

Heer verlassen musste und an den Tiber geeilt war, am 9. Januar 1522 den Vorschlag, einen Mann zu wählen, der gar nicht in Rom anwesend war: Der Bischof von Tortosa, einer südlich von Tarragona gelegenen Stadt, sei ein ehrenwerter Mann, *„der allgemein für heilig gelte"*. Medici hatte wohl zurecht geahnt, dass seine Zeit noch kommen würde, schließlich war er beim Konklave erst 44 Jahre alt. Noch am selben Tag erklärten die Kardinäle ihren „Akzess" (d.h. ihre mündliche Zustimmung) und der in Rom gänzlich unbekannte *„Barbar aus dem Norden"* war zum Papst gewählt. Er erfuhr erst einen Monat später in Spanien von seiner Wahl. Die Reise zog sich in die Länge, so dass er erst im August desselben Jahres in Rom ankam und zum Papst gekrönt werden konnte.

Der Sohn eines Zimmermanns aus Utrecht hatte Philosophie und Theologie im heutigen Leuven studiert und später dort an der Universität gelehrt. Er wurde Kanzler und Rektor der Universität und war den Zeitgenossen ein geschätzter Ratgeber, weshalb man ihn *„das Orakel der Niederlande"* nannte. Zudem war er Lehrer des späteren Kaisers Karls V., Generalinquisitor für Aragonien und Navarra sowie kaiserlicher Statthalter in Spanien. Er war ein rechtschaffener, sehr frommer und ruhiger Mann von unbescholtenem Ruf, mittlerer Größe mit grauem Haar, lebhaften Augen und einer Adlernase. Im Alter von 63 Jahren kam er zwar schon etwas gebeugt daher, war dennoch rüstig, ging früh zu Bett und stand im Morgengrauen auf. Er war ein unermüdlicher

Arbeiter, der im Gegensatz zu seinem Vorgänger *„das einfache und schlichte Leben eines Dorfpfarrers"* führte.

Allein die Tatsache, dass er „Ausländer" war, machte ihm das Leben in Rom überaus schwer. Er konnte sich gegen die Macht der festgefahrenen römischen Verhältnisse so gut wie nicht durchsetzen, hatte viele Feinde und nur sehr wenige Vertraute, darunter seinen Landsmann, den von ihm zum Kardinal ernannten Willem van Enckenvoirt. Die Wahl eines Nicht-Italieners zog Spott und Häme nach sich, so fanden sich zahlreiche Polemiken am *Pasquino*, wo sich der Unmut des Volkes im römischen Dialekt seit jeher freie Bahn schaffen konnte:

O del sangue di Christo traditore Ladro collegio chel bel vaticano	*O du Verräter des Blutes Christi Räuberisches Kollegium, das du den schönen Vatikan*
Alla tedescha rabbia hai posto in mano	*Der deutschen Wut in die Hand gegeben hast*
Come per doglia non ti scoppia er cuore?	*Wieso bricht dir nicht vor Schmerz das Herz?*

Spottbilder des Papstes mit einer Peitsche in der Hand und der Aufschrift: *„Soweit ist es durch die Uneinigkeit der Unglücklichen* (gemeint sind die Kardinäle) *gekommen"* hingen an den Wänden der römischen Paläste.

Hadrian versuchte unterdessen um jeden Preis, die drohende Kirchenspaltung durch Luther zu verhindern und war um ehrliche Reformen bemüht: Er wollte *„Benefizien mit Priestern versehen und nicht Priester mit Benefizien"*. Er beschnitt die Gehälter der Kardinäle, tadelte ihre luxuriöse Lebensweise und ihre prachtvollen Paläste mit strengsten Worten – man fühlt sich dabei ins 21. Jahrhundert versetzt und an die Worte von Papst Franziskus erinnert, der am 22. Dezember 2014 beim Weihnachtsempfang für die römische Kurie ganz ähnliche Töne anschlug und „15 Krankheiten" auflistete, an denen die Kurie seiner Auffassung nach litt. Unter anderem warf er seinen Mitarbeitern *„spirituellen Alzheimer, Rivalitätsdenken und Prunksucht"* vor.

Da Hadrian bei seinem Amtsantritt leere Kassen vorfand, war er zu großer Sparsamkeit gezwungen und bald als Knauser verschrien. Neben dringend nötigen innerkirchlichen Reformen war sein großes Ziel, zwischen den rivalisierenden Großmächten der damaligen Zeit, allen voran dem deutschen Kaiser und dem französischen König, Aussöhnung und Frieden zu stiften. Obwohl er kein Freund wechselnder Bündnisse war, so zwangen ihn die politischen Verhältnisse seiner Zeit doch dazu, sich im August 1523 einer großen Verteidigungsliga anzuschließen, als der französische König François Ier seinen nächsten Eroberungskrieg nach Italien vorbereitete.

Wie ehrlich der Papst seine Reformabsichten angehen wollte, zeigt die Tatsache, dass er im Januar 1523 seinen Legaten Chiericati mit der Botschaft zum Nürnberger Reichstag entsandte, dass *„die Kirche selbst Schuld an der Kirchenspaltung und der Zerstörung der althergebrachten abendländischen Glaubenslehre trug; Verabscheuungswürdiges habe beim Heiligen Stuhl stattgefunden, Gott* *habe die Prüfungen wegen der Laster Roms und des Klerus gesandt"*. Dieses berühmte Schuldbekenntnis Hadrians brachte ihm an der Kurie nichts als Hass und Spott ein. In Nürnberg war die Stimmung indessen bereits gekippt und völlig antirömisch, der päpstliche Gesandte hatte keine Chance, ein Einlenken zu bewirken. Der Papst selbst war der Ränkespiele am päpstlichen Hof unkundig, alle Reformbestrebungen zogen sich in die Länge und endeten schließlich ergebnislos, weil Hadrian nur ein sehr kurzes Pontifikat beschieden sein sollte.

Im Frühjahr 1523 gaben Luther und Melanchton ein *„schmutziges Pamphlet"* heraus, in dem sie den Papst als Monstrum und Antichristen beschimpften, ihn dumm und unwissend nannten und als Esel bezeichneten, aus dem der Satan spräche – Luther wollte von diesem Moment an keine Missstände mehr beseitigen, sondern die Kirche zerstören und seine eigene Glaubenslehre durchsetzen.

Der Papst war bereits stark erkältet, als er sich zum ersten Mal in großer Prozession am Fest Mariä Schnee im August 1523 nach Santa Maria Maggiore begab und durch die glühend heiße Stadt zog. Sein Zustand verschlimmerte sich zusehends, so dass Hadrian am 14. September, nur etwa ein Jahr, nachdem er nach Rom gekommen war, seine Seele dem Schöpfer zurückgab. Provisorisch wurde er zunächst in der Andreaskapelle des Petersdoms zwischen den Gräbern von Pius II. und Pius III. beigesetzt – auf seinem Grab fand sich die bezeichnende Inschrift *„Hier liegt Hadrian, der es als größtes Unglück ansah, dass er herrschen musste"*.

Grabmal für Hadrian VI. im Chor der Anima

Erst 10 Jahre später ließ ihm sein dankbarer Mitarbeiter, Kardinal Enckenvoirt, in Santa Maria dell'Anima ein prunkvolles Grabmal errichten, das unter der Leitung von Baldassare Peruzzi gestaltet wurde. In der Mittelnische sehen wir zwischen Halbsäulen aus rotem Marmor einen reich verzierten Sarkophag mit dem Wappen des Papstes und der schlichten Aufschrift ADRIANUS VI. P.M.

Rechts und links davon befinden sich zwei Putten mit umgestürzter Fackel, die auf die nunmehr ausgelöschten Bemühungen des Papstes um Reformen hinweisen, darüber liegt die Papstfigur auf einem Paradebett mit Tiara und in vollem Pontifikalornat. Der Papst wirkt schlafend, sein Gesicht hat er müde auf die linke Hand gestützt, es zeigt tiefen Kummer, wohl wegen der Verhältnisse, die er nicht zu ändern vermochte. Über der Papstfigur sind in der Lünette die Madonna mit dem Jesuskind sowie Petrus und Paulus mit ihren jeweiligen Attributen (Schlüssel und Schwert) dargestellt. Darüber schweben zwei Engel, die die Insignien der päpstlichen Macht tragen: links die Schlüssel und rechts die Tiara. Die vier Figuren, die das gesamte Grabmal umrahmen, stellen die vier Kardinaltugenden dar: links oben die *temperantia* mit den Zügeln der Mäßigung, darunter die *fortitudo*, also der Mut mit dem Löwen. Auf der rechten Seite erkennt man oben die *prudentia*, die Klugheit mit einem Spiegel und einer Schlange, darunter die *iustitia* mit einem Schwert und einer Waage. Unter dem Sarkophag ist ein Basrelief zu sehen, das den Einzug des Papstes in Rom wiedergibt – die helmgeschmückte Göttin Roma eilt dem Papst dabei entgegen, man erkennt den Tiber als Figur mit einem Füllhorn, die römische Wölfin mit Romulus und Remus sowie weitere Gebäude der Ewigen Stadt. Zwischen dem Sarkophag und dem Relief steht ein Wort des römischen Schriftstellers Plinius, die wohl treffendste In-schrift, die man in ganz Rom finden kann:

QVANTUM REFERT IN QVAE TEMPORA VEL OPTIMI
CVIVSQ(VE) VIRTVS INCIDAT

„Wie kommt es doch darauf an, in welche Zeit auch des trefflichsten Mannes Wirken fällt."

Mutig und entschlossen hat dieser Papst den riesenhaften Kampf gegen die Missbräuche aufgenommen, mit denen die römische Kurie und große Teile des Klerus die Kirche ver-unstaltet haben. Der fromme und sittenstrenge Papst ist mit den Worten Jakob Burckhardts zum *„Brandopfer des rö-mischen Hohns"* geworden. In Deutschland wirkten derweil die üblen Schmähungen des Papstes weiter. Erst im 19. Jahrhundert wurde – so Ludwig von Pastor – dem Verkann-ten Gerechtigkeit zuteil: *„Er war eine der edelsten Erschei-nungen auf dem Stuhl Petri".*

Wenn man nun zurück zur Piazza Navona geht, laden zahl-reiche Bars und Lokale auf dem Platz zu einer kurzen Ver-schnaufpause ein. Wir setzen unseren Weg in östlicher Richtung fort und kommen vorbei am Palazzo Madama, dem Sitz des italienischen Senats. Links könnte man noch einen kurzen Abstecher in die französische Nationalkirche San Luigi dei Francesi machen, bevor man umgeben vom Duft der zahlreichen Kaffeeröstereien, die hier in der Nähe angesiedelt sind, auf die Piazza della Rotonda gelangt und unmittelbar vor der herrlichen Fassade des Pantheons steht.

Für Romliebhaber hier noch ein weiterer Tipp: Wenn man die Piazza Navona verlässt, so kann man auch vor dem Senatsgebäude einige Meter rechts in den Corso del Rinascimento einbiegen und sofort die erste Straße links nehmen. Dann befindet man sich an der Außenmauer der römischen Universität *La Sapienza* und sieht einen wunderschönen kleinen Brunnen: *La Fontana dei libri*. Rechts und links eines Hirschkopfes mit Geweih (Symbol des Rione IV Sant'Eustachio) liegen jeweils zwei dicke Wälzer aus Marmor. Aus ihnen sprudelt das Wasser in die Brunnenschale. Aus den Lesebändchen der Bücher kommt ebenfalls Wasser, das sich in Abflüsse außerhalb des Brunnens ergießt. Das Ganze wird überragt von der in Rom allgegenwärtigen Abkürzung *S.P.Q.R. – Senatus Populusque Romanus*, bis zum heutigen Tage die gebräuchliche Abkürzung für die Stadt Rom, die man auch auf jedem Kanaldeckel findet. Der Brunnen wurde 1927 von Pietro Lombardi erbaut. Am Ende dieser Straße gelangt man auf die Piazza Sant'Eustachio, die sich an der rückwärtigen Seite des Pantheons befindet. Hier liegt die gleichnamige Bar, in der es nun wirklich den besten Espresso der ganzen Stadt gibt – seit 1938 grundsätzlich mit Zucker serviert!

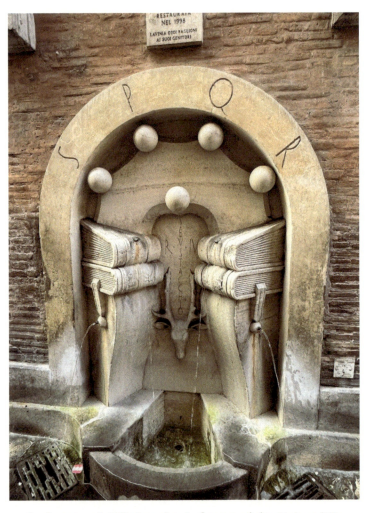

La Fontana dei Libri an der Außenwand der Universität
La Sapienza in der Via degli Staderari

7. Santa Maria sopra Minerva

Diese Kirche mit einer recht unscheinbaren Fassade befindet sich ganz in der Nähe des Pantheons – man geht von der eben beschriebenen Bar Sant'Eustachio hinter dem Pantheon geradeaus weiter und erreicht einen großen Platz, in dessen Mitte ein lustiger Elefant mit einem kleinen Obelisken auf dem Rücken steht.

Früher war man der Meinung, die Kirche stünde auf den Ruinen eines alten Minervatempels – daher rührt auch ihr Name. Inzwischen weiß man, dass unter der Kirche Teile einer großen, multifunktionellen Säulenhalle aus dem 1. Jahrhundert v. Chr. liegen. Im 13. Jahrhundert wollten die Dominikaner eine Niederlassung ihres Ordens errichten und bekamen das Gebiet um die heutige Kirche vom römischen Senat geschenkt. Zu Beginn des 15. Jahrhunderts entstand hier die größte und bedeutendste gotische Kirche Roms, in der auch zwei Papstwahlen (1431 und 1447) stattfanden.

Im Jahr 1451 kam der Schrein der hl. Katharina von Siena in die Kirche und wurde zunächst in einer Seitenkapelle untergebracht, bevor er seinen endgültigen Platz unter dem Hochaltar fand. Ihrem Drängen war es u.a. zu verdanken, dass die Päpste ihren Sitz im Jahre 1377 wieder von Avignon nach Rom zurückverlegten. Die Kirche wurde zu Beginn des 17. Jahrhunderts von Carlo Maderno gründlich restauriert – er brachte barocke Elemente in die eigentlich gotische

Kirche und gestaltete auch die Fassade in ihrer heutigen Form. Die Dominikanerkirche war Zentrum der Inquisition, die *„Domini canes"* (= die Hunde des Herrn) gingen hier ihrem nicht selten tödlich endenden Handwerk nach. Unter anderem war die Kirche auch Schauplatz der Prozesse gegen Giordano Bruno und Galileo Galilei.

Auf dem Vorplatz steht der Elefant nach den Entwürfen Berninis, der den kleinen ägyptischen Obelisken auf dem Rücken trägt, den man in den Gärten hinter der Kirche gefunden hatte. Wegen der Kritik eines Dominikanerpaters an diesem Standbild rächte sich Bernini, indem er der Überlieferung nach das Hinterteil des Elefanten dem Konvent des Ordens zuwandte.

Die beiden Medici-Gräber, die uns hier interessieren, befinden sich links (Leo X.) und rechts (Clemens VII.) im Chor hinter dem Hochaltar. Gläubige werfen unablässig kleine Zettel mit Fürbitten auf den Sarkophag der hl. Katharina. Unter dem Fußboden hinter dem Altar kann man auch das Grab des berühmtesten Humanisten seiner Zeit, des hochgebildeten Kardinals Pietro Bembo (gest. 1547) erkennen.

Nicht vergessen sollte der Besucher, die Statue des Erlösers von Michelangelo links vor dem Hochaltar zu bewundern. An ihr arbeitete der Künstler zwischen 1519 und 1521 in Florenz, sie kam dann unvollendet nach Rom und wurde von zwei römischen Bildhauern fertiggestellt.

Rechts neben dem Hochaltar befindet sich die berühmte Carafa-Kapelle, die Filippo Lippi mit wunderbaren Fresken zum Leben des Hl. Thomas von Aquin ausgestattet hat. In dieser Kapelle findet sich auch das Grabdenkmal für Papst Paul IV. (1555-1559), der der angesehenen Familie der Carafa entstammt. Er war Papst zur Zeit des Trienter Konzils.

Zeitlich liegen wir bei diesen Grabmälern genau vor und nach dem in Santa Maria dell'Anima beschriebenen Papst Hadrian VI., also in der ersten Hälfte des 16. Jahrhunderts und somit im Zeitalter der Reformation.

Leo X. (1513 – 1521) – der Papst, der die Deutschen verlor

Giovanni de' Medici aus Florenz

Giovanni de' Medici war als zweiter Sohn Lorenz des Prächtigen zum geistlichen Stand vorbestimmt und wurde bereits als Kind mit Pfründen reicher Bistümer bedacht, im Alter von 8 Jahren Domherr von Santa Maria del Fiore in Florenz und mit 14 Jahren zum Kardinal ernannt. Im jungen Alter von erst 37 Jahren wählten ihn die Kardinäle – wohl ohne simonistische Umtriebe – am 11. März 1513 zum Nachfolger Julius' II., was in seiner Vaterstadt Florenz großen Jubel auslöste. Im Konklave noch Diakon, empfing er erst nach seiner Wahl die Weihen zum Priester und Bischof.

Der Papst selbst hatte persönlich nichts Anziehendes: Er war korpulent, phlegmatisch, aufgedunsen mit einem dicken plumpen Kopf und einem unsympathischen, weichen und dicklichen Gesicht, enormem Doppelkinn und stark hervortretenden Augen, die Hinweis auf seine außerordentliche Kurzsichtigkeit gaben. Er war stets froher Laune, wegen seiner Korpulenz aber überaus langsam und gemächlich. Sein Zeremonienmeister musste ihm in den heißen römischen Sommermonaten ständig den Schweiß von der Stirn abwischen. In seinem Wesen war er gutmütig, friedliebend und mildtätig, gleichzeitig aber auch unehrlich, verschlagen und hinterhältig. Auch wenn dies nicht wirklich verbürgt ist, so entspricht der ihm zugeschriebene Satz *„Lasset uns das Papsttum genießen, da Gott es uns verliehen hat"* doch vortrefflich dem Charakter eines verschwenderischen, nur an weltlichem Luxus interessierten Menschen mit einer unersättlichen Vergnügungssucht, dem jeder Gedanke an kirchliche Reformen fern lag. Er war Langschläfer, schwärmerischer Musikliebhaber und ein großer Freund gut gedeckter Tafeln. Kardinäle wurde aus persönlicher Gunstbezeigung ernannt oder um Fürsten einen Gefallen zu erweisen. Sein starker Hang zum Nepotismus führte sehr viele korrupte und begehrliche Verwandte und Landsleute nach Rom, wo sie sich an der *„päpstlichen Futterkrippe reichen Lohn für ihre Loyalität"* holten.

Die exorbitante Prachtentfaltung am päpstlichen Hof wurde bereits sichtbar, als Leo kurz nach seiner Wahl zur Besitzergreifung der Laterankirche ritt: Zahlreiche Triumphbögen mussten auf dem Prozessionsweg errichtet werden, einer davon trug in Anspielung auf die angebliche Friedensliebe des Papstes folgende Inschrift:

„Einst hat Venus (= Alexander VI.) geherrscht,
dann kam an die Reihe der Kriegsgott (= Mars, Julius II.),
nun beginnt der Tag der Minerva (= Friedensliebe Leos X.)

Ludwig von Pastor schreibt, dass es *„das glänzendste Schauspiel war, das Rom seit den Tagen der Kaiserzeit je erlebt hat".*

Mehr Bankier als Papst war Leo an der Begünstigung und Bereicherung seiner Familie in ganz besonderem Maße interessiert. Er entwickelte den Ablasshandel zu einem regelrechten Wirtschaftssystem, bot über 2000 Ämter zum Kauf an und ließ sich für jede Gunstbezeigung ordentliche Summen bezahlen. Dies war auch bitter nötig, unterhielt er doch einen Hofstaat mit 683 Angestellten, vom Erzbischof bis zum Elefantenwärter, vom Hoforchester zum Hofpoeten und zum Possenreißer. Letzteren hatte er ständig um sich und ließ ihn verprügeln, wenn er nicht lustig genug war, um dem Papst Kurzweil zu verschaffen. Ein Elefantenwärter wurde deshalb gebraucht, weil ihm der portugiesische König den Elefanten Hanno geschenkt hatte – Elefanten waren offensichtlich seine Lieblingstiere. Ständig wurden am Hof Komödien und Tragödien aufgeführt, muntere Konzerte gegeben, der Papst überschwänglich gelobt und gepriesen, ja selbst Erasmus von Rotterdam war sich zu Schmeicheleien für den Papst nicht zu schade.

Für Leo waren wochenlange Ausflüge zur Hirschjagd in die Umgebung Roms und zum Angeln an den Lago di Bolsena wichtiger als die heraufziehende Krise, die sich mit dem

Thesenanschlag Luthers im Oktober 1517 Bahn brechen konnte. Prunkvolle Feste und Karnevalsumzüge waren weitere Zeichen seiner ins Krankhafte gesteigerten Vergnügungssucht.

Wohl im Herbst des Jahres 1510 pilgerte der Augustinermönch Martin Luther zusammen mit einem Mitbruder zu Fuß von Nürnberg nach Rom. Pilger aus dem Norden kamen gewöhnlich über die Via Flaminia in die Ewige Stadt und betraten an der Porta Flaminia römischen Boden. Es wird berichtet, dass Luther gleich in der ersten Kirche, die er sah, nämlich in der links von der Porta Flaminia liegenden Basilica Santa Maria del Popolo, die Messe feierte. Dabei nahm er wahr, dass andere Priester blasphemische Worte ausstießen und nur noch scherzhaft über die Heilige Schrift sprachen. Luther war zutiefst entsetzt, als er sah, dass man für Geld die Vergebung zeitlicher Sündenstrafen erlangen konnte. Teile des Klerus waren entartet, sittlich verwahrlost, selbstsüchtig und habgierig. Die Bildungsstätten für Priesteramtskandidaten wurden immer unbedeutender und so gab es sehr viele ungebildete Pfarrer. Bischofsstühle wurden fast nur noch mit Adligen aus rein politischem Kalkül besetzt und nicht mehr mit wahren Seelsorgern. Kleriker trafen sich in Wirtshäusern, betranken sich, spielten Karten und vergnügten sich mit Weibern, anstatt am Altar die Messe zu lesen oder von der Kanzel das Wort Gottes zu verkünden. In Deutschland, wo Hunger, Krieg und Pest wüteten, sollte die arme Bevölkerung Spenden für einen geplanten Kreuzzug gegen die Türkengefahr sowie für den

Neubau der Peterskirche aufbringen. Auf diese Weise machte sich eine enorm antikuriale Stimmung jenseits der Alpen breit. Sowohl viele Laien als auch Teile der Geistlichkeit waren der Ansicht, dass *„der Höllenhund Italien nur durch Ströme reinen Goldes besänftigt werden könne"*, wie Leopold von Ranke dies beschreibt.

Diese Missstände und vor allem die Ablasspredigten des Mainzer Dominikanerpaters Johannes Tetzel, der allein in einem Jahr 100.000 Gulden „eingenommen" hatte, brachten Martin Luther letztendlich dazu, der Überlieferung nach am 31. Oktober 1517 seine 95 Thesen an die Schlosskirche in Wittenberg anzuschlagen und so den äußeren Anlass für die künftige Glaubensspaltung zu liefern. Luther sprach plötzlich aus, was viele Menschen dachten und insgeheim kritisierten. Es ging ihm ursprünglich nicht um die Gründung einer neuen Kirche, sondern um dringend nötige Reformen und die Beendigung der unsäglichen Missstände, die sich seit vielen Jahrzehnten langsam eingeschlichen hatten.

Der Papst reagierte zunächst gar nicht auf die völlig veränderte Situation in Deutschland und gab sich mit erschreckender Unbedarftheit weiterhin dem Taumel seiner weltlichen Genüsse hin. Erst als man in Rom erkannte, dass von Luther eine gewisse Gefahr ausgehen könnte, erließ er trotz mehrerer Vermittlungsversuche am 15. Juni 1520 die Bulle *Exsurge Domine*, mit der er die Ansichten des Augustinermönchs verurteilte. Dieses Dekret war auf dem päpstlichen Lustschloß Magliana südlich von Rom beschlossen worden, wo der „*körperschwere Papst vom Pferde herab gerne der Sauhatz zusah, um dann gegen Luther zu wettern: Erhebe Dich Herr ... ein wildes Schwein will Deinen Weinberg verwüsten*". Am 3. Januar 1521 verfügte Leo mit der Bulle *Decet Romanum Pontificem* schließlich die Exkommunikation Luthers. Die Kirche zeigte sich so völlig reformresistent, der Papst interessierte sich nicht wirklich dafür, was jenseits der Alpen vor sich ging. Nicht ohne Arroganz war man in Italien auch der Meinung, Rom sei das *caput mundi*, Länder wie Deutschland oder Frankreich seien eher die Länder der Barbaren, die als tumbe Hinterwäldler scharf gerügt wurden. Luther seinerseits grenzte sich nun vehement von Rom ab und tobte in seiner Flugschrift *„Wider das Papsttum zu Rom vom Teuffel gestifft"* in derben Worten gegen Papst und Kurie.

Teile des Klerus, vor allem aber viele Laien und Territorialfürsten waren indessen von der Lehre Luthers angetan. Hinzu kam ein bitterer Hass gegen alles Italienische. Luther wurde vorgeladen und sollte in den Verhandlungen mit Kardinal Cajetan, einem der bedeutendsten Theologen am Hofe Leos X., seine Thesen widerrufen. Der Angeklagte entgegnete, „*er habe nichts zu befürchten, wenn der gesunde Glaube und der Sinn der Wahrheit auf seiner Seite seien*". Auf dem Wormser Reichstag soll Luther bekanntlich gesagt haben: „*Hier stehe ich, ich kann nicht anders. Gott helfe mir. Amen*".

Die Fronten verhärteten sich indes immer mehr, als Luther im Bunde mit Ulrich von Hutten war und der katholischen

Kirche letztlich den Rücken kehrte. Die Römer bezeichnete er als *„riesenhafte, blutlechzende Würmer"*, er forderte zum offenen Kampf gegen den Antichristen in Rom auf. Der Streit fand seinen Höhepunkt im sog. Wormser Edikt von 1521, in dem Kaiser Karl V. die Reichsacht über Luther verhängte und seine Schriften verbot. Luther galt nunmehr als „vogelfrei" und konnte jederzeit nach Rom ausgeliefert werden. Sein Landesherr, der sächsische Kurfürst Friedrich der Weise, erfuhr vom Schicksal des Reformators und ließ ihn auf die Wartburg bei Eisenach in Sicherheit bringen. Dort versteckte er sich als „Junker Jörg" und übersetzte während dieser zehn Monate das Neue Testament in – wie er meinte – allgemein verständliches Deutsch. In den folgenden Jahren trat Luther vor allem als Prediger in der Stadtkirche zu Wittenberg auf, heiratete im Jahre 1525 Katharina von Bora und bekam mit ihr zusammen sechs Kinder.

Bereits seit Mitte des 15. Jahrhunderts führte eine revolutionäre Entdeckung zur Veränderung der Welt. Es war der Buchdruck Johannes Gutenbergs, der 1452 seine erste Bibel druckte und so den Weg öffnete, dass Wissen hunderttausendfach verbreitet werden konnte. Man musste nicht mehr warten, bis sich ein Mönch im klösterlichen Skriptorium mühevoll an das Abschreiben wichtiger theologischer oder profaner Werke machte – für die römische Kurie damals eine Katastrophe, denn Wissen war der Feind der Kirche.

Mit Rückendeckung der lokalen Territorialherren konnte sich die neue Glaubensrichtung unterdessen immer weiterverbreiten, so dass nahezu ein Drittel der Bevölkerung Europas jenseits der Alpen vom römischen Glauben abgefallen war. Vor allem die fehlerhafte Einschätzung, Gleichgültigkeit und Sturheit Roms führten letztlich zur Glaubensspaltung. Rom erkannte nicht, wieviel Sprengstoff in den Thesen Luthers steckte. Man kann Fuhrmann nur zustimmen, wenn er die Frage stellt, ob die Abspaltung der protestantischen Kirchen und Länder hätte vermieden werden können, wenn seitens des Papstes und der Kurie eine größere Reformoffenheit oder, wie man heute sagen würde, eine größere Gesprächsbereitschaft bestanden hätte. Überaus beschämend ist, mit welchen Worten der Papst die Lehre Jesu Christi verspottet haben soll: *„Wieviel die Fabel von Christus Uns und den Unseren genutzt hat, ist bekannt".*

Ende November 1521 erreichte Leo auf seinem Lustschloss Magliana die Nachricht, dass seine Truppen Mailand erobert und so dem französischen König Franz I. entrissen hatten. Der Papst war außer sich vor Freude über diese Nachricht, befand er sich doch außenpolitisch ganz auf der Linie seines Vorgängers Julius II., dem Eroberungen wichtiger waren als seine eigentlichen Aufgaben als Seelsorger.

Nachdem der Papst nach Rom zurückgekehrt war, verschlimmerte sich die anfängliche Erkältung derart, dass er in der Nacht zum 2. Dezember 1521 seiner Krankheit erlag. Aufgrund der hohen Schulden hinterließ Leo X. leere Kassen, so dass nicht einmal die Kerzen für die armseligen Bestattungsfeierlichkeiten des schwärzlich verfärbten, mit

Beulen und Schwellungen überzogenen Leichnams bezahlt werden konnten. Der Papst starb wohl an den Folgen der Malaria, eine vermutete Vergiftung konnte nicht nachgewiesen werden. Ein Zeitgenosse drückte die Stimmung beim Tod des Papstes so aus: *„Wie ein Fuchs hast du dich eingeschlichen, wie ein Löwe hast du regiert, wie ein Hund bist du dahingefahren"*. Zahlreiche üble Spottverse über diesen Papst wurden auch am *Pasquino* in der Nähe der Piazza Navona angeheftet.

Seine sterblichen Überreste ruhen heute im Chor von Santa Maria sopra Minerva links hinter dem Hochaltar, wo ihm Papst Paul III. erst im Jahre 1536 ein Grabmal errichten ließ. Das seltsam unterkühlt wirkende und wenig ansprechende Grab zeigt den Papst mit einem aufgedunsenen Gesicht auf dem Thron sitzend. Die rechte Hand streckt er fast abweisend aus, in der linken Hand hält er die Schlüssel Petri als Zeichen seiner päpstlichen Würde – ein sehr nüchternes, kaltes Werk ohne jede Inschrift, man findet darauf nicht einmal den Namen des Papstes. Es bildet einen überaus seltsamen Kontrast zum Grabmal direkt gegenüber, wo sein zweiter Nachfolger und Verwandter Clemens VII. bestattet ist.

Die Statue des Papstes ist ein Werk von Raffaello Sinibaldi da Montelupo, beiderseits stehen Statuen der Apostelfürsten Petrus (links) und Paulus (rechts). Oben befinden sich zwischen der Gestalt des Papstes und dem Medici-Wappen drei Stuckreliefs, die Szenen aus der Regierungszeit Leos wiedergeben. Ludwig von Pastor war der Meinung, dass dies *„ein Grabmal sei, das für einen Mäzen Michelangelos und Raffaels nicht würdig sei".* Besonders Raffael stand ja in der besonderen Gunst des Papstes und erstellte für ihn so berühmte Werke wie die Sixtinische Madonna oder die Verklärung Christi.

Der „Lutherpapst" Leo X. hinterließ ein trümmerhaftes Erbe mit erdrückender Schuldenlast. Im Schlussurteil über ihn sind sich die Kirchenhistoriker weitestgehend einig und bezeichnen das Pontifikat dieses Medici-Papstes als das verhängnisvollste in der gesamten Kirchengeschichte.

Wenden wir uns nun zur rechten Seite und betrachten das Grabmal für einen weiteren Vertreter des Hauses Medici auf dem Papstthron.

Clemens VII. (1523 – 1534) – der „Unheilvollste" aller Päpste

Giulio de' Medici aus Florenz

Nach dem sehr kurzen Pontifikat Papst Hadrians VI., dessen Grab wir in Santa Maria dell'Anima gesehen haben, war die Zeit eines unehelichen Sohnes von Giuliano de' Medici, dem Bruder Lorenz des Prächtigen, gekommen. Nach kaiserlichem Willen sollte er bereits beim Konklave 1521 auf den Papstthron gehievt werden, allein seine zahlreichen Gegner verhinderten damals die Wahl. Heinrich VIII. von England favorisierte erneut die Kandidatur Kardinal Wolseys, aber nach dem „Deutschen" Hadrian VI. wollte man in Rom keinen Ausländer mehr. Nach zahllosen Zugeständnissen wurde der 45jährige Giulio de' Medici schließlich am 19. November 1523 nach zweimonatiger Sedisvakanz zum Papst gewählt – er entschied sich für den Namen Clemens, was viele seiner Zeitgenossen als Hinweis auf ein mildes (→ *clementia*) Pontifikat deuteten.

Ludwig von Pastor beschreibt den neuen Papst als schönen, hochgewachsenen Mann mit vornehmen Gesichtszügen und guter Gesundheit. Er war weder vergnügungs- noch prunksüchtig wie sein Vetter und Vorvorgänger im Amt. Einerseits sittenstreng, sparsam und von strengster Arbeitsdisziplin, so war er dennoch charakterlich schwach, häufig unentschlossen, ständig im Hinblick auf die Vorteile des Hauses Medici lavierend und seine Bündnisse immer wieder wechselnd, dabei verschlagen und unglaubwürdig. Vor seiner Wahl war er mit 35 Jahren zum Kardinal erhoben und mit dem Posten des Vizekanzlers der Kirche belohnt worden.

Clemens übernahm das Papsttum in einer politisch überaus brisanten Zeit, die in ganz besonderem Maße geprägt war von den ständigen kriegerischen Auseinandersetzungen zwischen dem französischen König Franz I. und dem spanischen Habsburgerkaiser Karl V. Diese Rivalitäten begannen bereits im Jahre 1521, wobei es vor allem um die Beherrschung Norditaliens ging. Clemens war zunächst auf der Seite des Kaisers, gab diese Unterstützung aber im Jahre 1526 auf und löste somit durch eigene Schuld eine verheerende Rache seitens der kaiserlichen Truppen aus. Der Papst stand mit dem von ihm betriebenen Bündnis gegen den Kaiser, der sog. Liga von Cognac, plötzlich auf der falschen Seite und sollte diese Bündnisbrüchigkeit teuer bezahlen. Victor Hugo hat dieser historischen Epoche übrigens mit seinem Liebes- und Ehrendrama *„La bataille d'Hernani"* (1830) ein literarisches Denkmal gesetzt, Giuseppe

Verdi hat den Stoff in seiner Oper „Ernani" (1844) vertont und so der Nachwelt auch ein musikalisches Erbe hinterlassen.

Der von Franz I. zum Kaiser übergelaufene Feldherr Karl von Bourbon rückte mit einem Heer übler Krieger aus spanischen Marodeuren und deutschen Landsknechten unter der Führung Georg Frundsbergs bereits im November 1526 über die Alpen vor, fiel im Mai 1527 in Rom ein und ließ seine blutrünstigen Mannen plündern und morden, wie man es seit den Tagen der Vandalen nicht mehr gesehen hatte – als *Sacco di Roma* ging dieses Ereignis, das in den frühen Morgenstunden des 6. Mai 1527 über Rom hereinbrach, in die Geschichtsbücher ein. Es erklang der Schlachtruf: *„Komm ich nach Rom, so will ich den Papst henken"*.

Zwei Stunden vor Sonnenaufgang lag dichter Nebel über der Stadt, die ganze Nacht hatte bereits die Sturmglocke auf dem Kapitol geläutet. Als die kaiserlichen Truppen von mehreren Seiten in die Ewige Stadt einmarschierten, flohen Papst und einige Kardinäle über den *passetto* in die Engelsburg, die durch diesen 800 Meter langen Fluchtkorridor mit dem Vatikan bis zum heutigen Tag verbunden ist. Der Papst wurde dort ganze sieben Monate gefangen gehalten, während die feindlichen Truppen plündernd und mordend durch die Stadt zogen und *„weder Kind noch Greis, weder Weib noch Mann, weder Pfaff noch Mönch"* vor ihrem wüsten Treiben verschonten. Die Plünderungen dauerten die ganze Nacht über an, viele Häuser wurden angezündet, zwei Drittel davon waren schließlich zerstört. Am Tag darauf bot die *città eterna* ein Bild, das *„Steine zum Mitleid hätte bewegen können".* Überall die Spuren von Verwüstung, Raub und Mord, Leichen lagen auf den Straßen, *„das Weh-klagen der Frauen, das Gewimmer der Kinder, das Gebell der Hunde und das Wiehern der Rosse erfüllten die Gassen".* Die Landsknechte schleppten Wertgegenstände fort, zer-trümmerten kostbare Reliquien, Kirchen wurden entweiht und zu Ställen umfunktioniert. Ein Esel wurde mit bischöfli-chen Gewändern angezogen, ein Priester gezwungen, ihm mit Weihrauch zu huldigen. Mit äußerster Brutalität gingen die Söldner auch gegen Nonnen vor – diese wurden in Kar-dinalsröcke gesteckt, durch die Straßen geschleppt und auf dem Markt verhöhnt und verkauft.

Heinrich VIII. und Franz I. bemühten sich um die Freilassung des Papstes. Dieser konnte aber erst im Dezember 1527 nach Orvieto, später dann nach Viterbo fliehen und schließ-lich im Oktober 1528 nach Rom zurückkehren, wo sich ihm ein entsetzliches Bild der nahezu völlig zerstörten Stadt bot. Nach diesem schrecklichen Vorfall kam es im Frieden von Barcelona zwar zur Aussöhnung zwischen Papst und Kaiser, die Abhängigkeit der Kirche von Spanien war aber von nun an definitiv besiegelt. Der Papst sah seinen Vorteil zwangs-läufig wieder auf der Seite des Kaisers, dem er – zwar wi-derwillig – am 24. Februar 1530 in San Petronio in Bologna die Krone aufs Haupt setzte.

In diesen ganzen Wirren war der Blick nach Norden unter-dessen völlig verschleiert. Die Folgen des Wittenberger The-senanschlags führten zum Reichstag von Speyer (1529), auf dem sieben Reichsfürsten und dreizehn freie Reichsstädte die „Protestation" unterzeichneten, auf die letztlich die Bezeichnung der Protestanten zurückgeht. Es war den Unterzeichnern freigestellt, sich in Sachen Religion so zu verhalten, wie sie dies für richtig erachteten – der Grundsatz *„cuius regio, eius religio"* war somit bereits geboren. Karl V. wollte zwar das *„giftige Gewächs des Ketzertums mit Feuer und Schwert vernichten"* und die Bücher Luthers verbrennen lassen, aber inzwischen war der Kaiser jenseits der Alpen nicht mehr so mächtig wie zuvor und konnte die Ausbreitung der neuen Glaubensrichtung nicht stoppen. Im Juni 1530 forderten sowohl er als auch die Protestanten in der sog. Augsburger Konfession ein Konzil, um die endlich dringend nötigen Reformen einzuleiten. Der französische König sprach sich gegen ein Konzil aus, ob Papst Clemens ein solches wirklich einberufen wollte, ist angesichts seiner *„angeborenen Unehrlichkeit"* eher zweifelhaft. Im Frühjahr 1534 eröffnete der Landgraf von Hessen einen Krieg, um dem benachbarten Herzog Ulrich von Württemberg wieder zur Macht zu verhelfen, dadurch fiel letztlich auch Württemberg an die Protestanten.

Zwei bedeutende Ereignisse fielen außerdem in das Pontifikat dieses Papstes. Da war zunächst der unersättliche Heinrich VIII. von England, der sich von seiner Gemahlin Katharina von Aragon scheiden lassen wollte, um Ann Boleyn zu heiraten. Obwohl sich der König einige Jahre zuvor um die Freilassung des Papstes aus der Gefangenschaft in der Engelsburg eingesetzt hatte, lehnte der Papst dieses Ansinnen mit einem klaren *„Non possumus"* ab, so dass sich der englische König 1531 für alle Zeiten von der katholischen Kirche abwand und für sein Königreich die *Church of England*, die anglikanische Kirche mit dem König als Oberhaupt, gründete. Die Heirat fand am 25. Januar 1533 statt – seit dieser Zeit ist auch England für die katholische Kirche verloren.

In die Regierungszeit Clemens' fällt auch der zunächst zaghafte Beginn der Gegenreformation. Um endlich gegen den Siegeszug der Protestanten, vornehmlich in Mittel- und Nordeuropa, vorzugehen, wurde der Orden der Jesuiten gegründet. Am 15. August 1534, also kurz vor dem Tod des Papstes, traf sich Ignatius von Loyola mit einigen Getreuen auf dem Montmartre in Paris und schmiedete den Plan einer *„geistlichen Kriegerschar, deren Führer der Heiland selbst sein sollte".* So entstand mit der *Societas Jesus (SJ)* die kräftigste Stütze der Päpste im Kampf gegen die Reformation und letztlich *„die intellektuelle Speerspitze der katholischen Kirche".* Der Orden wurde allerdings erst unter Paul III. im Jahre 1540 offiziell bestätigt.

Clemens war während seines ganzen Pontifikats bestrebt, seine weltliche Macht zu erweitern und vor allem das Vermögen und den Einfluss seiner Familie weiter auszubauen. So verhalf er durch raffinierte Verhandlungen Caterina de' Medici, der Tochter seines Großneffen, zur Krone Frankreichs, indem er sie mit einem Sohn Franz' I. verheiratete, der als Heinrich II. Nachfolger seines Vaters wurde. Der Papst selbst vollzog die Trauung des Paares am 28. Oktober 1533 in Marseille.

Clemens VII. war trotz der vielen politischen Auseinandersetzungen und der schwerwiegenden innerkirchlichen Probleme ein großer Förderer der Kunst. So gab er Michelangelo den Auftrag zur Ausgestaltung der Grabkapelle seiner Familie neben San Lorenzo in Florenz. Noch schwer traumatisiert vom Sacco di Roma hatte er auch bereits die Idee, die Altarwand der Sixtina mit dem *Giudizio Universale*, dem Jüngsten Gericht, von Michelangelo ausmalen zu lassen – dies sollte allerdings erst sein Nachfolger Papst Paul III. in die Tat umsetzen.

Im Juni 1534 erkrankte der Papst schwer und starb nach langer Agonie am 25. September 1534 um drei Uhr nachmittags. Seine erste Ruhestätte fand er in einem Backsteingrab in der alten Peterskirche. Seit 1536 waren der Architekt Antonio da Sangallo d.J. und der Bildhauer Baccio Bandinelli damit beschäftigt, im Chor von Santa Maria sopra Minerva die Gräber der beiden Medicipäpste vorzubereiten – die Überführung der sterblichen Überreste Clemens' VII. erfolgte im Jahr 1542. Die Figur des Papstes (geschaffen vom Florentiner Bildhauer Bartolomeo Lippi) sitzt segnend auf dem Thron, seitlich in den Nischen sollen sich zwei alttestamentliche Propheten befinden, auf dem mittleren Relief oben erkennt man die Aussöhnung zwischen Karl V. und Clemens VII. nach dem Sacco di Roma – auch dieses Grabmal trägt keinen Namen und keine Inschrift.

Ein zeitgenössisches Epigramm macht den Charakter dieses „Unheilvollsten aller Päpste" deutlich:

> *„Ein Papsttum, reich an Hin- und Herberaten,*
> *an Meinungswechseln und an Kungelei'n,*
> *an Wenn und Aber wie an Ja und Nein,*
> *vielleicht und doch, und Worten ohne Taten."*

8. Sant'Ignazio in Campo Marzio

Diese bedeutende barocke Jesuitenkirche im Zentrum Roms, auf dem Weg vom Pantheon zur Fontana di Trevi gelegen, geht ursprünglich auf ein Gotteshaus zurück, das Vittoria della Tolfa, eine adlige und reiche Römerin, dem Orden der Klarissen gestiftet hat. Nachdem Papst Gregor XV. im März 1622 den Gründer der Gesellschaft Jesu, Ignatius von Loyola, heiliggesprochen hatte, bat er seinen Neffen, den mächtigen Kardinal Ludovico Ludovisi, anstelle der Klarissenkirche einen dreischiffigen Kirchenbau zu Ehren des neuen Heiligen errichten zu lassen. So entstand die heutige Basilika zwischen 1626 und 1685. Sie ist nach Al Gesù die zweite große Jesuitenkirche in Rom.

In der Kirche sollte man neben dem unten beschriebenen, wohl prächtigsten Papstgrabmal ganz Roms das überwältigende Deckengemälde des Jesuitenbruders Andrea Pozzo aus der 2. Hälfte des 17. Jahrhunderts bewundern, das eine beispiellose Leistung perspektivischer Malerei darstellt. Ein im Mittelschiff aufgestellter Vergrößerungsspiegel ermöglicht die Betrachtung, ohne dabei Genickstarre zu bekommen. Das Fresko gibt uns malerisch einen Einblick in den Himmel. Dabei wird das weltumspannende Engagement der Jesuiten durch vier Frauen dargestellt, die die Erdteile Afrika (auf dem Krokodil), Asien (auf dem Kamel), Amerika (auf dem Jaguar) und Europa (auf dem Pferd) symbolisieren. Im Zentrum erblickt man die Dreifaltigkeit sowie die

Figur des hl. Ignatius, der auf einer Wolke in den Himmel entschwebt. Beim Blick nach oben kann selbst ein geschultes Auge nur mit Mühe unterscheiden, wo Architektur und Plastik aufhören und ihre Fortsetzung in der Malerei finden.

Einen gigantischen Eindruck vermittelt auch die raffinierte *trompe-l'oeil-Malerei* einer illusionistischen Scheinkuppel über der Vierung der Kirchenschiffe. Es heißt, die Jesuiten wären damals etwas knapp bei Kasse gewesen, wollten aber im Stil der Zeit auch eine Kuppel für ihre Kirche errichten, so dass Andrea Pozzo auf diesen Kniff zurückgriff. Etwa in der Mitte des Hauptschiffs hat man wirklich den Eindruck einer schwarz getäfelten Kuppel, erst wenn man weiter Richtung Hochalter geht, erkennt man die Täuschung, ist die Laterne der Kuppel dann doch viel zu weit nach hinten gerichtet.

Rechts vom Chor geht es zu einer Seitenkapelle, wo sich das prächtige Doppelgrabmal von Papst Gregor XV. und dessen Nepoten Kardinal Ludovico Ludovisi befindet. Zeitlich machen wir nun wieder einen Sprung in das erste Viertel des 17. Jahrhunderts.

Gregor XV. (1621 – 1623) – ein Interimspapst

Alessandro Ludovisi aus Bologna

Papst Paul III. (1605-1621) erlitt bei einer Prozession zur Feier des Sieges am Weißen Berg bei Prag zwei Schlaganfälle und starb am 28. Januar 1621. Nach nur zwei Tagen Konklave einigten sich die Kardinäle erstaunlich schnell auf den Erzbischof von Bologna, einen phlegmatischen Greis, der bereits sehr gebeugt daherkam, altersschwach und krank war. Diese Papstwahl war die letzte, die durch sog. „Adoration" zustande kam: Gewählt war derjenige, dem zuerst zwei Drittel der Kardinäle huldigten, indem sie sich vor seinem Thron niederwarfen.

Man sah in Gregor einen typischen „Übergangspapst", der jedoch für seine kurze Regierungszeit einen 25jährigen dynamischen Kardinalnepoten an seiner Seite hatte, der als Jesuitenzögling hochgebildet war und so viel Geist und Durchsetzungsvermögen besaß, dass er ohne Schwierig-

276

keiten die päpstlichen Geschäfte führen und das Vermögen seiner Familie beträchtlich vermehren konnte – es war der Neffe des Papstes, Kardinal Ludovico Ludovisi.

Ich möchte an dieser Stelle einige Worte zum Amt den Kardinalnepoten einflechten. In der Renaissance- und Barockzeit war dieses Amt ein „fester Posten" in jedem Pontifikat, der Neffe (Nepot) oder ein naher Verwandter war sozusagen die rechte Hand des Papstes. Heute wäre diese Position etwa mit der des Kardinalstaatssekretärs vergleichbar. Nun hat der Begriff Nepotismus im Sinne von Vetternwirtschaft heute ja einen sehr negativen Beiklang. Das Amt war aus damaliger Sicht allerdings durchaus wichtig und auch nicht ganz sinnlos, weil Schlüsselpositionen nur mit ganz engen Vertrauten besetzt werden konnten. Oft hatte der Kardinalnepot repräsentative oder protokollarische Aufgaben und war vor allem mit der Bereicherung und Machterweiterung der regierenden Familie betraut.

Mit der Bulle *Aeterni Patris Filii* kam es im November 1621 endlich zu einer großen Konklavereform, die schon Leo XI. geplant hatte und wegen seiner extrem kurzen Regierungszeit nicht in die Tat umsetzen konnte. Fortan wurden die Päpste in einem sog. Skrutinalverfahren, d.h. durch Abgabe von Stimmzetteln in geheimer Wahl gewählt.

Papst Gregor XV. selbst hatte ein freundliches ruhiges und leutseliges Wesen, er war klein, hager, wirkte deutlich älter, besaß fundierte juristische Kenntnisse und gutes Verhandlungsgeschick, war politisch neutral, verstand es aber, seine

Ziele im Stillen zu verfolgen und durchzusetzen. Er war ein kundiger Kunstsammler und verbot es bei strengster Strafe, antike Bauwerke in Rom als Steinbruch zur Gewinnung von Baumaterial zu nutzen – ganz im Gegensatz zu manchen seiner Vorgänger, die dies völlig anders sahen.

Durch die Gründung der päpstlichen Missionsuniversität *„Propaganda Fide"* im Jahre 1622 wollte Gregor die weltweite Missionstätigkeit der katholischen Kirche zentralisieren und weiter ausbauen – in späterer Zeit kamen Studenten aus der ganzen Welt zum Studium der Theologie und Philosophie an diese Universität, um sich hier auf den Priesterberuf vorzubereiten und später in ihren Heimatländern missionarisch tätig zu werden. Ein weiteres Ziel war es, dadurch den sich ausweitenden Einflussbereich des Protestantismus einzudämmen. In Indien kam es damals zu einer ganz eigenartigen Erscheinung, der sog. *„Brahmanenmission":* Man bediente sich hierbei der einheimischen Hindupriester, die beim einfachen Volk bekannt und geschätzt waren, um durch sie den katholischen Glauben zu verbreiten. Um dies zu erreichen, war es aber nötig, dass althergebrachte Bräuche und Gewohnheiten wenigstens teilweise übernommen wurden – heute würde man von „Inkulturation" sprechen. Der Papst akzeptierte die Kastenzeichen der Priester, sie behielten Schnur und Haarbüschel als Zeichen ihrer Würde und ihres Amtes und bestrichen sich mit Sandelholzpaste – die Traditionen sollten möglichst beibehalten werden, um dem Volk nicht „zu viel Neues" zuzumuten:

Aus den zahlreichen Hindu-Göttern wurde schließlich die katholische Dreifaltigkeit.

Die Wertschätzung des Papstes für die Leistungen der Patres in den Missionsländern führte 1622 zur Heiligsprechung der beiden wichtigsten Missionare des Jesuitenordens (dem er selbst angehörte), nämlich des Ordensgründers Ignatius von Loyola und seines Mitbruders Franz Xaver, dessen Gebeine heute noch in der Kathedrale von Goa in Indien verehrt werden. Franz Xaver wurde zum Apostel Indiens und Patron der Missionare und Seeleute erhoben. Gleichzeitig kanonisierte der Papst die Hl. Teresa von Avila und den Hl. Philipp Neri, der zuweilen den Ehrentitel „Apostel von Rom" trägt und in der Chiesa Nuova bestattet ist. Sein leutseliges und volksnahes Auftreten hat ihm auch den Beinamen „Spaßvogel Christi" eingebracht.

Nach dem Sieg am Weißen Berg bei Prag und dem Sturz des protestantischen „Winterkönigs" Friedrichs V. aus dem Hause Wittelsbach sorgte Gregor dafür, dass der Kaiser die pfälzische Kurfürstenwürde 1623 an den in der Gegenreformation äußerst engagierten Herzog Maximilian von Bayern übertrug – zum Dank für diese Vermittlungsleistung erhielt der Papst die berühmte Bibliotheca Palatina, die ursprünglich an der Universität Heidelberg beheimatet war und sich heute im Vatikan befindet. Die Pfalz war damals bayrisch – bis zum heutigen Tage gehört z.B. der Bischof von Speyer der bayrischen, der sog. „Freisinger Bischofskonferenz" an und nicht selten wurden Speyrer Bischöfe später

Erzbischöfe von München und Freising (u.a. die Kardinäle Wetter, Wendel, von Faulhaber und von Bettinger).

Ein trübes Kapitel des kurzen Pontifikats dieses Papstes, der sich ansonsten sehr um Versöhnung und Frieden bemüht hatte, war sein Hexenerlass vom 20. März 1623, also nur wenige Monate vor seinem Tod. Mit diesem Erlass gab er der bereits institutionalisierten Hexenverfolgung neuen Auftrieb. Kühner bezeichnet dies als *„bedenkliches Zeichen in einer religiös fanatisierten Zeit, das im diametralen Widerspruch zu den eigenen Tendenzen religiöser Erneuerung des Papstes stand".* Das große Ziel der katholischen Restauration machte unter seiner kurzen Regierungszeit jedoch bedeutende Fortschritte und die weitere Ausbreitung des Katholizismus gelang – vor allem in den Missionsgebieten in Übersee – auf das Vortrefflichste.

Papst Gregor XV. starb in seiner Residenz im Quirinalspalast am 8. Juli 1623. Der Leichnam wurde in den Vatikan überführt und zunächst in der nahezu fertiggestellten neuen Peterskirche bestattet. Sein Neffe ließ – zum großen Teil auf seine eigenen Kosten – die Kirche Sant'Ignazio erbauen und die sterblichen Überreste seines Onkels in diese Kirche überführen. In der Cappella Ludovisi befindet sich heute dieses wohl schönste Papstgrabmal von ganz Rom. Es handelt sich um ein prächtiges Doppelgrab, in dem der Papst und sein Kardinalnepot beigesetzt sind und das von Pierre Le Gros zwischen 1709 und 1714 erschaffen wurde.

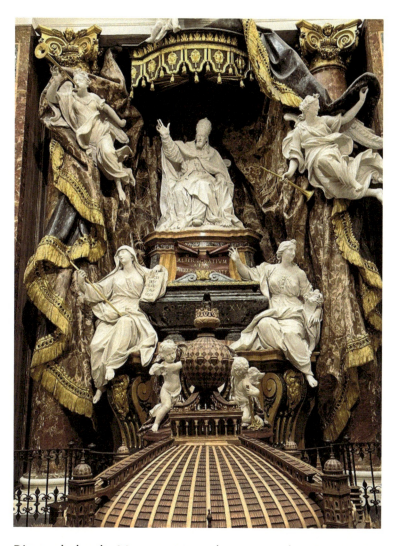

Die ausladende Marmorstatue des segnenden Papstes im
wallenden Gewand überragt die gesamte Szenerie, oben
befinden sich beiderseits zwei Frauengestalten mit Posau-
nen in den Händen – sie sind Symbole des Ruhms. Darunter
links die allegorische Darstellung der Religion mit der Bibel

in der Hand *(Sancta Jesu Christi Evangelia)*, auf der rechten Seite eine Figur mit einem Füllhorn, Symbol des Überflusses oder der Freigebigkeit (der Papst habe öfters den Lateranpalast für die arme Bevölkerung Roms geöffnet). Die geistreiche Inschrift unter der Papstgestalt auf rotem Marmor lautet: *„Alter Ignatium Aris. Alter Aras Ignatio"* – einer erhob Ignatius zum Altar (Heiligsprechung durch den Papst), der andere errichtete Ignatius einen Altar (der Bauherr Ludovico Ludovisi).

Unter dem grünlichen Sarkophag des Papstes befindet sich das Medaillon seines Kardinalnepoten auf blauem Grund. Die Theatralik des Grabmals wird schließlich durch den wuchtigen Marmorvorhang mit goldenen Fransen unterstrichen, der das Monument vom Papstwappen ganz oben bis fast zum Fußboden umrahmt. Es ist in der Tat eine *„pathetische, geistlich-weltliche Huldigung"* für diesen Papst, der nur kurze 17 Monate lang die Geschicke der katholischen Kirche lenkte.

Detail des Grabmals in Sant'Ignazio mit dem Medaillon des

Kardinalnepoten

9. Santi XII Apostoli

Die „Zwölfapostelkirche" befindet sich im Zentrum der Stadt, unweit der Piazza Venezia. Man geht in Richtung Via IV Novembre (also grob in Richtung Stazione Termini) und biegt links in die Piazza SS. XII Apostoli ein – der Eingang zur Kirche liegt rechts etwas unscheinbar hinter einer vergitterten Vorhalle. Wenn man nur wenige Meter weiter geht und rechts in die Via del Vaccaro abbiegt, so kommt man direkt zur Piazza della Pilotta, dem großen Vorplatz vor der renommierten Päpstlichen Universität GREGORIANA, die von Papst Gregor XIII. 1584 gegründet worden war.

Die Ursprünge der Kirche reichen zurück ins 4. Jahrhundert. Sie ist den beiden Aposteln Philippus und Jakobus d.J. geweiht, deren Gebeine in der Krypta ruhen. Der heutige Kirchenbau ist eine der *„letzten und bedeutendsten Schöpfungen des Barock"* und wurde zwischen 1702 und 1724 von Francesco Fontana erbaut. Im 19. Jahrhundert wurde die Kirche durch einen Brand stark beschädigt und später wieder gründlich renoviert. Sie ist Sitz der Franziskanerkonventualen, der sog. „Schwarzen Franziskaner". Das Gemälde im Chor zeigt das Martyrium der beiden hier beigesetzten Apostel, das riesige Deckenfresko im Mittelschiff stellt den Triumph des Franziskanerordens dar.

Das Grabmal, dem wir hier besondere Aufmerksamkeit schenken, befindet sich im linken Querschiff oberhalb des

Eingangs zur Sakristei. Clemens XIV. ist in dieser Kirche bestattet, weil er Mitglied der „Schwarzen Franziskaner" war,
was man übrigens auch an seinem Wappen erkennt – Franziskaner tragen häufig zwei gekreuzte Arme im Wappen:
Der Arm Jesu ist dabei unbekleidet, der Arm des hl. Franziskus steckt im braunen Franziskanerhabit. Zeitlich machen
wir einen Sprung ins Jahrhundert der Aufklärung und an
den Vorabend der Französischen Revolution.

Clemens XIV. (1769 – 1774) – der Papst, der den Jesuitenorden verbot

Giovanni Vincenzo (Ordensname: Lorenzo) Ganganelli aus Sant'Arcangelo bei Rimini

Öfter und eifriger als in früheren Jahren haben sich die Großmächte bereits zu Lebzeiten des Vorgängers mit der Wahl des künftigen Papstes beschäftigt. Clemens XIII. starb am 2. Februar 1769 und nur zwei Wochen später sollte das Konklave beginnen. Dieses zog sich aber enorm in die Länge, weil die versammelten Purpurträger ewig auf noch anreisende Kardinäle aus dem Ausland warten mussten. Im März kam auch der österreichische Kaiser Joseph II. nach Rom – er reiste inkognito als Graf von Falkenstein, ließ es sich aber nicht nehmen, das Konklave selbst zu besuchen und seinen Einfluss geltend zu machen. Nach drei Monaten Papstwahl wurde Kardinal Lorenzo Ganganelli schließlich im 185. Wahlgang gewählt.

Bereits im Alter von 18 Jahren war er dem Franziskanerorden beigetreten, wurde u.a. Mitglied der römischen Inquisition und ließ eine ganze Reihe aufklärerischer Schriften französischer Philosophen auf den Index setzen, knapp 30 Jahre nachdem einer seiner Vorgänger, Papst Benedikt XIV., regen Briefwechsel mit dem französischen Philosophen Voltaire unterhalten hatte. Der Münsteraner Kirchenhistoriker Hubert Wolf bezeichnet den von der Kirche seit 1559 über Jahrhunderte hinweg veröffentlichten *Index Librorum Prohibitorum* übrigens als *„Katalog geistiger Verknechtung".*

Clemens, der erst nach seiner Wahl zum Bischof geweiht wurde, war ein liebenswürdiger, aber relativ ungebildeter und schwächlicher Papst, der dennoch von ungeheurem Ehrgeiz angetrieben war und schon längere Zeit nach der Tiara strebte. Sittlich tadellos, war er ein großer Marienverehrer, aber nie außerhalb Italiens unterwegs, weshalb ihm jede diplomatische und politische Erfahrung völlig abging. Mit seinem heiteren Naturell neigte er bisweilen auch zu derben Späßen und schätzte die Aufenthalte in seiner Sommerresidenz Castel Gandolfo, wo er seiner Passion, der Reitkunst, begeistert nachgehen konnte.

Ein dunkles Kapitel seines Pontifikats war seine Haltung gegenüber den Jesuiten. Als Franziskaner sah er den konkurrierenden Orden schon immer mit Misstrauen. Auf Druck der Bourbonenmonarchien Frankreich, Spanien und Portugal verbot er mit der Bulle *Dominus ac Redemptor noster* vom 21. Juli 1773 schließlich die Gesellschaft Jesu. Den Ordensgeneral Ricci sperrte man in der Engelsburg ein, wo dieser nach zwei Jahren Haft starb. Zahlreiche Anklagepunkte hatte man gegen die Jesuiten vorgebracht, so die Einmischung in weltliche Angelegenheiten, die Duldung heidnischer Bräuche in ihren Reduktionen in Südamerika, den Erwerb großer Reichtümer, die Stiftung von innerkirchlichem Zwist und Hader und vor allem die Tatsache, dass sie als intellektuelle Speerspitze der katholischen Kirche zu mächtig und zu gefährlich wurden. Der Urteilsspruch Clemens' lautete wie folgt: *„Wir sind überzeugt, dass die Gesellschaft Jesu den Nutzen nicht mehr leisten kann, zu dem sie gestiftet worden war; deshalb heben wir auf und vertilgen wir die Gesellschaft Jesu, ihre Ämter, Häuser und Institute".* Es wird auch gemunkelt, dass das Verbot des Jesuitenordens wohl eine Bedingung für seine Wahl zum Papst war. Clemens habe diesbezüglich Versprechungen gemacht, weshalb Leopold von Ranke schreibt: *„Die Wahl zum Papst war mit dem Verbrechen der Simonie befleckt".* Vor allem in Spanien und Frankreich war der Jubel über das Verbot groß, in Preußen hingegen konnte der Orden unter Friedrich II. weiterbestehen: *„Was mich betrifft, so werde ich sie dulden, solange sie sich ruhig verhalten und niemanden erwürgen"* – so der Alte Fritz, der in Fragen der Religion bekanntlich ausgesprochen tolerant war. Es sollte über 40 Jahre dauern, bis Papst Pius VII. den Jesuitenorden im Jahr 1814 wieder vollständig rehabilitierte und das Verbot aufhob, weil er *„diese kräftigen und erfahrenen Ruderer dem Schiffe der Kirche nicht länger vorenthalten wollte",* wie Krüger im Jahre 1907 schreibt.

Eine glücklichere Hand bewies der Papst auf dem Gebiet der Wissenschaften und der schönen Künste. Als begeisterter Bücherfreund erweiterte er die Vatikanische Bibliothek und ließ das nach ihm benannte Museo Pio-Clementino als inzwischen weltberühmte Antikensammlung im Vatikan einrichten. Im Jahre 1770 kam der 14jährige Mozart mit seinem Vater nach Rom und durfte dem Papst vorspielen. Clemens verlieh dem Wunderkind den *Orden vom Goldenen Sporn*, weil er das 9stimmige *Miserere* von Allegri nach einmaligem Hören aus dem Gedächtnis nahezu fehlerfrei niederschreiben konnte.

Clemens litt häufig an starken Depressionen und hatte gegen Ende seines Lebens ständig Angst, dass man ihm nach dem Leben trachtete. Durch einen üblen Hautausschlag mit Bläschen und Pusteln verschlechterte sich sein Zustand immer mehr, so dass er schließlich am 22. September 1774 starb. Zwar gab es Gerüchte, man habe den Papst vergiftet, diese konnten aber nicht nachgewiesen werden. Seine Familie und die von ihm ernannten Kardinäle hatten keinerlei Interesse, ein Grabmal für ihn errichten zu lassen. Auch die bourbonischen Gesandten, die dem Papst ja das Verbot des Jesuitenordens „zu verdanken" hatten, rührten keinen Finger, in dieser Richtung tägig zu werden. Es bedurfte eines reichen Kaufmanns namens Carlo Giorgi, ein *„mercante di campagna*, der schließlich dem jungen Antonio Canova im

Grabstätte von Papst Clemens XIV. von Antonio Canova

Jahre 1783 den Auftrag gab, ein würdiges Grabmal für Clemens XIV. zu errichten. Das Monument wurde Ende April 1787 nach vier Jahren fertiggestellt, die Überführung der sterblichen Überreste des Papstes in die Kirche SS. XII Apostoli erfolgte erst im Jahre 1802 unter Papst Pius VII.

Wir finden das klassizistische Grabmal am Zugang zum linken Querschiff über dem Eingang zur Sakristei. Canova, der seit 1779 in der Stadt war, gestaltete einen antiken Sarkophag, über den sich links die allegorische Darstellung der Mäßigung *(temperantia)* beugt, rechts sitzt die Figur der trauernden Milde *(mansuetudo)* neben einem kleinen Lamm. Hinter dem Sarkophag erhebt sich über einem Sockel die riesige Gestalt des Papstes in Pontifikalgewändern und mit der Tiara bekrönt. Der Papst sitzt auf einem Sessel wie ein Imperator, der die Rechte befehlend weit nach vorne hält, mit der Linken stützt er sich energisch auf die Lehne seines Throns. Man hat fast den Eindruck, der Papst sei gerade dabei, die verhassten Jesuiten aus ihren Häusern zu vertreiben. Das Grabmal von Antonio Canova aus dem Jahr 1787 ist die erste monumentale Schöpfung des Klassizismus in Rom und zugleich sein erstes Werk, das er in der Ewigen Stadt geschaffen hat, geprägt von edler Schlichtheit und klarem Aufbau – Canova habe damit in der Bildhauerei neue Wege gewiesen.

Ungewöhnlich ist die Wiedergabe des Namens des Verstorbenen: Anstatt der üblichen Schreibweise Clemens XIV. findet sich auf dem Sarkophag die römische Zahl XIIII. Somit weicht diese Schreibweise von der Regel ab, wonach bei

römischen Zahlen maximal drei gleiche Ziffern in Folge geschrieben werden dürfen.

10. San Pietro in Vincoli

Steigt man vom Colosseum etwas bergan in Richtung Esquilin, so kommt man über eine gewundene Straße vorbei an den Ruinen der Domus Aurea des Kaisers Nero zur Kirche San Pietro in Vincoli. Diese Kirche geht in ihrer Anlage auf das 5. Jahrhundert zurück. Eine alte Überlieferung berichtet, dass die Kaiserin Eudoxia, Frau des Kaisers Valentinian III., Ketten nach Rom habe bringen lassen, an die der Apostel Petrus im Gefängnis in Jerusalem gefesselt worden war. Papst Leo I. habe diese Ketten zu denjenigen gelegt, an welche Petrus im Kerker in Rom festgebunden war – beide Ketten hätten sich auf wundersame Weise vereinigt und gaben den Ausschlag für den Bau der Kirche, die auch unter dem Namen „Basilica Eudossiana" (nach Kaiserin Eudoxia) bekannt ist. Die Ketten sind in einem Schrein in der Confessio unter dem Hochaltar ausgestellt.

Große Verdienste um die Restaurierung der Kirche erwarben sich die beiden Päpste aus der Familie Della Rovere, Sixtus IV. (1471-1484) und Julius II. (1503-1513). Die drei Schiffe der Basilika werden von 20 antiken Säulen mit dorischem Kapitell unterteilt. Im linken Seitenschiff gleich neben dem Eingang befindet sich das Grab des großen Universalgelehrten Nikolaus Cusanus (1401-1464) aus Bernkastel-Kues an der Mosel.

Die Basilika ist traditionsgemäß eine der beliebten Titelkirchen der Kardinäle (aktuell ist dies der emeritierte Erzbischof von Washington, Donald Card. Wuerl). Bis auf den heutigen Tag ist es Tradition, dass der Papst bei der Ernennung eines neuen Kardinals diesem das scharlachrote Birett aufsetzt, ihm einen Ring ansteckt und mit den Worten *„tibi confidimus diaconiam ..."* in der Ernennungsurkunde eine Kirche in Rom zuweist – auf diese Weise soll die Verbundenheit des neuen Kardinals mit dem Zentrum der katholischen Kirche zum Ausdruck gebracht werden – jeder Kardinal der Weltkirche gehört somit auch zum Klerus des Bistums Rom. Nach jeder Kardinalsernennung ist es auch Brauch, dass der neue Titelkardinal in feierlicher Form Besitz von seiner Titelkirche ergreift.

Wahre Besuchermassen strömen in diese Kirche, um das weltberühmte Grabmal zu bewundern, das Michelangelo für seinen Förderer Julius II. im 16. Jahrhundert geschaffen hat. Daher ist ein Besuch am frühen Morgen ratsam, da man sonst Gefahr läuft, kaum einen vernünftigen Blick auf dieses einmalige Kunstwerk werfen zu können. Auch von einem Besuch in den Mittagsstunden ist abzuraten, weil die Kirche gewöhnlich von 12.30 bis 15.30 Uhr geschlossen ist. Wir finden das Juliusgrabmal am Ende des rechten Seitenschiffs gegenüber der Confessio.

Julius II. (1503 – 1513) – il *„Papa terribile"*

Giuliano della Rovere aus Albisola bei Savona

Im 15. Jahrhundert gab es in San Pietro in Vincoli einen ganz besonderen Titelkardinal – es war Giuliano della Rovere, der im Jahre 1503 den Stuhl Petri bestieg. Von seinem Onkel Papst Sixtus IV. erhielt er früh die Leitung von insgesamt 12 Diözesen, darunter Lausanne, Catania, Avignon, Ostia und Bologna – aus diesen Pfründen bezog er ein beachtliches Einkommen. Er selbst stammte aus ganz einfachen Verhältnissen, war Vater dreier Töchter, die er günstig verheiratete, ohne jedoch nepotistische Gedanken im Hintergrund zu haben. Als Günstling seines Onkels wurde er 1474 Heerführer, um die päpstliche Autorität in Umbrien wiederherzustellen. Nach dem extrem kurzen Pontifikat seines Vorgängers Pius' III., der nur knapp einen Monat die Kirche leitete, kam es zum Treffen zwischen ihm und dem Papstsohn Cesare Borja am 29. Oktober 1503. Um sich die Stimmen der spanischen Kardinäle zu sichern, bot er dem Sohn Alexanders VI. die

Funktion des „Bannerträgers der Kirche" an. Um sich dieses „Wüstlings" aber endgültig zu entledigen, ließ er Cesare Borja später zunächst gefangen nehmen, lieferte ihn dann an Spanien aus, wo dieser im März des Jahres 1507 in einer Schlacht den Tod fand. Niccolò Machiavelli schreibt im 7. Kapitel seines *Principe* über Cesare Borja: „*Nur hinsichtlich der Wahl von Papst Julius II. kann man ihm den Vorwurf machen, dass er eine falsche Entscheidung getroffen hat. So beging der Herzog bei dieser Wahl einen Irrtum und verursachte dadurch seinen eigenen Untergang*".

Julius wurde in einem der kürzesten Konklave in der Kirchengeschichte schnell und fast einmütig am Allerheiligentag 1503 zum Papst gewählt. Viele seiner Zeitgenossen waren erstaunt über die schnelle und einstimmige Wahl, die nur wenige Stunden dauerte. In Rom, aber auch in seiner ligurischen Heimat wurde die Wahl mit großem Jubel aufgenommen. Mit diesem Mann stieg ein vitaler Kraft- und Machtmensch, der Renaissancepapst schlechthin, zur höchsten Würde der Christenheit auf. Pastor schreibt, dass „*alles an ihm das gewöhnliche Maß überschreite*". Obwohl er selbst durch Simonie auf den Stuhl Petri kam, verbot er später die Erlangung des päpstlichen Throns durch Amtserschleichung aufs Strengste. Mit seiner ernsten und hoheitsvollen Erscheinung, seinen feurigen und tiefliegenden Augen, seinem monumentalen Schädel und seinem stark geröteten Gesicht besaß er die „*Natur eines Riesen*". Obwohl er nur noch wenige graue Haare hatte, „*glühte unter dem Schnee des Alters das Feuer der Jugend*". Während seiner knapp 10jährigen Amtszeit war er ein unermüdlicher Förderer der Künste mit unermesslichem Tatendrang, Ideenreichtum und nie zu bändigendem Temperament. Er war unablässig mit großen Plänen beschäftigt, aufbrausend, cholerisch, extrem jähzornig und unberechenbar. Innerhalb kürzester Zeit änderte er seine Pläne, was er in der Nacht ersann, musste am frühen Morgen in die Tat umgesetzt werden.

Julius sah sich eher als Territorialfürst und Kriegsherr denn als Priester – so saß er lieber in der Rüstung auf dem Pferd als in päpstlichen Gewändern auf dem Thron vor dem Altar. Er entpuppte sich als rücksichtsloser Kriegsherr und Mörder, Martin Luther bezeichnete ihn gar als *„Blutsäufer".* So eroberte er z.B. unter hohen Verlusten im Jahre 1511 die ferraresische Schlüsselfestung Mirandola und brachte ein Jahr später Städte wie Parma, Piacenza oder Reggio-Emilia unter seine Herrschaft. Zur Wiederherstellung des Kirchenstaates und zum Ausbau der weltlichen Macht der Päpste füllte er beharrlich seine Kriegskasse auf und zögerte auch nicht, die gesamte Christenheit zu großzügigen Spenden aufzufordern. Auf seine Anregung wurde im Jahre 1506 die Privatarmee des Papstes, die Schweizer Garde, gegründet.

Julius war neben seiner intensiven Kriegstätigkeit ein überaus kunstsinniger Mensch und förderte die besten Künstler seiner Zeit, freilich auch, um auf diese Weise den eigenen Nachruhm zu sichern. Er war es, der die beiden größten Genies der damaligen Zeit, nämlich Michelangelo und Raffael, an den päpstlichen Hof holte. Den hochbegabten Bildhauer aus Florenz beauftragte er mit der Erstellung seines eigenen Grabmals. So trafen zwei hitzige Feuerköpfe aufeinander, die weder Ruhe noch Rast kannten: *„Nichts Kleines, nichts Mittelmäßiges war ihnen eigen",* so Ludwig von Pastor – Konflikte zwischen den beiden Männern waren praktisch vorprogrammiert. Julius kannte bereits die *Pietà* des jungen Michelangelo, wusste also um die enormen bildhauerischen Qualitäten dieses Künstlers. Er sollte zwischen 1505 und 1510 für die damals enorme Summe von 10.000 Dukaten ein monumentales Grabmal erschaffen, das später seinen Platz zentral in der neu erbauten Peterskirche finden sollte. Michelangelo war begeistert, machte sich umgehend auf den Weg nach Carrara und ließ 2000 Zentner Material aus den berühmten Marmorbrüchen nach Rom schaffen – wegen schlechter Wetterbedingungen verzögerte sich die Anlieferung am Hafen von Ostia allerdings immer wieder.

Das Juliusgrabmal gehört wohl zu den am meisten beschriebenen und analysierten Werken der gesamten Kunstgeschichte. Zahlreiche Forscher haben mehrere Entwürfe zu entdecken geglaubt, selbst Sigmund Freud hat sich in einer gründlichen Analyse mit der Statue des Moses beschäftigt. Bei Ludwig von Pastor liest sich der ursprüngliche Plan für das Grabmonument so: *Es war ein freistehendes Mausoleum in Form einer dreistufigen Pyramide angedacht. Ein mächtiger Unterbau mit symbolischen Figuren sollte die Basis bilden, darüber war ein Mittelbau mit 4 Kolossalstatuen vorgesehen, den Abschluss sollte die sanft entschlafene Gestalt des Papstes bilden, wie er gerade von zwei Engeln ins*

Grab gebettet wird – die gesamte Anlage mit einer Höhe von 9 Metern sollte insgesamt 50 Statuen umfassen, wobei an den Seiten jeweils Halbreliefs mit Taten des Papstes vorgesehen waren. Wie es für Julius II. typisch war, interessierte er sich kurz nach Erteilung des Auftrags nur noch wenig für das Grabmal und wollte dafür auch kein Geld mehr investieren. Er hatte bereits den nächsten Plan für Michelangelo parat, nämlich die Ausmalung der Decke der von seinem Onkel erbauten Sixtinischen Kapelle mit einem gewaltigen Freskenzyklus. Zudem war sein Augenmerk nun wieder viel stärker auf den Neubau von St. Peter gerichtet.

Michelangelo bat mehrfach um Audienz, wurde immer wieder abgewiesen und entschloss sich deshalb im Zorn, Rom im April 1506 mit der festen Absicht zu verlassen, nie wieder an den Tiber zurückzukehren. Als der Papst von der Abreise erfuhr, war er außer sich vor Wut, gab Befehl, dem unbotmäßigen Künstler nachzureiten und ihn notfalls mit Gewalt nach Rom zurückzubringen. Die päpstlichen Boten erreichten ihn freilich erst bei Poggibonsi, also bereits auf Florentiner Gebiet. Michelangelo ließ mitteilen, er habe keinerlei Lust auf die Freskenmalerei, er sei Bildhauer und gedenke, in Florenz weiter am Grabmal des Papstes zu arbeiten. Daraufhin sandte der Papst ein Schreiben an die Signoria von Florenz, in dem er offensichtlich mit dem Krieg drohte, sollte der Künstler nicht nach Rom zurückkehren. Die Stadtoberen am Arno warfen Michelangelo unterdessen vor, er sei mit dem Papst umgegangen, wie selbst der König von Frankreich es nicht gewagt hätte. Enttäuscht über die mangelnde Unterstützung in seiner Heimat hegte er wohl auch die Absicht, Italien ganz zu verlassen und sich in die Dienste des Sultans von Istanbul zu begeben.

Inzwischen traf bei Michelangelo ein dritter päpstlicher Auftrag ein: Er solle eine Riesenstatue des Papstes für Bologna erstellen, nachdem dieser am Ende seines ersten Feldzugs am 10. November 1506 siegreich in die Stadt eingezogen war. Es wird berichtet, dass Michelangelo zunächst ein Wachsmodell in dreifacher Lebensgröße anfertigte. Am Ende lieferte der Künstler trotz aller Widrigkeiten ein Meisterwerk ab. Der Bronzekoloss des sitzenden Papstes wurde am 21. Februar 1508 über dem Haupteingang der Basilika San Petronio in Bologna aufgestellt. Leider ist sie heute nicht mehr erhalten, da sich das Volk von Bologna drei Jahre später gegen den Papst erhob und die Figur einschmelzen ließ.

An dieser Stelle soll nicht vergessen werden, dass ausgerechnet während des Pontifikats dieses kunstbesessenen Papstes ein Fund in Rom gemacht wurde, der die Welt der Kunst in wahre Extase versetzte. Auf dem Esquilin fand man im Jahre 1506 die berühmte Laokoon-Gruppe, über die schon der römische Schriftsteller Plinius der Ältere ausführlich berichtet hatte. Sie stammt von Steinmetzen aus Rhodos, die geschichtliche Einordnung dieses Meisterwerks aus Marmor ist sehr umstritten; heute überwiegt eine Datierung um 40-30 v. Chr.

Am 29. November 1506 kam es schließlich zu einem Treffen zwischen Papst und Künstler in Bologna. Der bei der Unterredung anwesende Kardinal Solderini beschwichtigte den erzürnten Papst mit den Worten: *„Heiligkeit, Michelangelo ist Künstler, ein Mensch ohne Manieren und Erziehung! Verzeiht diesem einfachen Menschen sein ungehobeltes Verhalten und seinen Ungehorsam!"* Worauf der Papst den Kardinal anherrschte, was er sich denn erlaube, über Michelangelo so zu reden, wie selbst er es niemals gewagt hätte. Schließlich kam es zur Versöhnung der beiden Antagonisten – von Pastor schreibt treffend, dass *„der eiserne Wille des mächtigen Papstes den Händen, die nur Marmor zu bearbeiten begehrten, den Pinsel aufzwang".*

Im ersten Entwurf für die Ausmalung der Decke der Sixtina hatte der Papst die 12 Apostel vorgesehen. Michelangelo indes fand diesen Plan *„armselig, weil auch die Apostel arm gewesen seien".* So kam es, dass der Künstler, obwohl völlig unerfahren in der Technik der Freskenmalerei, zwischen 1508 und 1512 den berühmten Freskenzyklus der Erschaffung der Welt und des Menschen bis hin zum Sündenfall und zur Sintflut an der Decke der Sixtina erschuf, *„die gewaltigste Schöpfung, welche jemals Farbe und Pinsel zustande gebracht haben".* Er arbeitete mit Unterstützung nur weniger Gehilfen ganze vier Jahre an diesem monumentalen Werk. Als die Decke am 31. Oktober 1512 im Beisein des Papstes enthüllt wurde, brach grenzenloser Enthusiasmus aus wegen der völlig neuen Sichtweise Michelangelos: Die Engel hatten keine Flügel, Gott Vater war ohne Nimbus, ohne Weltkugel, ohne Krone dargestellt – alles hatte menschliche Züge *„und dennoch strahlten die Körperformen den Glanz ihres göttlichen Ebenbildes aus"* – alle Figuren waren nackt und im Glanz der Jugend. So konnte Julius knapp vier Monate vor seinem Tod noch die Vollendung eines von ihm in Auftrag gegebenen Kunstwerks erleben.

Zeitgleich zur Arbeit Michelangelos in der Sixtina war ein anderes Malergenie im Vatikan tätig: der junge Raffaello Sansio, dem die Ausschmückung der sog. Stanzen anvertraut wurde. *La stanza* heißt auf Italienisch einfach Raum oder Zimmer, es waren also vier unterschiedlich große Amtszimmer, die Julius II. im Jahre 1507 bezog und in denen Raffael seine weltberühmten Fresken der Nachwelt hinterließ (hier in topographischer, also nicht chronologischer Reihenfolge aufgelistet):

- die *Stanza dell'Incendio* mit dem Brand im Borgo (dem Stadtviertel unmittelbar beim Vatikan), der Seeschlacht von Ostia (849) und der Krönung Karls des Großen (800)
- die *Stanza della Segnatura* mit der Schule von Athen (allegorische Darstellung der Philosophie), der Disputa um das hl. Altarssakrament (allegorische Darstellung der Theologie) und dem Parnass mit Apoll in der Mitte, umgeben von Musen und Dichtern (dieser Raum war als Bibliothek und Arbeitszimmer des Papstes vorgesehen)
- die *Stanza di Eliodoro* mit der Vertreibung Heliodors aus dem Tempel, der Begegnung Attilas mit Papst Leo I. (der die Züge Leos X. trägt), dem Blutwunder von Bolsena und der Befreiung Petrus' aus dem Kerker

- die *Sala di Costantino* mit der Schlacht an der Milvischen Brücke (312), der Erscheinung des Kreuzes am Himmel, der Taufe Konstantins und der Schenkung Roms an Papst Silvester (dieser Raum wurde vermutlich von Giulio Romano, einem Schüler Raffaels, ausgemalt)

Die Arbeiten in den Stanzen wurden zwar von Julius II. in Auftrag gegeben, unter seinem Nachfolger Leo X. weitergeführt und erst im Jahre 1524 vollendet. So erklärt sich auch, dass die Gesichtszüge Leos X. zweimal dargestellt sind.

Doch zurück zu Michelangelo. Nach dem Tod des Papstes stellte Michelangelo zwischen 1513 und 1516 vom geplanten Grabmal lediglich die Figuren des Moses sowie der beiden Frauen Jakobs, Lea und Rachel, fertig – das Juliusgrabmal wurde, wie er selbst sagte, *„zur Tragödie seines Lebens."* Das Grabmal finden wir in dieser Kirche am Ende des rechten Seitenschiffs. Es ist ein Kenotaph, der Papst selbst hat seine letzte Ruhestätte unter einer schlichten Grabplatte in den Grotten von St. Peter gefunden. Das Grabmal wurde hier aufgestellt, weil San Pietro in Vincoli die ehemalige Titelkirche Julius' II. gewesen ist.

Wenn man vor dem Monument steht, so erkennt man Moses in dem Augenblick dargestellt, in dem er mit den Tafeln der 10 Gebote vom Berge Sinai herabsteigt und dabei sein Volk um das goldene Kalb tanzen sieht *(Exodus, 32 ff. – die Israeliten warteten ungeduldig auf die Rückkehr Moses' vom Berg Sinai, baten dann Aaron, „Götter zu schaffen", die man verehren konnte – aus den goldenen Ringen und Ohrringen des Volkes goss er ein goldenes Kalb).* Man kann die

Statue von drei verschiedenen Blickwinkeln betrachten: Blickt man von ganz links auf die Skulptur, so hat man den Eindruck eines jungen, völlig energiegeladenen und enorm erregten Menschen, der im Begriff ist, aufzuspringen und seinem Zorn über den Götzendienst des abtrünnigen Volkes Ausdruck verleiht. Moses hat gerade die Begegnung mit Gott hinter sich und ist entsetzt, was für ein schreckliches Schauspiel sich ihm bietet. Von hier ist es auch möglich, in einer der gewaltigen Bartschlingen ein kleines Gesicht mit einer Stupsnase zu entdecken – es soll sich dabei um das Gesicht einer Freundin Michelangelos, Vittoria Colonna, handeln. Stellt man sich frontal vor die Statue, ändert sich der Eindruck völlig: Eine Figur im besten Mannesalter sitzt vor einem, er ist auf der Höhe seiner Schaffenskraft, hat aber die Jugendlichkeit der ersten Perspektive verloren. Von ganz rechts betrachtet schaut einem ein Greis entgegen, der auf sein Lebenswerk mit Zufriedenheit zurückblickt und seinen Blick in die Ferne schweifen lässt.

Auffällig sind die beiden Hörner, die Moses auf dem Haupt trägt – sie versinnbildlichen die Strahlen, die nach der Begegnung mit Gott von seinem Gesicht ausgingen. Es gibt für die Hörner mehrere Erklärungsansätze. Da im Hebräischen keine Vokale geschrieben werden, kann die Konsonantenfolge „qrn" sowohl *„qâran"* (strahlend) oder auch *„qérén"* (mit Hörnern versehen) bedeuten. Eine andere Erklärung soll auf die Schlampigkeit eines Mönches im Mittelalter zurückgehen.

Grabmal Julius' II. (Gesamtansicht)

Im lateinischen Text wurde das Wort „strahlend, von der Sonne umstrahlt" mit dem Wort *„coronatus"* übersetzt, beim Abschreiben der Bibel habe der Mönch aus *„coronatus"* irrtümlich *„cornutus"* (= gehörnt) gemacht.

Michelangelo soll nach Fertigstellung von dieser Figur regelrecht verzückt gewesen sein – er hatte sie so geschaffen, als wäre sie im Begriff, aufzuspringen. Er wollte mit der Statue reden *„Moses, steh endlich auf und leb!"* Da die Statue jedoch keine Antwort gab, soll der Künstler zornig geworden sein und aus Wut mit dem Meißel auf das Knie der Figur geschlagen haben. Sehr eindrucksvoll schildert Ludwig von Pastor seine Sicht des Moses: *„Der Künstler hat den Erzieher und Führer des auserwählten Volkes ausschließlich als Mann der Tat aufgefasst, wie Julius II. ein solcher war. Hocherhobenen Hauptes, die umlockte Stirn streng gefurcht, den zornigen Blick drohend nach links gewandt, thront der gewaltige Herrscher, dessen Körper von Aufregung und Seelenkampf durchzuckt erscheint. Die Rechte stützt sich auf das missachtete Gesetz und greift in den lang niederfluthenden Bart. Die Linke drückt den Bart an die Brust, als sollte der bevorstehende gewaltsame Ausbruch zurückgedrängt werden. Allein das Vortreten des rechten Fußes und das Zurückziehen des linken lässt keinen Zweifel: im nächsten Augenblicke wird der Riese aufspringen, die Abtrünnigen zu zerschmettern".*

Rechts und links des Moses sehen wir die beiden Frauen Jakobs, Lea und Rachel, allegorische Figuren des aktiven und des kontemplativen Lebens. Über dem Moses befindet sich die kleine, etwas mickrig wirkende liegende Figur des Papstes, der aber wie erwähnt in diesem Grabmal nicht beigesetzt ist. Wenn Julius II. seine liegende Figur über der Mosesstatue heute sehen könnte, so würde er sich vermutlich im Grabe umdrehen – sie passt so gar nicht zu den hochstrebenden Vorstellungen dieses einzigartigen Inhabers des Stuhles Petri. Die Papstgestalt sowie die restlichen Figuren des Grabmals (z.B. die sich darüber befindliche Madonna mit dem Kind) stammen nicht von Michelangelo selbst. Erst im Jahr 1545 hat das Grabmal übrigens seinen Platz an dieser Stelle gefunden.

Wie berichtet, ging auch die Entscheidung des Neubaus der Peterskirche auf diesen ruhelosen Papst zurück, deren Grundstein er 1506 legte und die erst im Jahre 1626 von Papst Urban VIII. nach über 120jähriger Bauzeit eingeweiht wurde. Als ersten Architekten verpflichtete der Papst den begabten Donato Bramante, der 1499 nach Rom gekommen war und unter diesem Papst quasi die Stellung eines *„Ministers für öffentliche Arbeiten und schöne Künste"* erhielt. Die alte Peterskirche, die schon 1200 Jahre zuvor eingeweiht worden war, scheint baufällig gewesen zu sein – viele der Zeitgenossen sahen dies freilich nicht so und waren entschiedene Gegner der Abriss- und Neubaupläne des Papstes. Durchsetzungsstark wie Julius war fand die Grundsteinlegung zum Neubau gegen jeden Widerstand am 18. April 1506 statt. Bramante plante einen riesigen Zentralbau mit dem Grundriss eines griechischen Kreuzes über dem vermuteten Grab des Fischers aus Galiläa. Es sollte die größte und schönste Kirche der ganzen Welt werden, ein Riesenbau mit einer Grundfläche von 24.000 qm. Bevor mit dem sukzessiven Abriss der alten Kirche begonnen wurde, nahm man leider keine Inventur der dort befindlichen Kunstschätze vor. Zeitgenossen warfen Bramante reinen Vandalismus vor: Herrliche antike Säulen ließ er umstürzen, Gräber in Stücke brechen, so dass ihm bald der Beiname *„Bramante il rovinante"* (der Zerstörer) gegeben wurde.

Für den Neubau waren riesige Geldsummen nötig, deshalb rief der Papst die katholische Welt zu großzügigen Spenden auf. Damit die Kasse zudem rascher gefüllt werden konnte, kam der Brauch des Verkaufs sog. Ablassbriefe auf – die gesamte Christenheit sollte dazu beitragen, dem Apostelfürsten Petrus ein würdiges Gotteshaus zu erbauen. Ablässe waren und sind keine Vergebung der Sünden, die ausnahmslos durch die Absolution des Priesters nach einer Beichte erfolgen kann, sondern lediglich Nachlass sog. „zeitlicher Sündenstrafen", die in damaliger Zeit verhängt wurden. So musste man z.B. für bestimmte Sünden soundsoviele Tage im Büßergewand öffentlich vor einer Kirche stehen – solche Strafen konnten durch Ablässe getilgt werden.

Politisch war Julius II. überaus erfolgreich. Mit einem Triumphzug vom Kapitol bis zur Engelsbrücke ehrten ihn die Römer am 3. Februar 1513 als *„Befreier Italiens und Überwinder des Schismas".* Währenddessen lag der schier unbezwingbar scheinende Krieger aber bereits auf dem Sterbebett. Seine Kräfte waren im letzten Lebensjahr allmählich erloschen, und diesmal lehnte er sich nicht, wie stets zuvor, gegen das nahende Ende auf. Am 21. Februar 1513 stirbt Julius II. in Rom. Er *„darf nicht in den Himmel"* , so jedenfalls sieht es der Humanist Erasmus von Rotterdam 1514 – ein Jahr nach dem Tod des Papstes – in einer bissigen Satire: Zu poltrig und selbstverliebt schlägt der Pontifex Maximus an die diamantene Himmelspforte, zu gebieterisch tritt er vor Petrus: *„Hier wirst du nicht aufgenommen, wenn du nicht der Beste bist",* entgegnet ihm der Apostel, *„und das heißt: heilig".* Bei Erasmus reagiert Julius II. so, wie viele Zeitgenossen ihn sehen, nämlich als überheblicher Kriegsherr: *„Gut, ich warte noch ein paar Monate, und wenn ich meine Truppen vermehrt habe, jage ich euch von hier herab, falls ihr euch nicht ergebt".*

Das Urteil über diesen kriegerischen, machthungrigen und kunstbesessenen Papst wird immer sehr unterschiedlich ausfallen. Man kann aber behaupten, dass er alle Herrscher seiner Zeit bei weitem überragte und *„eine Synthese von Staat, Kultur und Geist zu verwirklichen versuchte",* wie Kühner das treffend schreibt. Mit Recht hat man Julius II. seinen Jähzorn und sein wenig priesterliches Wirken vorgeworfen. Seine Bedeutung für die Geschichte Italiens und des Papsttums ist dagegen unbestritten.

Julius II. auf einem Gemälde Raffaels

11. Santa Francesca Romana

Direkt am Forum Romanum neben den Ruinen der Maxentius-Basilika und gegenüber dem Colosseum erhebt sich der 42 m hohe schlanke romanische Glockenturm dieser Kirche, die einstmals Santa Maria Nuova hieß, bei den Römern aber unter dem Namen Santa Francesca Romana bekannt ist. Wie so oft entstand dort über Tempelresten aus der Antike (hier sind es die Ruinen des Venus- und Roma-Tempels) im 8. Jahrhundert ein Oratorium, das 200 Jahre später zu einer Kirche ausgebaut wurde. Es folgten mehrere Restaurierungen – seit dem 14. Jahrhundert war hier auch ein Kloster angeschlossen, das im Jahre 1873 nach der Besetzung Roms durch die italienischen Truppen aufgelöst wurde.

Die Namensgeberin Francesca Romana, eine vornehme Römerin, starb im Jahre 1440. Wie manche andere heiliggesprochene Ehefrauen habe sie ihre sexuellen Bedürfnisse durch Selbstverletzungen zu bekämpfen versucht und erklärte sich auch mit den sexuellen Forderungen ihres Ehemanns nicht einverstanden. Wegen ihrer Verdienste um Pestkranke und als Ordensgründerin der Oblatinnen wurde sie zu Beginn des 17. Jahrhunderts von Papst Paul V. heiliggesprochen – diese *„Erhebung zur Ehre der Altäre"* nahmen die Mönche des Klosters zum Anlass, die Kirche komplett zu erneuern – Fassade und Inneres mit acht Seitenkapellen sind reiner Barock. Geht man rechts die Treppe hoch, so befindet man sich neben dem Hochaltar vor dem Grabmal, das uns in dieser Kirche besonders interessiert. Zeitlich gehen wir nun zurück ins 14. Jahrhundert in die Zeit, als die Päpste nicht in Rom, sondern unter dem Schutz des französischen Königs im südfranzösischen Avignon Residenz nehmen mussten.

Gregor XI. (1370 – 1378) – der Rückkehrer aus Avignon

Pierre Roger de Beaufort aus dem Limousin

Papst Gregor XI. war Franzose und der letzte Papst, der noch in der sog. „Babylonischen Gefangenschaft" in Avignon residierte und auf Drängen der hl. Katharina von Siena, seiner treuesten Anhängerin, im Januar 1377 nach Rom zurückgekehrt ist. Bereits im Oktober 1367 kam sein Vorgänger Urban V. nach Rom zurück, musste die Stadt aber drei Jahre später schon wieder verlassen und nach Avignon zurückkehren. Weder die Drohungen der hl. Birgitta von Schweden noch die Vermittlungsversuche Francesco Petrarcas konnten dies verhindern. Durch die endgültige Rückkehr Gregors XI. ging nach 67 Jahren das Avignonesische Exil der Päpste zu Ende, zu dem es wegen der mittelalterlichen Machtstreitigkeiten zwischen Kaiser und Papst und der Bulle *Unam sanctam* (1302) von Papst Bonifatius VIII. gekommen war, in der er seinen Anspruch auf die

Weltherrschaft betonte: *„Alle menschliche Kreatur muss dem Papst in Rom untertan sein".*

Bereits im Jahre 1305 war es dem französischen König Philipp dem Schönen gelungen, den Erzbischof von Bordeaux als Clemens V. auf den Stuhl Petri zu bringen, was in Rom und Italien auf heftigsten Widerstand stieß. Der Franzose fühlte sich in Rom nicht mehr sicher, begab sich deshalb unter den Schutz des französischen Königs und verlegte 1309 zunächst provisorisch seine Residenz in eine kleine Grafschaft bei Avignon. Erst sein Nachfolger Johannes XXII. (ebenfalls ein Franzose) machte seine ehemalige Bischofsstadt Avignon zum dauerhaften Sitz des Apostolischen Stuhls. Alle weiteren Päpste waren dort dem französischen König völlig unterworfen. Ludwig von Pastor bezeichnet diese Zeit als *„die größte Krise, die die römische Kirche in ihrer 2000jährigen Geschichte zu überstehen hatte".* In seiner Zeit mag diese Feststellung durchaus zutreffend gewesen sein. Wenn man die Krise der katholischen Kirche heute 60 Jahre nach dem 2. Vaticanum betrachtet, so erscheint das Intermezzo von Avignon eher unbedeutend. Das trostlose Schauspiel, das die Kirche in unseren Tagen bietet, weist eher den Weg in die endgültige Bedeutungslosigkeit der katholischen Kirche, weil sie sich dem Zeitgeist in unschöner Weise anbiedert und ihr „Alleinstellungsmerkmal" inzwischen weitgehend verloren hat.

Die Stadt an der Rhône entwickelte sich im 14. Jahrhundert zu einer kleinen Metropole und zum *„abendländischen Babylon",* wie Francesco Petrarca es nannte. Am päpstlichen

Hof herrschten Prunk, Luxus und Korruption, so dass der Dichter dort einen *„Auswurf aller Frevel und Schandtaten"* seiner Zeit sah.

Gregor XI. regierte zur Zeit des 100jährigen Krieges, der von 1337 bis 1453 zwischen England und Frankreich tobte, weil England in Westfrankreich Gebietsansprüche gestellt hatte. Der Papst wird beschrieben als sehr gebildet, außerordentlich fromm, bescheiden und sittenrein, war aber im Grunde eine ängstliche und furchtsame Natur. Von Frankreich aus sandte er provenzalische Legaten nach Italien, denen die Verwaltung des Kirchenstaats oblag. Zahlreiche Städte lehnten sich gegen diese teilweise mit äußerster Brutalität vorgehenden Legaten auf, so z.B. Perugia, Spoleto, Assisi oder Ravenna und Florenz. Die Florentiner bezeichneten den Papst als *„papa guastamondo"* (Weltverderber), weil er u.a. den Kardinallegaten Robert von Genf (den späteren ersten Gegenpapst Clemens VII.) nach Italien entsandte, wo er als „Henker von Cesena" in die Geschichte einging, weil er dort im Jahre 1377 an einem einzigen Tag 4000 Menschen umbringen ließ.

Der Papst war familiär eng mit Frankreich verbunden, er begünstigte seine Familie und zahlreiche seiner Landsleute. Eigentlich hatte er Angst, nach Italien zurückzukehren, weil er weder die Sprache verstand noch die Gepflogenheiten des Landes kannte. Katharina von Siena bedrängte den Papst aber immer wieder, denn sie war der Ansicht, dass *„allein in Rom am Grab des Apostels Petrus, dem Garten, der mit dem Blut der Märtyrer begossen war, der Sitz seines*

Nachfolgers" sein könne. Das Papsttum war in Gefahr, seine geschichtliche Machtstellung in Italien zu verlieren. In Rom hatte man bereits die Absicht, einen Gegenpapst zu wählen, falls Gregor nicht zurückkommen sollte. Katharina ihrerseits ruhte nicht, *„bis das Werk Philipps des Schönen vernichtet war".* Es gibt einen interessanten Briefwechsel zwischen dem Papst und Katharina, in dem sie den streitenden Parteien unaufhörlich Frieden und Versöhnung predigte und dem Papst auch seinen starken Hang zum Nepotismus und seine harte Haltung gegenüber seinen Feinden vorwarf: *„Ihr müsst eure Feinde mit den Waffen der Güte, der Liebe und des Friedens schlagen".*

So verließ der Papst im September 1376 schließlich Avignon, gelangte über Marseille nach Genua, konnte die Reise wegen heftiger Seestürme allerdings erst kurz vor Weihnachten fortsetzen, so dass er schließlich am 13. Januar 1377 über Ostia und San Paolo fuori le mura in Rom Einzug hielt. Hier freilich schlugen „dem Ausländer" Hass und Misstrauen vermischt mit Gefühlen patriotischer Unabhängigkeit entgegen.

Nur gut ein Jahr nach seiner Rückkehr starb der Papst bereits im März 1378. Wohl schon zu seinen Lebzeiten ahnte er die bevorstehenden innerkirchlichen Streitigkeiten. Sein Nachfolger wurde der Italiener Urban VI., der das Kardinalskollegium von der Vormachtstellung der französischen Mitglieder befreite. Dies wollten die Franzosen jedoch nicht anerkennen und so wählten sie im September 1378 Robert von Genf (den erwähnten „Schlächter von Cesena") zum ersten Gegenpapst – das *„Große Abendländische Schisma"*, d.h. die zeitweilige Glaubensspaltung wegen zweier oder mehrerer konkurrierender Päpste war vollzogen und sollte sich bis zur Wahl Papst Martins V. auf dem Konstanzer Konzil im Jahre 1417 hinziehen.

Grabmal Papst Gregors XI. in Santa Francesca Romana

Das Grab des Papstes, der eigentlich lieber in seiner Heimat Frankreich bestattet werden wollte, befindet sich in dieser Kirche, weil sie seine Titelkirche als Kardinaldiakon war. Das Relief in der Mitte über dem schwarzen Marmorsarkophag zeigt die Rückkehr des Papstes nach Rom – er reitet, begleitet von den früher üblichen Straußenfedern und seiner Entourage unter einem Baldachin („Himmel"), der von vier Edelmännern getragen wird, in die Ewige Stadt hinein. Eine

Schar Kardinäle folgt ihm auf dem Pferd, die Stadtgöttin Minerva steht links freundlich zum Empfang bereit. Oberhalb kann man Gebäude der Ewigen Stadt erkennen, darüber schwebt ein leerer Papstthron (wie wenn dieser Thron auf den rückkehrenden Papst gewartet hätte). Ein Engel darüber hält bereits die Tiara für die erneute Krönung in Rom bereit.

Unter dem schwarzen Sarkophag befindet sich eine Marmorplatte mit lateinischer Inschrift, die an die glückliche Rückkehr *(„Romam feliciter reduxit")* dieses Papstes „aus dem Limousin" („Lemovicensi") im 7. Jahr seines Pontifikats erinnert – die Inschrift wurde erst im Jahre 1584 vom römischen Senat aus Dankbarkeit gestiftet und ist ein Werk des Künstlers Pier Paolo Olivieri, der sich auch im Relief als Künstler selbst verewigt hat.

"Gregor dem Elften aus Limoges, dem durch Humanität, Gelehrsamkeit und Frömmigkeit Bewundernswürdigen; um Italien zu retten, das an Aufruhr krankte, verlegte er den

päpstlichen Sitz, der seit langer Zeit nach Avignon hinüber-
gebracht worden war, angeweht von Gott und vom Jubel
der Menschen, nach siebzig Jahren glücklich wieder nach
Rom zurück, im siebten Jahre seines Pontifikats. Der Senat
und das Volk von Rom, so großer Frömmigkeit und Wohltat
eingedenk, mit Zustimmung Gregors XIII. im Jahre 1584
nach der Erlösung der Welt".

Beiderseits des Reliefs stehen zwei Figuren: Links erkennen
wir eine Frau mit einem Buch und einem Buchzeichen – sie
symbolisiert den Glauben *(fides)*. Auf der rechten Seite
steht eine Frau mit Spiegel und Schlange, eigentlich das
Symbol der Selbsterkenntnis, im lokalen Kirchenführer wird
sich jedoch als Hoffnung *(sperantia)* gedeutet.

*Was man in Santa Francesca Romana noch anschauen
könnte:*

- *das **Apsismosaik** aus dem 12. Jahrhundert zeigt die
  Madonna mit dem Jesuskind, rechts von ihr stehen
  die Apostelbrüder Jakobus und Johannes, auf der linken Seite die Apostel Petrus und Andreas*
- *eine altehrwürdige **Ikone der Madonna** mit dem
  Kind im Hochaltar (ebenfalls aus dem 12. Jahrhundert)*
- *den **Glassarkophag** mit den sterblichen Überresten
  der hl. Francesca Romana in der Krypta der Kirche
  (sie hält das Brevier in der Hand, das beim Psalm 72
  geöffnet ist – die Legende berichtet, dass sie ihre Gebete nicht zu Ende sprechen konnte, weil ihr Mann*

sie rief; als sie zurückkam, fand sie die Gebete in gol-
denen Buchstaben im Brevier) – siehe dazu M.
Ramm, Heiliges Rom, S. 195

12. San Lorenzo fuori le mura

Wenn man von der Piazza dei Cinquecento vor der Stazione Termini nach Osten durch das Universitätsviertel geht, kommt man am Ende des Viale Regina Elena zur Piazza San Lorenzo, wo sich die Basilica San Lorenzo fuori le mura befindet. Wie der Name sagt, steht diese Kirche zu Ehren des Hl. Laurentius außerhalb des heute noch weitgehend vollständig erhaltenen 18 km langen Mauerrings, der im 3. Jahrhundert unter Kaiser Aurelian zum Schutz gegen künftige Feinde errichtet wurde, nachdem die Stadt Rom 1000 Jahre ohne wehrhafte Stadtmauern auskommen konnte, weil es praktisch keine wirklichen Feinde gab, die der Stadt hätten gefährlich werden können.

Es gibt in Rom mehrere Kirchen, die dem hl. Laurentius geweiht sind und dessen besondere Verehrung in der Ewigen Stadt bezeugen (z.B. San Lorenzo in Damaso, San Lorenzo in Lucina oder San Lorenzo in Miranda). Laurentius wurde im 3. christlichen Jahrhundert zum Erzdiakon geweiht und vom Papst damit beauftragt, sich um Arme zu kümmern und Almosen zu verteilen. Er soll das Martyrium in der Zeit des Kaisers Valerian im Jahre 258 n. Chr. erlitten haben. Weil er den Kaiser nicht anbeten wollte, wurde er auf einen eisernen Rost gebunden und bei lebendigem Leibe verbrannt – man erkennt Darstellungen des hl. Laurentius immer an dem Rost, den er als Attribut bei sich trägt.

San Lorenzo ist eine der sieben (neuerdings acht) Hauptkirchen Roms, die direkt neben dem römischen Zentralfriedhof Campo Verano liegt und in ihrer heutigen Form auf das 13. Jahrhundert zurückgeht. Unter Pius IX. wurde sie zwischen 1857 und 1864 gründlich renoviert. Im 2. Weltkrieg wurde die Kirche von Bomben schwer in Mitleidenschaft gezogen; Pius XII. eilte noch am Tag nach dem Bombenangriff hinaus, um bei den Menschen zu sein und den sofortigen Wiederaufbau der Kirche anzukündigen.

In der Vorhalle finden sich herrliche Fresken aus dem 13. Jahrhundert, die Szenen aus der Baugeschichte und dem Leben der beiden Erzdiakone Stephanus und Laurentius zeigen. Die dreischiffige Kirche hat die klassische Form einer römischen Basilika mit offenem Dachstuhl. Nicht versäumen sollte man, einen Blick auf die herrlichen Mosaiken auf dem Triumphbogen hinter dem Hochaltar zu werfen.

Das Grab, das uns in dieser Kirche interessiert, befindet sich in der Krypta unter dem Altar, wohin beiderseits eine Treppe nach unten führt. Gegenüber dem Piusgrab sieht man eine Marmorplatte – die Tradition berichtet, man habe den Leichnam des hl. Laurentius nach seinem Martyrium dort abgelegt. *„In den bräunlichen Verfärbungen auf dem Stein sieht frommer Sinn das Blut des hl. Laurentius",* wie Martin Ramm in seinem Führer so schön ausführt. Es wird auch berichtet, mitten in den Feuersqualen habe Laurentius seine Peiniger aufgefordert, ihn zu wenden, da eine Seite bereits gebraten sei.

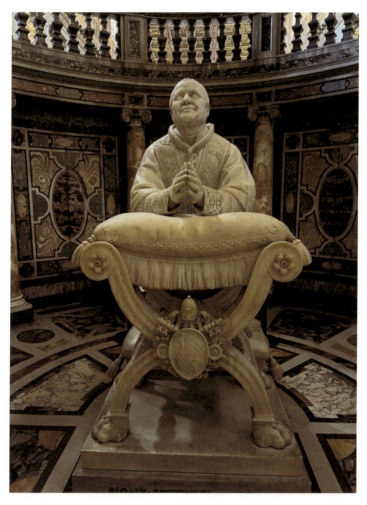

Statue von Pius IX. in der Confessio von Santa Maria Maggiore

Zeitlich befinden wir uns nun mitten im 19. Jahrhundert – es war die Zeit des Risorgimento, das die Gründung des Königsreichs Italien und schließlich das Ende des Kirchenstaates bringen sollte.

Sel. Pius IX. (1846 – 1878) – der Gefangene im Vatikan

Giovanni Maria Mastai-Ferretti aus Senigallia

Nachdem die Römer über den Tod seines Vorgängers Gregors XVI. nicht in allzu große Trauer verfallen waren, erhofften sie sich vom kommenden Konklave einen Papst, der die Probleme der Zeit erkennen würde und zu wahren Reformen bereit wäre. Nach nur zweitägigem Konklave und zu seiner eigenen Überraschung wurde am 16. Juni 1846 der Bischof von Imola, Kardinal Mastai-Ferretti wiederum im Quirinalspalast zum neuen Papst gewählt. Er konnte sich gegen den erzkonservativen Luigi Lambruschini durchsetzen, der als Kardinalstaatssekretär die Geschicke der Kirche unter Gregor XVI. weitgehend mitbestimmte. Mit Pius IX. bestieg der letzte *„Papa-Re“* (der Papstkönig) im für Päpste damals „jugendlichen Alter" von 54 Jahren den Apostolischen Stuhl. Zum letzten Mal in der Kirchengeschichte hatte der Papst neben seinem geistlichen Amt als Oberhaupt einer Weltkirche auch die Funktion des weltlichen Herrschers über den Kirchenstaat inne.

Mit seiner Wahl waren in Italien große Erwartungen verbunden, denn es war – wie berichtet – die Zeit des Risorgimento, also die nahezu 50jährige Geschichte um die Bemühungen, Italien als Nationalstaat zu einen und das Joch der Fremdherrschaft und der verschiedenen Kleinstaaten zu überwinden – oder, um es mit den Worten Thomas Manns aus dem *Zauberberg* zu beschreiben, wo er den geschwätzigen Lodovico Settembrini sagen lässt, dass *„Österreich und die Heilige Allianz sein zerstückeltes Vaterland im Banne dumpfer Knechtschaft gehalten hatten".* Nationale Einigungsbestrebungen gab es zur gleichen Zeit z.B. auch in Deutschland.

Zu Beginn seines Pontifikats erließ Pius IX. einige liberale Reformen, darunter die Ausweitung der Pressefreiheit und die Einrichtung eines römischen Stadtrates. Er ließ Gefangene frei, richtete Kommissionen mit weltlichen Mitgliedern ein und gab auch Forderungen nach einer Konstitution Gehör. Gleichwohl war er aber immer ein verbissener Gegner eines italienischen Nationalstaates. Als frommer Gefühlsmensch und großer Heiligenverehrer zeigte er sich politisch zunehmend zeitfeindlich und unbeugsam. Von Kindesbeinen an litt er an epileptischen Anfällen, war leicht erregbar und aufbrausend und duldete keine Widerworte.

Gleich wenige Jahre nach seiner Wahl erlebte der Kirchenstaat (wie andere Staaten Europas) revolutionäre

Erhebungen, die in Rom zur Gründung einer kurzlebigen „Römischen Republik" führten. Der Papst musste 1848 vor den Aufständischen in die Festung von Gaeta im Königreich Neapel-Beider Sizilien fliehen. Den papsttreuen französischen und spanischen Truppen gelang die Niederschlagung des Aufstandes, so dass Pio Nono im Frühjahr 1850 nach Rom zurückkehren konnte und wieder im Quirinalspalast, dem heutigen Sitz des Staatspräsidenten, Residenz nahm. Dieses Intermezzo veränderte den Papst völlig, zeigte er sich danach doch überaus autoritär und extrem konservativ. Fortan behielt die hohe Geistlichkeit in allen Gremien die Mehrheit, die absolutistische Gesinnung des Papstes hatte über jedes republikanische Zugeständnis gesiegt. Es kam sogar zu mehreren Attentatsversuchen auf den Papst, die mit Todesurteilen und Galeerenstrafen geahndet wurden.

Erstes innerkirchliches Highlight war die Verkündigung des Dogmas von der Unbefleckten Empfängnis Mariens am 8. Dezember 1854 in St. Peter. Zwei Tage später, am 10. Dezember 1854, konnte der Papst die im Juli 1823 fast vollständig abgebrannte Basilica San Paolo fuori le mura nach über 20 Jahren Wiederaufbau feierlich einweihen. Zum Thema der *„Unbefleckten Empfängnis Mariens"* hier noch ein Wort, weil diesbezüglich immer wieder viel Unsinn erzählt wird: Das Dogma stellt fest, dass Maria die einzige Person war, die *„ohne jeden Makel der Erbsünde"* geboren wurde – es geht hier also gar nicht um die Geburt Christi, sondern um ihre eigene Geburt als Tochter der hl. Anna und des hl. Joachim.

Im Jahre 1806 wurde in der Bergwerkssiedlung Allumiere nordwestlich des Lago di Bracciano der Sohn eines bayrischen Bäckermeisters geboren, Theodulf Mertel. Dieser studierte in Rom Jura, wurde wegen seiner guten Kenntnisse an die Kurie berufen und brachte es fertig, nach dem Amtsantritt Pius' IX. quasi über Nacht den Entwurf einer Verfassung vorzulegen, die sogar die Zustimmung des Kirchenoberhaupts fand. Nach der Rückkehr des Papstes aus Gaeta wurde er Innen- und Justizminister des Kirchenstaates, sein Entwurf einer Verfassung wurde aber nicht weiter verfolgt. Im Jahre 1858 erhob Pius den Laien in den Kardinalsstand, ohne dass er zuvor zum Priester geweiht worden war. Als Kardinal sollte er eine besondere Rolle nach der Wahl Leos XIII. im Jahre 1878 spielen, wie wir beim Besuch der Lateranbasilika gesehen haben.

Im selben Jahr 1858 kam es zu einem besonderen Vorfall, der damals in der europäischen Presse einen Sturm der Entrüstung auslöste. Soldaten des Papstes verschleppten im jüdischen Viertel von Bologna den sechsjährigen Edgardo Mortara, den Sohn einer großen und angesehenen jüdischen Familie. Das Kind erhielt als Baby heimlich von einer katholischen Bediensteten im Hause Mortara die Nottaufe. Dadurch war es nach katholischem Verständnis katholischer Christ und musste nach päpstlichem Willen auch eine katholische Erziehung erfahren. Der skandalöse Entführungsfall löste eine riesige Solidaritätswelle jüdischer Gemeinden in ganz Europa aus. Unterstützung kam aber auch von der fortschrittlichen italienischen Öffentlichkeit. Selbst

Napoleon III. von Frankreich und Kaiser Franz-Joseph von Österreich protestierten gegen die Entführung des kleinen Jungen. Doch trotz des verzweifelten Kampfes der Familie blieb Papst Pius IX. unerbittlich. Der verschleppte Junge wurde nach Rom gebracht, in ein Katechumenenheim gesteckt, katholisch erzogen, studierte später sogar Theologie und wurde mit einer Dispens des Papstes – er war eigentlich noch zu jung – zum Priester geweiht. Er trat dem Orden der Augustiner-Chorherren bei, war sehr aktiv im Bereich der Missionierung der Juden und starb während des 2. Weltkriegs im Alter von 89 Jahren in einem Kloster in der Nähe von Lüttich in Belgien. Dieser damals aufregenden und wahren Geschichte setzte der italienische Regisseur Marco Bellocchio, einer der bedeutendsten europäischen Filmemacher, mit dem Streifen *Die Bologna-Entführung – Geraubt im Namen des Papstes* im Jahre 2023 ein Denkmal. Die Haltung des Papstes gegenüber den Juden Roms war überaus hart. Er ließ das Ghetto weiter ausbauen, internierte dort noch mehr Menschen jüdischen Glaubens und setzte den Talmud auf die Liste der verbotenen Bücher.

Aus dem einst eher liberalen Kirchenoberhaupt war ein verbitterter Mann geworden, der zunehmend konservativ, reaktionär und autoritär wurde. Eine ganze Reihe seiner Entscheidungen zeigen dies. Im Jahre 1864 erließ er die Enzyklika *Quanta cura*, in deren Anhang sich der berühmte *Syllabus Errorum* befindet, eine Auflistung von 80 Irrtümern, gegen die sich die Kirche wandte. Er lehnte die Gewissensfreiheit jedes Einzelnen ab und bezeichnete sie als Wahnsinn.

Im Jahre 1868 ließ er zum letzten Mal die Todesstrafe durch seinen berüchtigten Scharfrichter Giovanni Battista Bugatti vollziehen. Am 18. Juli 1870 verkündete er am Ende des 1. Vatikanischen Konzils mit der Bulle *Pastor Aeternus* das Dogma von der Unfehlbarkeit des Papstes in Glaubensdingen, die *ex cathedra* verkündet werden. Er sei als Papst *„wahrer und einziger Stellvertreter Christi, Oberhaupt der gesamten Kirche, Vater, Lehrer und Richter aller Christen"*:

> *„Zur Ehre Gottes, unseres Heilandes, zur Erhöhung der katholischen Religion, zum Heil der christlichen Völker ... erklären Wir endgültig als von Gott offenbarten Glaubenssatz: Wenn der römische Papst in höchster Lehrgewalt (ex cathedra) spricht ... und in höchster apostolischer Amtsgewalt endgültig entscheidet, eine Lehre über Glauben oder Sitten sei von der ganzen Kirche festzuhalten, so genießt er kraft des göttlichen Beistandes ... jene Unfehlbarkeit, mit der der göttliche Erlöser seine Kirche bei endgültigen Glaubens- und Sittenslehren ausgerüstet haben wollte".*

Bei der feierlichen Abstimmung über die Dogmatische Konstitution verdunkelte sich plötzlich der Himmel und ein schweres Gewitter mit Blitz und Donner ging über Rom nieder. Die Gegner des Dogmas sahen darin den Ausdruck des göttlichen Zorns, die Anhänger fühlten sich auf den Berg Sinai versetzt, wo Gott unter Blitz und Donner im brennenden Dornbusch die Gesetzestafeln an Moses übergab. Vor der Abstimmung waren über 200 Konzilsteilnehmer aus unterschiedlichen Gründen abgereist, unter ihnen auch die damaligen Bischöfe von Rottenburg und Mainz, Karl-Josef von Hefele und Wilhelm Emmanuel von Ketteler. 535 Anwesende stimmten schließlich bei zwei Gegenstimmen für das Dogma. In der Folge dieser Lehrverkündigung spalteten sich die Altkatholiken unter Ignaz von Döllinger von der römischen Kirche ab. Er hatte schon 1863 mit seinen Untersuchungen über „Die Papst-Fabeln des Mittelalters" (darunter auch die „Konstantinische Schenkung") in den Augen kurialer Kreise unliebsames Aufsehen erregt.

Hubert Wolf weist in seinem neuen Buch (2024) darauf hin, dass im Zusammenhang mit dem Dogma von der Infallibilität häufig übersehen wird, dass damals eigentlich zwei Dogmen gleichzeitig verkündet wurden: Neben der päpstlichen Unfehlbarkeit wurde auch der universale Jurisdiktionsprimat des Papstes zum Glaubenssatz erhoben. Das bedeutet, dass der Bischof von Rom die oberste und absolute Gewalt in der gesamten katholischen Kirche innehat und so auch in jede Diözese unter Umgehung des zuständigen Ortsbischofs *„direkt hineinregieren"* kann, wenn er dies für nötig erachtet. Dieses zweite Dogma findet praktisch bis heute regelmäßig Anwendung, wenn es etwa in einer Diözese zu Vorgängen kommt, die das Missfallen der Kurie auslösen. Dann gilt der Grundsatz *„Roma locuta, causa finita."*

Auf alle Vorschläge der verschiedenen Parteien mit Blick auf eine staatliche Einigung Italiens reagierte Pius immer mit einem schroffen *Non possumus*, weil sich *„das Recht des Römischen Stuhls nicht wie das Recht einer weltlichen Dynastie abtreten lasse"*. Zeitweise hatte man sogar die Absicht, dem Papst die Königskrone als Staatsoberhaupt des neu zu errichtenden Königreichs Italien anzubieten, womit freilich der Verlust des eigenen Kirchenstaates einhergegangen wäre.

In den 1850er Jahren feierte der bedeutende italienische Opernkomponist Giuseppe Verdi vor allem in Mailand seine großen Erfolge. Bereits in der Oper Nabucco aus dem Jahre 1842 sahen musikbegeisterte Italiener in den „Gefangenen an den Ufern des Euphrat" eigentlich die zur Unfreiheit verurteilten Italiener. Der berühmte Gefangenenchor *„Va pensiero sull'ali dorate"* wurde über Nacht fast so etwas wie die heimliche Nationalhymne des nach Einheit strebenden Volkes. Rasch verbreitete sich der Ruf EVVIVA VERDI, was zwar zunächst wie ein Lobruf auf den Maestro klang, in Wirklichkeit verbarg sich dahinter als Schlachtruf aber das Acrostichon *Evviva V(ittorio) E(manuele) R(e) D'I(talia),* häufig gefolgt von *„Non piove"* (es regnet nicht). Gemeint war hier kein Regen, sondern der gegen den Papst gerichtete Ruf: *Non Pio (ma) VE (Vittorio Emanuele) – nicht Pius, sondern Vittorio Emanuele.*

Das *Risorgimento* nahm unterdessen Fahrt auf und führte nach zwei Unabhängigkeitskriegen zur Ausrufung des Königreichs Italien im März des Jahres 1861, freilich immer noch ohne den Kirchenstaat, der die Halbinsel praktisch in einen Nord- und einen Südteil aufspaltete. Hauptstadt des neuen Staates wurde 1861 zunächst Turin, bis dahin Hauptstadt des Königsreichs Piemont-Sardinien, erster König des geeinten Königreiches wurde Vittorio Emanuele II. aus dem

Hause Savoyen. Nur wenige Jahre später, im Jahre 1865, wurde Florenz zur Hauptstadt Italiens ausgerufen, man näherte sich sozusagen dem Kirchenstaat und Rom an, denn für Garibaldi und seine Mannen galt nur ein Motto: *„Roma – o morte"*, entweder wird Rom Hauptstadt oder wir gehen in den Tod. Ein sehenswertes Denkmal mit dieser Inschrift findet sich heute noch am Mausoleum für Goffredo Mameli, den Schöpfer der italienischen Nationalhymne, auf der Südseite des Gianicolo.

Es war eigentlich klar, dass der *„zerfallende, durch und durch faule Staat",* so Kühner, nur durch fremde Mächte am Leben gehalten werden konnte. Der Kirchenstaat war eines der rückständigsten und korruptesten Staatsgebilde der ganzen Welt. Leider kamen dem Papst die Auseinandersetzungen der beiden Erzfeinde Deutschland und Frankreich in die Quere, die zum deutsch-französischen Krieg 1870/71 führten. Frankreich, *„die älteste Tochter der hl. Mutter Kirche",* musste seine Schutztruppen aus dem Kirchenstaat abziehen, weil diese im Kampf gegen Deutschland unverzichtbar waren. Diesen geschickten Moment der Geschichte fasste Giuseppe Garibaldi beim Schopf und ließ Rom nach einem kurzen Gefecht am 20. September 1870 besetzen, indem er eine Bresche in die Mauer neben der Porta Pia (am Ende der heutigen Via XX settembre) schlagen ließ und seine Truppen so in die praktisch wehrlose Stadt schicken konnte.

Der Papst war ob dieser gewaltsamen Besetzung überaus erbost, die katholische Welt reagierte mit Protesten, freilich

ohne irgendeine greifbare Änderung der Situation zu erreichen. Pius selbst verhielt sich immer chaotischer: In seinem
päpstlichen Schreiben *Non expedit* aus dem Jahre 1874 verbot er allen Katholiken Italiens unter Androhung der Exkommunikation die Teilnahme an den Wahlen im Königreich Italien. Diese Haltung befeuerte in Deutschland auch den Kul-
turkampf zwischen Bismarck und der katholischen Kirche.
Der Papst verließ aus Protest gegen die Annexion des Kirchenstaates den Vatikan nach 1870 nicht mehr und bezeichnete sich fortan öffentlich als „Gefangenen im Vatikan".

In seinem Testament hatte Pio Nono verfügt, nach dem
Tode in der Basilica San Lorenzo fuori le mura beigesetzt zu
werden. Als der Papst dann am 7. Februar 1878 nach dem
längsten nachgewiesenen Pontifikat von fast 32 Jahren
starb, wollte man die sterbliche Hülle nach San Lorenzo
überführen. Der römische Mob aber drohte, den Trauerzug
anzugreifen und den Sarg mit dem Leichnam Pius' IX. in den
Tiber zu schmeißen *(„in den Tiber mit dem Kadaver")* – aus
diesem Grund wurde er zunächst in den Grotten unter
Sankt Peter beigesetzt. Erst einige Jahre später in einer
Sommernacht des Jahres 1881 wurde der Sarg nach San Lorenzo überführt, wo Pio Nono bis zum heutigen Tag seine
letzte Ruhestätte gefunden hat. Den nächtlichen Transport
hatte übrigens der bayrische Bäckerssohn Kardinal Theodulf
Mertel organisiert. Über seinem Grab ließ sein Nachfolger
Papst Leo XIII. folgende Inschrift setzen: *„Durch den Glanz
seiner Tugenden zierte er den Apostolischen Stuhl. Er gewann die Bewunderung des Erdkreises. Für Wahrheit und*

Gerechtigkeit kämpfte er stets mit ungebeugtem Mut und war ein Meister der Regierung der Christenheit".

Papst Johannes Paul II. sprach Pio Nono im Jahre 2000 selig, seither ruhen seine Gebeine in einem Glassarg in der Krypta von San Lorenzo. Der bereits früher angestrengte Prozess

Glassarkophag mit der sterblichen Hülle des Papstes in der Krypta von San Lorenzo

der Heiligsprechung wurde schon im Jahre 1922 *„per insufficienza di documentazione"* eingestellt.

Die gewaltsame Besetzung Roms und Einverleibung des Kirchenstaates in das geeinte Italien sollte eine sehr lange Krisenzeit zwischen katholischer Kirche und dem Königreich Italien auslösen, die unter der Bezeichnung *„questione* *romana"* (die römische Frage) in die Geschichte einging. Erst fast 60 Jahre später, am 11. Februar 1929, gelang es den Faschisten unter Benito Mussolini, mit den Lateranverträgen ein Ende der Feindseligkeiten herbeizuführen. Dabei wurden hohe Entschädigungssummen (1,7 Milliarden Lire, damals etwa 90 Millionen Dollar) an den Vatikan bezahlt, eine ganze Reihe exterritorialer Gebiete in und um Rom festgelegt und die Beziehungen zwischen Staat und Kirche neu geregelt. Der kleinste Staat der Erde mit knapp 44 Hektar Fläche ist etwa so groß wie ein Viertel der Hamburger Außenalster. Der *Stato della Città del Vaticano (SCV)* genießt volle Souveränität, hat eine eigene Nationalhymne, eine eigene Flagge, eigene Medien, eine eigene Post und verfügt über eigene diplomatische Beziehungen zu 188 Ländern auf der ganzen Welt, die in der Regel von den Apostolischen Nuntiaturen wahrgenommen werden. Die *„katholische, apostolische und römische Religion"* wurde in den Verträgen als *„einzige Staatsreligion"* festgeschrieben, was erst mit dem Konkordat von 1984 unter dem sozialistischen Ministerpräsidenten Bettino Craxi geändert wurde.

Papst Pius IX. hat die weltliche Herrschaft der Päpste über den Kirchenstaat zwar für alle Zeit verloren, aber – so Hubert Wolf, der mit diesem Papst nicht wirklich zimperlich umgeht – er hat die geistliche Herrschaft und das „ordentliche Lehramt" der Päpste neu erfunden: *Kaum ein Papst wurde und wird derart zwiespältig beurteilt wie dieser. Glühende Verehrung und ätzende Kritik prallen aufeinander. Seine Anhänger sehen in ihm den Retter der Kirche, den von*

Gott zur rechten Zeit gesandten Stellvertreter Jesu Christi auf Erden.

In der Tat scheiden sich an diesem Papst die Geister: Viele halten ihn dafür verantwortlich, dass sich die Kirche bis zum heutigen Tag keinen Schritt voran bewegen kann, andere dagegen sehen in ihm den Glaubensretter, der die wahre katholische Lehre bis zum letzten Atemzug aufs heftigste verteidigte.

13. Santi Vincenzo e Anastasio

das „Museum der Geschlinge und Gedärme"

Eine ganz eigenartige Besonderheit verbindet sich mit dieser relativ unscheinbaren Barockkirche aus der Mitte des 17. Jahrhunderts, die direkt in einer Ecknische an der weltberühmten Fontana di Trevi liegt. Auftraggeber für den Bau dieses Gotteshauses war der französische Kardinal-Minister Jules Mazarin, wie eine Inschrift über dem Eingang verdeutlicht. Wenn man sich die Fassade der Kirche anschaut, so erkennt man die Büste einer jungen Frau, wohl eine Nichte Kardinal Mazarins, die als Mätresse in die Dienste König Ludwigs XIV. trat und in zahlreiche Skandale in der damaligen Zeit verwickelt war. Die 16 Säulen an der Fassade wirken wie Orgelpfeifen, ganz oben halten zwei Putten mit Trompeten das Wappen von Kardinal Mazarin mit den Rutenbündeln der römischen *lictores*: Die Rutenbündel *(fasces)* waren ein mit Lederriemen umschnürtes Bündel aus Ruten oder Stäben, in dem ein Beil steckte. Im antiken Rom war dies das Amtssymbol der höchsten Machthaber und wurde von den Liktoren bei deren Auftritten vorangetragen. Um die Macht und Bedeutung des einstigen *Imperium Romanums* wiederzubeleben, war dies auch das Symbol der Faschisten unter Mussolini.

Man bezeichnete diese Kirche früher als sog. „Päpstliche Pfarrei", weil sie unweit des Quirinalspalastes liegt, der in früheren Zeiten die Residenz der Päpste war und heute Sitz des italienischen Staatspräsidenten ist – die Kirche war sozusagen die Pfarrkirche des nahegelegenen „Apostolischen Palastes". Papst Johannes Paul II. hat die Kirche den bulgarischen Orthodoxen zur Nutzung überlassen.

Auf Papst Sixtus V. (1585-1590), dessen Grabmal wir in Santa Maria Maggiore gesehen haben, geht ein Brauch zurück, der über mehrere Jahrhunderte gepflegt wurde: Den verstorbenen Päpsten wurden vor der Einbalsamierung die Eingeweide (Herz, Leber, Milz, Nieren, Magen und Darm) entnommen und in einer verschlossenen Urne aus Zink oder Ton in dieser Kirche gesondert beigesetzt. Diese Tradition lief mit Unterbrechungen nahezu 300 Jahre – zum letzten Mal wurden die **„Praecordia",** wie man die Eingeweide bezeichnet, Papst Leo XIII. nach seinem Tod im Jahre 1903 entnommen.

Insgesamt werden hier Urnen mit den Innereien von 22 Päpsten verwahrt, die in das Mauerwerk beiderseits des Altars eingelassen sind. Zwei Marmortafel listen die Namen der zugehörigen Pontifices auf. Die Eingeweide von Urban VIII. und Pius IX. fehlen beispielsweise. Man kann auf den Tafeln zum Teil sehr schöne altrömische Datumsangaben erkennen: Pius VIII. ist z.B. am 30.11.1830 gestorben – die Datumsangabe lautet: *Pridie Kalen Decem An MDCCCXXX* (am Tage vor den Kalenden des Dezembers 1830) – [die *Kalenden* stehen im römischen Kalender für den ersten Tag des neuen Monats, die *Nonen* bezeichnen den 5. bzw. 8. Tag vor den Iden, die Iden sind jeweils der 13. Tag des Monats mit Ausnahme der „MILMO-Monate" März, Mai, Juli und Okto-

Fassade der Kirche SS. Vincenzo e Anastasio gegenüber der
Fontana di Trevi

ber, da sind sie am 15. des Monats und es folgen die Termi-
nalien als letzter Tag des Monats.]

Tafel mit den Papstnamen auf der rechten Seites des Chores

Der römische Mundartdichter Giuseppe Gioachino Belli
(1791-1863), der unweit der Kirche wohnte, nannte die Kirche *„il museo de corate e de sciorcelli"* (das Museum der
Geschlinge und Gedärme). Der eigentümliche Brauch könn-

D. O. M.
SIXTVS V. P. M.
PONTIFICIIS ALTARIS
IN QVIRINALI AMPLITVDINIS
ET DECORIS IVRIBVS
PRIMVS SVPREMA MAGNALIS VITA
AD HANC EXPEDITA PERSONAS
VT EADEM APOST. PALAT. PAROCH. ECCLESIAE
EX SVB PRAECORDIIS FORTIORVM PRIORVM
ROMANORVM PONTIFICVM
MONVMENTA PRIMA RELIQVIT
DIE XXVII AVGVSTI MDCV

PRAECORDIA

LEONIS XI. P. M.
OBIIT IN QVIRIN DIE XXVII APRILIS MDCV

PAVLI V. P. M.
OBIIT DIE XXVIII IANVARII MDCXXI

GREGORII XV. P. M.
OBIIT DIE VIII IVLII MDCXXIII

INNOCENTII V. P. M.
OBIIT DIE VII IANVARII MDCLV

ALEXANDRI VII. P. M.
OBIIT DIE XXIII MAII MDCLXVII

CLEMENTIS IX. P. M.
OBIIT DIE VIII DECEMBRIS MDCLXIX

CLEMENTIS X. P. M.
OBIIT DIE XXII IVLII MDCLXXVI

INNOCENTII XI. P. M.
IN SACELLO B. VIRG. OBIIT XXII AVGVSTI MDCLXXXIX

ALEXANDRI VIII. P. M.
OBIIT DIE PRIMA FEBRVARII MDCXCI

INNOCENTII XII. P. M.
OBIIT DIE XXVII SEPTEMBRIS MDCC

CLEMENTIS XI. P. M.
OBIIT DIE XIX MARTII MDCCXXI

INNOCENTII XIII. P. M.
OBIIT DIE VII MARTII MDCCXXIV

CLEMENTIS XII. P. M.
OBIIT DIE VI FEBRVARII MDCCXL

Tafel mit den Papstnamen auf der linken Seites des Chores

te auf das alte Ägypten und die Pharaonen zurückzuführen sein. Den verstorbenen Herrschern wurde das Herz entnommen und separat bestattet, weil man die Vorstellung hatte, dass die Herzen nach dem Tod vor ein gesondertes

Totengericht gestellt werden. Eine andere, wahrscheinlichere Erklärung ist die Tradition, dass Päpste nach ihrem Tod oftmals sehr lange aufgebahrt wurden – in den heißen römischen Sommermonaten wollte man die Päpste während dieser Zeit ansehnlich dem Volk präsentieren und verhindern, dass sich die Körper zu wahren Monstern aufblähten. Es war ja bis zum Tod Benedikts XVI. üblich, den Leichnam eines verstorbenen Papstes teilweise mehrere Tage lang öffentlich aufzubahren.

Die Einbalsamierung der Päpste hat eine lange Tradition und ist ein bis heute durchgeführter Brauch, um die sterblichen Überreste eines Papstes für eine eventuelle spätere Selig- oder Heiligsprechung zu konservieren. Nicht immer konnte die Einbalsamierung „gute Ergebnisse" zeitigen. Als Papst Johannes XXIII. im Juni 1963 starb, hat man den Leichnam in Prozession vom Apostolischen Palast in den Petersdom zur Aufbahrung gebracht – sein Gesicht war gräulich verfärbt und bot keinen wirklich schönen Anblick. Offensichtlich hat Papst Franziskus verfügt, dass diese Tradition bei ihm unterbleiben und auch eine öffentliche Aufbahrung des Leichnams nicht stattfinden werde.

Die Freitreppe, die zum Eingang der Kirche SS. Vincenzo e Anastasio hoch führt, ist seit einigen Jahren mit einem Eisengitter verschlossen, weil sich die Touristenmassen, die zur Fontana di Trevi ziehen, dort zum Picknick niedergelassen haben, um gleichzeitig einen besonders schönen Blick auf die barocke Brunnenanlage aus dem 18. Jahrhundert genießen zu können. Leider ist die Kirche sehr häufig geschlossen, auch dies ein Umstand, der auf die enormen Besucherströme zurückzuführen ist, die die Umgebung des Trevibrunnens täglich in einen wahren Belagerungszustand versetzen. Leider ist der Tourismus in Rom zu einem vulgären Massenphänomen geworden – wenn man in die ahnungslosen, teilweise desinteressierten Gesichter schaut, fragt man sich, warum diese Menschen die Ewige Stadt mit ihrer Präsenz beschmutzen.

Nachwort

„Männlich, ledig und meist nicht mehr jung sind sie – dafür seit fast zwei Jahrtausenden geistliche Oberhäupter eines Großteils der Christen in aller Welt: die Päpste. Aus der Rolle des römischen Bischofs arbeiteten sie sich zielstrebig an die Spitze der Kirche vor; weder Reformation noch Revolutionen, weder Familienklüngel, Kriege, Finanzskandale noch theologische Zwistigkeiten haben das oberste Hirtenamt je zum Erliegen gebracht". So beginnt DER SPIEGEL sein Sonderheft zur Geschichte der Päpste im Jahre 2012. Das Papsttum hat (bislang) alle Stürme der Zeit überdauert – es gibt weltweit keine Institution, die damit auch nur in Ansätzen vergleichbar wäre. Dieser Umstand hat zahllose Historiker und Theologen zu allen Zeiten dazu bewogen, sich mit diesem Faszinosum auseinanderzusetzen. Bei meinen unzähligen Aufenthalten in der Ewigen Stadt ist mir aufgefallen, dass gerade die z.T. pompösen und überaus kunstvoll gestalteten Grabmäler der Päpste eigentlich einer ausführlicheren Darstellung bedürfen. Aus diesem Grund habe ich vor allem die Papstgeschichten von Ludwig von Pastor und Leopold von Ranke zu Rate gezogen, um die beschriebenen Pontifices dem historisch interessierten Besucher etwas näher zu bringen.

Wir haben gesehen, was für prunkvolle Grabmäler für Päpste in unterschiedlichen Epochen der Geschichte erstellt wurden. Vielfach war es das Ziel der Auftraggeber und der Künstler, dem jeweiligen Papst ein würdiges Denkmal zu setzen, seine persönlichen Eigenschaften und wesentliche Ereignisse seines Pontifikats zu würdigen und der Nachwelt weiterzugeben.

Es war mein Anliegen, durch meine Recherchen etwas mehr Tiefe in die sonst oftmals doch nur sehr knapp präsentierten Denkmale zu bringen. Die unübersehbare Menge an Romführern liefert häufig nicht genügend Platz für eine ausführlichere Darstellung der einzelnen Grabmäler, weil ja Informationen zur Baugeschichte und zu weiteren Kunstwerken der Kirchen einen breiten Raum einnehmen.

Nicht vergessen möchte ich, meinen Freunden Prof. Dr. Josef Aldenhoff (Hamburg), Joachim Mayer (Stuttgart), Christof Tränkle (Tübingen) und Larissa Ihrig (Brackenheim) für die Überlassung wertvoller Hinweise zu danken. Manchmal machen auch hunderte von Romaufenthalten für bestimmte Details blind, so dass der eine oder andere gute Ratschlag und Tipp mit großer Dankbarkeit aufgenommen wurde.

Da ich keine wissenschaftliche Arbeit vorlegen, sondern einen Begleiter für interessierte Besucher schreiben wollte, habe ich auf detaillierte Angaben der verwendeten Zitate verzichtet – sie sind aber ausnahmslos durch Kursivdruck kenntlich gemacht.

Chronologische Abfolge der beschriebenen Päpste

(die Zahlen in der rechten Spalte beziehen sich

auf die jeweilige Seite im Buch)

Papstname	Familienname	Regierungs-zeit	Grabmal in ... / (Seite)
Innozenz III.	Lotario di Conti	1198 -1216	San Giovanni in Laterano (189)
Gregor XI.	Pierre Roger de Beaufort	1370 - 1378	Santa Francesca Romana (313)
Martin V.	Oddo Colonna	1417 - 1431	San Giovanni in Laterano (198)
Innozenz VIII.	Giovanni Battista Cibo	1484 - 1492	San Pietro (120)
Alexander VI.	Rodrigo de Borja	1492 - 1503	Santa Maria in Monserrato (218)
Julius II.	Giuliano della Rovere	1503 - 1513	San Pietro in Vincoli (295)
Leo X.	Giovanni de' Medici	1513 - 1521	S. Maria sopra Minerva (256)
Hadrian VI.	Adriaan Floriszoon	1521 - 1523	Santa Maria dell'Anima (243)
Clemens VII.	Giulio de' Medici	1523 - 1534	S. Maria sopra Minerva (266)
Paul III.	Alessandro Farnese	1534 - 1549	San Pietro (76)
Pius V.	Michele Ghislieri	1566 - 1572	Santa Maria Maggiore (146)
Gregor XIII.	Ugo Boncompagni	1572 - 1585	San Pietro (36)
Sixtus V.	Felice Perretti	1585 - 1590	Santa Maria Maggiore (155)
Clemens VIII.	Ippolito Aldrobandini	1592 - 1605	Santa Maria Maggiore (168)

Leo XI.	Alessandro Ottavio de' Medici	1605 (26 Tage)	San Pietro (115)
Paul V.	Camillo Borghese	1605 - 1621	Santa Maria Maggiore (176)
Gregor XV.	Alessandro Ludovisi	1621 - 1623	Sant'Ignazio (276)
Urban VIII.	Maffeo Barberini	1623 - 1644	San Pietro (65)
Innozenz X.	Giambattista Pamphilj	1644 - 1655	Sant'Agnese in Agone (232)
Alexander VII.	Fabio Chigi	1655 - 1667	San Pietro (89)
Benedikt XIV.	Prospero Lambertini	1740 - 1758	San Pietro (50)
Clemens XIII.	Carlo Rezzonico	1758 - 1769	San Pietro (59)
Clemens XIV.	Giovanni Vincenzo Ganganelli	1769 - 1774	Santi XII Apostoli (286)
Pius VII.	Barnaba Chiaramonti	1800 - 1823	San Pietro (105)
Pius VIII.	Francesco Saverio Castiglioni	1829-1830	San Pietro (100)
Gregor XVI.	Bartolomeo Cappellari	1831 - 1846	San Pietro (44)
Pius IX.	Giovanni Maria Mastai-Ferretti	1846 - 1878	San Lorenzo fuori le mura (324)
Leo XIII.	Gioacchino Pecci	1878 - 1903	San Giovanni in Laterano (205)
Pius X.	Giuseppe Sarto	1903 - 1914	San Pietro (128)
Benedikt XV.	Giacomo della Chiesa	1914 - 1922	San Pietro (135)

Quellenverzeichnis

Fuhrmann, H.   Die Päpste. Von Petrus zu Johannes Paul II.
Verlag Beck, München 1998

Henze, A. u.a.   Reclam Kunstführer Rom.
Verlag Reclam, Stuttgart 1994

Herder-Verlag   Herders Lexikon der Päpste.
Herder-Verlag, Freiburg 2010

Kühner, H.   Das Imperium der Päpste. Kirchenge-
schichte, Weltgeschichte, Zeitgeschichte.
Von Petrus bis heute.
Fischer-Taschenbuch-Verlag 1980

Mosebach, M.   Schönheit als Offenbarung der Inkarnation
Vortrag am Katholischen Forum St. Georg
in Hohenfurth (Böhmen) am 31. Aug. 2024

Pastor, Frhr. L.v.   Geschichte der Päpste seit dem Ausgang
des Mittelalters. 16 Bd. in 21 Büchern.
Herder-Verlag, Freiburg 1891-1933

Ramm, M. FSSP   Heiliges Rom – Pilgern auf den Spuren
der Apostel Petrus und Paulus.
3. Auflage, Thalwil 2024

Ranke, L.v.   Die Geschichte der Päpste. Die römischen
Päpste in den letzten vier Jahrhunderten.
Hrsg. von   Dr. Willy Andreas.
Vollmer-Verlag, München o.J.

Seppelt, F.X.

Geschichte der Päpste – Von den Anfängen bis zur Mitte des 20. Jahrhunderts, Bde. 4-6 München 1956

Sonntag, C. SDS

Die Ewige Stadt – ihre Heiligtümer und Kulturdenkmale in Wort und Bild. Neubearbeite Auflage von P. Dr. Joseph Spelucci SDS, Bozen 1977

Schneider, F.

Ecclesia catholica – quo vadis? Eine Reise durch 70 Jahre Tradition und die Krise der katholischen Kirche. Rediroma-Verlag, Remscheid 2024

Der Spiegel

Geschichte – Die Päpste. Absolute Herrscher im Namen Gottes. Heft 4, 2012

Wolf, H.

Der Unfehlbare. Pius IX. und die Erfindung des Katholizismus im 19. Jahrhundert. Verlag Beck, München 2020

Wolf, H.

Die geheimen Archive des Vatikan – und was sie über die Kirche verraten. Verlag Beck, München 2024